第二辑

策 划：谢福文
主 编：徐鼎一
副主编：杨一家
柳春蕊

国家图书馆出版社

图书在版编目（CIP）数据

艺衡. 第2辑/徐鼎一主编. —北京：国家图书馆出版社，2009.12

ISBN 978-7-5013-4223-5

Ⅰ. 艺… Ⅱ. 徐… Ⅲ. 传统文化—中国—文集 Ⅳ. G122-53

中国版本图书馆CIP数据核字（2009）第235890号

顾　　问	文怀沙　冯其庸　程大利
编　　委	杨一家　柳春蕊　徐鼎一
	谢福文　赖洪喜　潘建国

书　　名	**艺衡 第二辑**
策　　划	谢福文
主　　编	徐鼎一
副 主 编	杨一家 柳春蕊
出　　版	國家圖書館出版社
发　　行	國家圖書館出版社 发行部
地　　址	北京市西城区文津街七号
经　　销	全国新华书店
书名题字	文怀沙
责任编辑	耿素丽
特约编辑	蔡金存　樊　怡　耀文星
版式设计	箫　泉
印　　刷	深圳华新彩印制版有限公司
开　　本	787×1092mm　1/16
印　　张	13
版　　次	2009年12月第1版第1次印刷
书　　号	ISBN 978-7-5013-4223-5
定　　价	48.00元

承继传统·研究古学·读书明理·陶养人物

续白鹿洞学规

胡居仁

正趋向以立其志

书曰：惟狂克念作圣，惟圣罔念作狂。人求多闻，时惟建事，学于古训乃有获。 事不师古，以克永世，匪说攸闻。 孔子曰：吾十有五而志于学。子曰：志于道，据于德，依于仁，游于艺。 子曰：古之学者为己，今之学者为人。 子以四教：文、行、忠、信。 颜子曰：舜，何人也。予，何人也。有为者，亦若是。 成𫌀曰：彼，丈夫也。我，丈夫也。吾何畏彼哉。 公明仪曰：文王，我师也。周公岂欺我哉。 孟子道性善，言必称尧舜。 又曰：人皆可以为尧舜。 孟子曰：乃所愿，则学孔子也。 周子曰：圣希天，贤希圣，士希贤。伊尹、颜渊，大贤也。伊尹耻其君不为尧舜，一夫不得其所，若挞于市。颜渊不迁怒，不贰过。志伊尹之所志，学颜渊之所学。过则圣，及则贤，不及则亦不失于令名。 圣人之道，入乎耳，存乎心，蕴之为德行，行之为事业。彼以文辞而已者，陋矣。 程子曰：天下第一等事，不可让与别人做。程子自十五六，遂厌科举之学，慨然有求道之志。 古人惟务修德而已。有德者必有言。韩退之因学为文，而求其所至。是倒学了。 言学，便以道为志。言人，便以圣人为志。 吕氏称程子宁学圣人而未至，不欲一善成名。 横渠先生曰：二程自十四五，脱然便学圣人。 横渠张子语学者曰：孰能少置意科举，相从入尧舜之域？关中学者，翕然从之。多告以知礼成性，变化气质，学者必如圣人而后已。 尹氏曰：吾学圣人者也。圣人所言，吾当言之。圣人所行，吾当行之。故力排异端，以扶正道。 陈忠肃公曰：幼学之士，先要分别人品之上下。何者是圣贤所为之事，

胡居仁小像

何者是下愚所为之事？向善背恶，去彼取此。此幼学所当先也。 朱子曰：为学须思所以超凡入圣。如昨日为乡人，今日便要为圣人。须竦拔后，方始有进。 今日克念，即可为圣。明日罔念，即为狂矣。古之学者，始乎为士，终乎为圣人。 为学先须立志，志既立，然后学问可次第著力。立志不定，终不济事。 世之志利欲者与志理义者，自不干事。志利欲，便是趋禽兽之径；志理义，便是正路乡里。 熹于科举，自幼便见得轻。 今人不去讲义理，只去学诗文，已落第二等。 学莫先于立志，志道则心存于正而无他。 圣人教人，无非讲明义理以修身，然后推以及人。非徒欲其务记览为词章，以钓声名、取利禄而已也。此道理与生俱来，今人弃了都不理会，浮生浪死，甚可惜。 南轩张先生曰：学者当以立志为先，不为异端惑，不为文采眩，不为功利汩，庶几可以言读书矣。

愚谓圣人设教，无非因人固有之理而品节之。使由是而学焉，则德无不明、身无不修矣。今之学者，有气高者，则驰骛于空无玄妙之域；明敏者，类以该博为尚，科名为心；又其下者，不过终于诗句浮词，以媚世取容而已，未尝知有圣贤之学也。夫圣贤之学，得之于己，可以成善治、美风俗、兴教化，三代可复也。或者以为圣人之道，高远难至，非后学之所敢及。殊不知有生之类，其性本同，但圣人不为物欲所昏耳。今学者诚能存养省察，使本心常明、物欲不行，则天性自全、圣人可学而至矣。圣人岂隐其易者，反使人由于艰难阻绝之域哉？又有以为道学固美，但非世俗所尚，不利行耳。殊不知日用之间，无非此道之流行。近自洒埽应对事亲接物之间，推而至于仁民爱物，无所用而不周，无所施而不利，特由教养无方，人自不察耳。居仁不揆愚陋，窃有志于斯焉，于是不敢自私，将欲与有志之士，讲明而践行之。故为此规，以告同类，必先开发此志，然后进于有为也。至于用力之方，条例于左云。

《胡文敬公集》书影

主诚敬以存其心

易曰：忠信，所以进德也，修辞立诚，所以居业也。　闲邪存其诚。　孔子曰：主忠信。　言忠信，行笃敬，居处恭，执事敬，与人忠。　出门如见大宾，使民如承大祭。　曲礼曰：毋不敬，俨若思，安定辞，安民哉。　足容重，手容恭，目容端，口容止，声容静，头容直，气容肃，立容德，色容庄。　坐如尸，立如齐。　庄敬日强，安肆日偷。　丹书曰：敬胜怠者吉，怠胜敬者灭。　孟子曰：仁，人心也。学问之道无他，求其放心而已矣。　程子曰：若不能涵养，只是说话。　圣贤千言万语，只是欲人将已放之心，约之使反复入身来。自能寻向上去，下学而上达也。　古之人，耳之于乐，目之于礼，左右起居，盘盂几杖，有铭有戒，动息皆有所养。今皆废坏，独有理义之养心耳，但此涵养久自熟矣。　敬以直内，是涵养意。吕与叔患思虑之多，不能驱除。程子曰：此正如破屋御寇，东面一人来未逐得，西面一人又至矣。左右前后，驱除不暇。盖其四面空疏，盗故易入，无缘作得主。盖中有主，则外患不能入，自然无事。　居处恭，执事敬，与人忠，是彻上彻下语。圣人元无二语。　学者当守此心，不可急迫，当栽培深厚，涵泳于其间，然后可以自得。但急迫求之，只是私意，终不足以达道。　思无邪，毋不敬。此二句循而行之，安得有差。有差者，皆由不敬不正也。入道莫如敬，未有致知而不在敬者。　今人心主不定，视心如寇仇，而不可制。不是事累心，乃是心累事。　孔子言仁，只说出门如见大宾，使民如承大祭。看其气象，便须心广体胖，动容周旋，自然中礼。惟慎独便是守之之法。君子修己以敬，以安百姓，笃恭而天下平。惟上下一于恭敬，则天地自位，万物自育，气无不和，四灵何有不至。此体信达顺之道，聪明睿知，皆由此出，以此祀天飨帝。　人道惟在忠信，不诚无物，且出入无时莫知其乡者，人心也。苟无忠信，岂复有物乎。　心要在腔子里。　学者患思虑纷乱，不能宁静，此则天下之公病。学者只要立个心，此上头尽有商量，闲邪则诚自存，不是外面提一个诚将来存著。今人外面役役为不善，于不善中寻个善来存著。如此，则岂有入善之理。故孟子言性善，皆由内出。只为诚便存，闲邪更著甚工夫。但惟是动容貌、整思虑，则自然生敬。敬，只是主一也。主一，则既不之东，又不之西。如是，则只是中。既不之此，又不之彼，如是，只是内存，此则自然天理明。学者须是将敬以直内，涵养此意，直内是本。　闲邪则固一矣，主一则不消言闲邪。有以一为难见，不可下工夫，如何？一者无他，只整齐严肃，则心便一。一则自无匪僻之干。此意但涵养久之，则天理自然明。　敬，则自虚静，但不可把虚静唤作敬。　学者先务固在心志。然有谓欲屏去闻见知思，则是绝圣弃智；有欲屏去思虑，患其纷乱，则是坐禅入定。如明鉴在兹，万物毕照，是鉴之常，难为使之不照。人心不能不交感万物，难为使之不思虑。若欲免此，惟是心有主。如何为主，敬而已矣。有主，则虚。虚谓外邪不能入。无主，则实。实谓物来夺之。大凡人心不可二用，用于一事，则他事更不能入矣。事为之主，尚无思虑纷扰之患，况主于敬，又焉有此患乎？所谓敬，主一之谓敬；所谓一，无适之谓一。且欲涵泳主一之义，不一，则二三矣。至于不敢欺，不敢慢，尚不愧于屋漏，皆是敬之事。　严威俨恪，非敬之事，但致敬自此入。朱子曰：敬者，圣学所以成始而成终者也。为小学者，不由乎此，固无以涵养本原，而谨乎洒埽应对进退之节与夫六艺之教。为大学者不由乎此，亦无以开发聪明，进德修业，而致乎明德新民之功也。圣贤之学，彻头彻尾，只是一敬字。致知不以敬，则昏惑纷扰，无以察义理之归。躬行不以敬，则怠惰放肆，无以致义理之

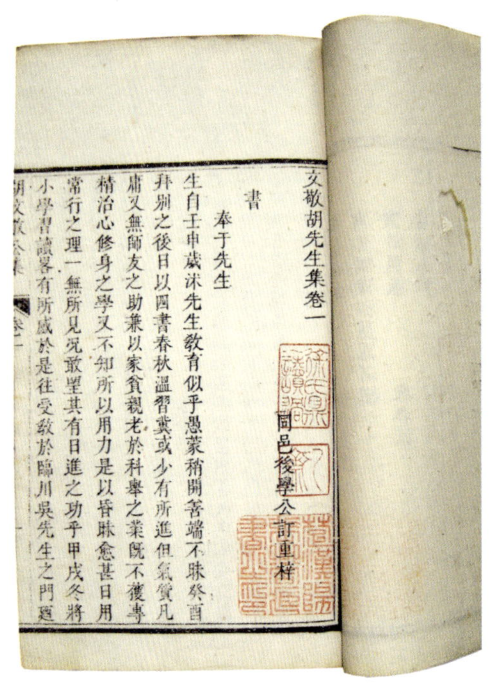
文敬胡先生集卷一
同邑後學公訂重梓
書
奉于先生
生自壬申歲沭先生教育似乎愚蒙稍開善端不昧癸酉
升別之後日以四書春秋溫習冀或少有所進但氣質凡
庸又無師友之助兼以家貧親老於科舉之業既不獲專
精治心修身之學又不知所以用力是以昏昧愈甚日用
常行之理一無所見況敢望其有日進之功乎甲戌冬將
小學習讀畧有所感於是往受教於臨川吳先生之門適
胡文敬公集 卷一 一

《胡文敬公集》书影

实。或问：敬字当不得小学？朱子曰：看来小学却当不得敬。敬已自包得小学，敬是彻上彻下工夫。虽做到圣贤田地，也放下这敬不得。持其志，则气自清明。学者当提醒此心，使如日之方升，则群邪自息。才主一，便觉意思卓然精明。人一时间外面整肃，便一时醒。一时放宽了，便昏怠也。敬者，一心之主宰，万事之根本。古人于小学中已自把捉成了。故于大学，无所不可。今人既无小学之功，却当以敬为本，妄诞欺诈为不诚，怠惰放肆为不敬。范氏曰：一心之微，众欲攻之。其所存者，呜呼几希。君子存诚，克念克敬。天君泰然，百体从令。西山真先生曰：敬则万善俱立，怠则万善俱废。

愚闻人之一心，万理咸备。盖其虚灵之体，得之于天。所以主乎吾之一心、宰制天下之事者，孰有大于此者乎？孰有贵于此者乎？然放而不存，日以昏昧。至大至贵之物，反流于卑污苟贱之域，而不自知矣。然所以放者，由于物欲牵引，旧习缠绕。故杂虑纷纭，不能休息，而无时在腔子之内也。惟能主乎诚敬，则本心全体，即此而存。外邪客虑，无自入矣。盖真实无妄之谓诚，主一无适之谓敬。二者既立，则天理安有不明、人欲何从而生哉？但其功夫效验，周遍精切，非一言所能形容。是以类集圣贤所言诚敬之道，共为一篇，庶乎可以体验而有得焉。愚以为今之学者，但当尽己之心，毋使有一毫之虚妄；齐庄严肃，毋使有一毫之惰弛，则所谓真实无妄、主一无适者，自可至矣。由是以穷理修身，由是以齐家治国，亦何所不可、何所不能哉？程子所谓聪明睿智，皆由此出，信不欺我矣。

博穷事理以尽致知之方

程子曰：涵养须用敬，进学则在致知。凡有一物，必有一理。须是穷致其理。穷理亦多端。或读书讲明道义；或论古今人物，别其是非；或应接事物，处其当否，皆穷理也。穷理者非谓必穷尽天下万物之理，又非谓止穷得一理便到，只要积累多后，自然见去，自一身之中以至万事万物之理会得多，自当脱然有觉悟处。格物非欲尽穷天下之物，但于一物穷尽，其他可以类推。至于言孝，则当求其所以为孝者如何。若一事上穷不得，且别穷一事。或先其易者，或先其难者，各随人浅深。譬如千蹊万径，皆可以适国，但得一道而入，则可以通其余矣。万物各具一理，万理共出一原。此所以可推而无不通也。或问观物察己者，岂因见物而反求诸己乎？程子曰，不必然也。物我一理，才明彼即晓此，此合内外之道也。语其大，天地之高厚；语其小，至一物之所以然，皆学者所宜致思也。曰：然则先求之四端可乎？曰：求之性情固切于身，然一草一木，亦皆有理，不可不察。致知之要，当知至善之所在，如父止于慈、子止于孝之类。若不务此，而徒欲泛然以观万物之

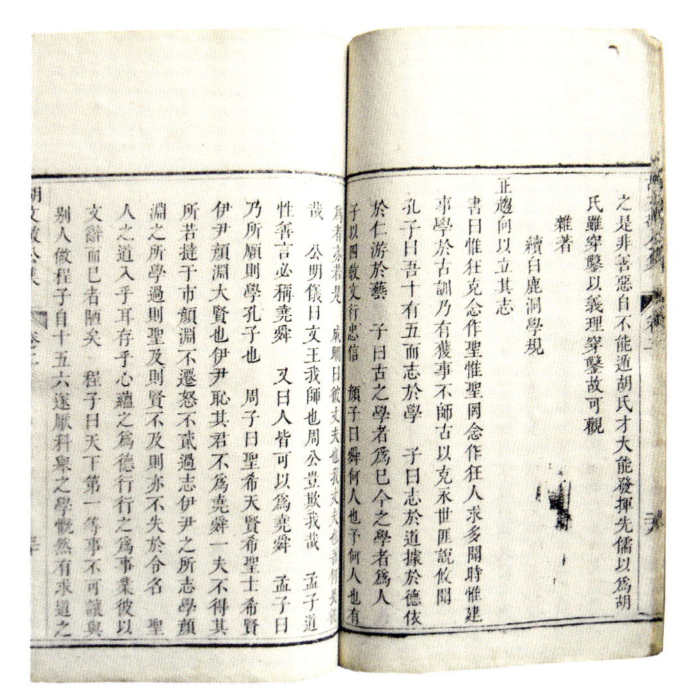

之是非善惡自不能遁胡氏才大能發揮先儒以爲胡
氏雖穿鑿以義理穿鑿故可觀
雜著
續白鹿洞學規
正趨向以立其志
書曰惟狂克念作聖惟聖罔念作狂人求多聞時惟建
事學於古訓乃有獲事不師古以克永世匪說攸聞
孔子曰吾十有五而志於學　子曰志於道據於德依
於仁游於藝　子曰古之學者爲己今之學者爲人
子以四教文行忠信　顏子曰舜何人也予何人也有
爲者亦若是　成覸曰彼丈夫也我丈夫也吾何畏彼
哉　公明儀曰文王我師也周公豈欺我哉　孟子道
性善言必稱堯舜　又曰人皆可以爲堯舜　孟子曰
乃所願則學孔子也　周子曰聖希天賢希聖士希賢
伊尹顏淵大賢也伊尹恥其君不爲堯舜一夫不得其
所若撻于市顏淵不遷怒不貳過志伊尹之所志學顏
淵之所學過則聖及則賢不及則亦不失於令名　聖
人之道入乎耳存乎心蘊之爲德行行之爲事業彼以
文辭而已者陋矣　程子曰天下第一等事不可讓與
別人做程子自十五六遂厭科舉之學慨然有求道之
胡文敬公集　卷二

《胡文敬公集·续白鹿洞学规》书影

理，则吾恐其如大军之游骑，出太远而无所归也。　格物莫若察之于身，其得尤切。　延平李先生曰：凡遇一事，即当且就此事反复推寻，以究其理，待此一事，融释脱落。然后循序少进，而别穷一事，如此既久，积累之多，胸中自当有洒然处。　朱子曰：读书是格物一事。　致知之方，或考之事为之著，或察之念虑之微，或求之文字之中，或索之讲论之际，使于身心性情之德、人伦日用之常，以至天地鬼神之变、鸟兽草木之宜，自其一物之中，莫不有以见其所当然而不容已、与其所以然而不可易者。必其表里精粗，无所不尽而又益推其类以通之，至于一日脱然而贯通焉，则于天下之物，皆有以究其义理精微之所极，而吾之聪明睿智，亦皆有以究其心之本体而无不尽矣。　盈天地之间，皆物也，以其至切而近者言之，则心之为物，实主于身，其体则有仁义礼智之性，其用则有恻隐羞恶恭敬是非之情，浑然在中，随感而应，各有攸主而不可乱也。次而及于身之所具，则有口鼻耳目四肢之用，又次而及于身之所接，则有君臣父子夫妇长幼朋友之常，是皆有所当然之则，自不容已。所谓理也，外而至于人，则人之理不异于己也；远而至于物，则物之理不异于人也。极其大，则天地之运，古今之变，不能外也；尽于小，则一尘之微，一息之顷，不能遗也。

愚谓大学之教，以致知为先，盖能推致吾之知识，使无不尽，则本心洞然，万变毕照，由此而之焉，则意诚心正而身修，天下国家可得而治矣。但其用力之方则在于即物推求以究其理，方为的实。若泛然从事于言语训诂之末，则讲说虽勤，文辞虽丽，乃程子所谓玩物丧志之学，徒弊精神，于身心无纤毫之益。其遇事变，亦茫然不知理之所在，颠倒错缪，殆有甚焉，尚望其能成己成物而无误乎，然亦无以他求为也。今学者诚能读圣贤之书，反复寻究，以求其理，亦可以得致知之大端矣。更于日用之间穷其何为是、何为非，事事求其至善，物物寻其当然，则致知之功，莫切于此。如此既久，则知益明、理益精矣。

审察几微以为应事之要

易曰：几者动之微，吉凶之先见者也。　知几其神乎。　诗曰：潜虽伏矣，亦孔之昭。　中庸曰：故君子内省不疚，无恶于志，君子之所不可及者，其惟人之所不见乎。　子思曰：莫见乎隐，莫显乎微，故君子慎其独也。　周子曰：诚无为，几善恶。　朱子曰：欲动未动之间便有善恶，正学者用心理会。　天理人欲几微之间。　天理人欲之分，只争些子，故周子只管说几字。　几微之间，善者便是天理，恶者便是人欲，才觉如此，便存其善，去其恶，也可。

愚谓人生日用之间，起居动息，以至设施措置，不能不与物接，故不能无事，然所以为事之理，固已具于性分之内也，若厌其烦扰，欲绝而去之，则陷于老佛之空寂；若不察其理之当然，以机变为足以应事，则流于仪秦商鞅知谋之末，为小人之归矣。然事物之间，虽曰无非天理所在，苟失于省察，则不觉陷于人欲之私，虽或悔悟亦无及矣，故必于事物初接本心萌动之际，谨察精辨，孰为天理，孰为人欲，使善恶是非、公私义利，判然于前，然后从其善而去其恶。如此既久，则理义益精，自无过与不及之差矣。

克治力行以尽成己之道

易曰：君子终日乾乾，夕惕若。　天行健，君子以自强不息。　书曰：直而温，宽而栗，刚而无虐，简而无傲。　颜渊问克己复礼之目。子曰：非礼勿视，非礼勿听，非礼勿言，非礼勿动。　程子曰：学问之道无他也，知其不善，则速改以从善而已。　人能克己，则仰不愧，俯不怍，其乐可知。有息，则馁矣。伊川问显道，相别半年，做得甚工夫。对曰：只去个矜字。　矫轻警惰。　朱子曰：穷理以致其知，反躬以践其实。　此间讲说时少，践履时多，事事都要人自去理会。　凡是私己不是天理者，便克将去。行之久，则善与自家为一。为一，则得之在我。未能行，则善自善，我自我。　人之于道理不能行，只是在我之道理有未尽耳。不当咎其不可行，当反而求尽其道。

愚闻人之有生，便有所以为人之理，是皆天之所赋，非人力之所为也。虽圣人不过尽为人之理而已。孟子所谓践形是也。非圣人于此身之外，别有所以为圣人之理也。今所以不能如圣人之从容中道者，是气质有偏、物欲有蔽，故必克治其气质之偏、物欲之蔽。使所行无过不及之差，然后可以尽此身之理以成乎己也。苟或知而不行，则前所穷之理，无所安顿，徒费讲学之功，无以为己有，岂不重可惜乎？今学于此者，务必实体此理，而力行以终之，以脱乎俗学之陋。其力行之方，圣贤方册已详，姑举大端于此，以示同志。

推己及物以广成物之功

愚闻子朱子曰：天之明命，有生之所同，得非有我之得私也。是以君子之心，廓然大公，其视天下，无一物而非吾心之所当爱，无一事而非吾职之所当为。虽或势在匹夫之贱，所以尧舜其君尧舜其民者，未尝不在吾之分内也。窃谓学者须要有如此心胸，则规模广大，私吝之心自消。推而行之，岂有一民不被其泽、一物不得其所哉！此儒者之学，必至于参天地，赞化育，然后为功用之全也。圣贤开示后学，深切如此，顾乃背其名教，偏狭浅陋，成一己之功名，苟一家之富贵，使明德新民之大道，正君善俗之大业，不行于世，呜呼惜哉！有志之士，尚当勉力于此，以进复先王之治。

（选自《胡文敬公集》卷二，清乾隆丁丑季春同邑后学重梓）

小传：

胡居仁，生于明宣宗宣德九年（1434），卒于宪宗成化二十年(1484)。字叔心，号敬斋，明江西余干人，理学家。师事崇仁吴与弼。饱读儒家经典，致力于程朱理学。性行淳笃，淡泊自处。与陈献章、娄谅、谢复、郑侃等人交游。主张“以主忠信为先，以求放心为要，操而勿失，莫大乎敬”，因以敬名其斋。他生活俭朴，唯以讲学为念，一日不讲学，则惕然不安。曾主讲于白鹿洞书院。著有《胡文敬公集》《易象抄》《居业录》《居业录续编》等。明万历十三年，追谥文敬。

项羽不死于乌江考（外一篇）

冯其庸

乌江自刎，这是千古流传、人人皆知的一个历史人物项羽的结局。但这个传说是否可信却一直没有引起人们的思考，甚至连史学界都一直没有予以注意，一直是沿袭旧说。1985年2月13日，《光明日报》发表了安徽定远一个中学老师写的文章，题目是《项羽究竟死于何地？》。他引证《史记》《汉书》的材料，结合当地的一些遗迹，指出项羽是在东城（今定远）自刎的。文章发表后，颇得到一些好评，还被多家报刊转载。现在，此事已经过去整整20年了，当时的热点也早已冷却了，事情又回复到原样。我看后来出版的有关书籍，仍旧是项羽自刎乌江。也就是说，这篇文章所提出的项羽自刎于东城的说法没有得到认可。

恰好我从1982年起，开始调查《项羽本纪》的一些史迹和地理位置，我曾调查过“下相”（今江苏宿迁，项羽的出生地）、古盱眙（项羽立楚怀王孙心为义帝处）、东阳城（东阳少年聚众起事，立陈婴为长，号为“异军苍头特起”处）等等，后来又调查过鸿沟（在郑州，楚汉相争以鸿沟为界处）、彭城（今徐州）等处。1986年我又两次调查垓下、灵璧和定远的东城、阴陵、虞姬墓，后来又到乌江作了调查。2005年11月14日，我再次到定远调查了东城、阴陵、大泽等遗址，20年前调查过的古城遗址，现在都已立了碑记。前一次的调查后，我脑子里就一直在思考这个问题，今年的这次调查，使我决心对这个问题作一番考证。

司马迁对项羽败、死的叙论

要考证这个问题，还得从最早的记录——司马迁的《史记》说起。所以还需把《史记》有关的文字全部引录下来，以便检验核证：

《史记•项羽本纪》：

项王军壁垓下，兵少食尽，汉军及诸侯兵围之数重。夜闻汉军四面皆楚歌，项王乃大惊，曰：“汉皆已得楚乎？是何楚人之多也！”项王则夜起，饮帐中。有美人名虞，常幸从；骏马名骓，常骑之。于是项王乃悲歌慷慨，自为诗曰：“力拔山兮气盖世，时不利兮骓不逝。骓不逝兮可奈何，虞兮虞兮奈若何！”歌数阕，美人和之。项王泣数行下，左右皆泣，莫能仰视。

于是项王乃上马骑，麾下壮士骑从者八百余人，直夜溃围南出，驰走。平明，汉军乃觉之，令骑将灌婴以五千骑追之。项王渡淮，骑能属者百余人耳。项王至阴陵，迷失道，问一田父，田父绐曰“左”。左，乃陷大泽中。以故汉追及之。项王乃复引兵而东，至东城，乃有二十八骑。汉骑追者数千人。项王自度不得脱。谓其骑曰："吾起兵至今八岁矣，身七十余战，所当者破，所击者服，未尝败北，遂霸有天下。然今卒困于此，此天之亡我，非战之罪也。今日固决死，愿为诸君快战，必三胜之，为诸君溃围，斩将，刈旗，令诸君知天亡我，非战之罪也。"乃分其骑以为四队，四向。汉军围之数重。项王谓其骑曰："吾为公取彼一将。"令四面骑驰下，期山东为三处。于是项王大呼驰下，汉军皆披靡，遂斩汉一将。是时，赤泉侯为骑将，追项王，项王瞋目而叱之，赤泉侯人马俱惊，辟易数里。与其骑会为三处。汉军不知项王所在，乃分军为三，复围之。项王乃驰，复斩汉一都尉，杀数十百人，复聚其骑，亡其两骑耳。乃谓其骑曰："何如？"骑皆伏曰："如大王言。"

于是项王乃欲东渡乌江。乌江亭长檥船待，谓项王曰："江东虽小，地方千里，众数十万人，亦足王也。愿大王急渡。今独臣有船，汉军至，无以渡。"项王笑曰："天之亡我，我何渡为！且籍与江东子弟八千人渡江而西，今无一人还，纵江东父兄怜而王我，我何面目见之？纵彼不言，籍独不愧于心乎？"乃谓亭长曰："吾知公长者。吾骑此马五岁，所当无敌，尝一日行千里，不忍杀之，以赐公。"乃令骑皆下马步行，持短兵接战。独籍所杀汉军数百人。项王身亦被十余创。顾见汉骑司马吕马童，曰："若非吾故人乎？"马童面之，指王翳曰："此项王也。项王乃曰："吾闻汉购我头千金，邑万户，吾为若德。"乃自刎而死。王翳取其头，余骑相蹂践争项王，相杀者数十人。最其后，郎中骑杨喜，骑司马吕马童，郎中吕

钟离古城遗址

项羽于淮河北之垓下突围南行，过淮河，至钟离城，收集残部，随即西南行，去阴陵。今钟离城老百姓仍称此城为"霸王城"。城址仍在，实为春秋战国时之古城，项羽只是短暂的停留。

胜、杨武各得其一体。五人共会其体，皆是。故分其地为五：封吕马童为中水侯，封王翳为杜衍侯，封杨喜为赤泉侯，封杨武为吴防侯，封吕胜为涅阳侯。

……

太史公曰：……自矜功伐，奋其私智而不师古，谓霸王之业，欲以力征经营天下，五年卒亡其国。身死东城，尚不觉寤，而不自责，过矣。乃引"天亡我，非用兵之罪也"，岂不谬哉！

《史记·高祖本纪》：

五年，高祖与诸侯兵共击楚军，与项羽决胜垓下……（项羽）大败垓下。项羽卒闻汉军之楚歌，以为汉尽得楚地，项羽乃败而走，是以兵大败。使骑将灌婴追杀项羽东城，斩首八万，遂略定楚地。

《樊郦滕灌列传》：

项籍败垓下去也，婴以御史大夫受诏将车骑别追项籍至东城，破之。所将卒五人共斩项籍，皆赐爵列侯。降左右司马各一人，卒万二千人，尽得其军将吏。下东城、历阳。渡江，

……

《史记·高祖功臣侯者年表第六》：

魏其（周定）

以舍人从沛，以郎中入汉，为周信侯，定三秦，迁为郎中骑将，破籍东城，侯，千户。

涅阳（吕胜）

以骑士汉王二年从出关，以郎将击斩项羽，侯，千五百户，比杜衍侯。

中水（吕马童）

以郎中骑将汉王元年从起好畤，以司马击龙且，复共斩项羽，侯，千五百户。

杜衍（王翳）

少十步遗迹

项羽自古钟离城西南行，经霸王寨（亦项羽短暂停留处）中九华山至靠山乡，此处有一大山涧，宽约数十米，涧石纵横，急流淙淙，涧北是一道高土岗，项羽自北向南至土岗，跃马飞过大涧，灌婴马慢，离项羽只少十步，未能追上。至今老百姓称此大涧为"少十步"。

阴陵城遗址

项羽跃马过大涧，前行，即到阴陵，今阴陵城遗址尚在。

以郎中骑汉王三年从起下邳，属淮阴，从灌婴共斩项羽，侯，千七百户。

赤泉（杨喜）

以郎中骑汉王二年从起杜，属淮阴，后从灌婴共斩项羽，侯，千九百户。

吴房（杨武）

以郎中骑将汉王元年从起下邽，击阳夏，以都尉斩项羽，有功，侯，七百户。

高陵（王周）

以骑司马汉王元年从起废丘，以都尉破田横、龙且，追籍至东城，以将军击布，九百户。

以上是《史记》中有关项羽之死的全部文字，此外如《汉书》《资治通鉴》《通鉴纪事本末》等书，也全同《史记》，故不再引。从上述《史记》有关项羽之死的全部文字中，除《项羽本纪》中有“于是项王乃欲东渡乌江，乌江亭长檥船待”两句涉及乌江，当另作分析外，其余无一处写到项羽乌江自刎，相反，却是明确说“身死东城”（《项羽本纪•太史公曰》）。《高祖本纪》则说“使骑将灌婴追杀项羽东城”，《灌婴列传》则说：“婴以御史大夫受诏将车骑别追项籍至东城，破之。所将卒五人共斩项籍。”《高祖功臣侯者年表第六》则称“破籍东城”，“击斩项羽”，“共斩项羽”，“从灌婴共斩项羽”“以都尉斩项羽”，“追籍至东城”等等，因为他们都是从灌婴追杀项羽于东城的，所以有的只简略地说“共斩项羽”，其地点当然都是东城。由此可见，《史记》里确实不存在乌江自刎之说。相反，却是用论断式的语言说：“身死东城，尚不觉寤，而不自责，过矣。乃引‘天亡我，非用兵之罪也’，岂不谬哉！”

司马迁这样斩钉截铁的断语，以后的班固、司马光、袁枢等，都没有异辞，这难道还不足以说明问题吗？

那末，《项羽本纪》“项王乃欲东渡乌江，乌江亭长檥船待”一段文字将作如何解释呢？

这正是问题的关键。我认为后世的误解正是从这里开始的。当然后世的误解，以讹传讹，远远超出了司马迁的这段文字，完全违背了司马迁的原意，这将留待后面详谈。现在先说这一大段文字本身的问题。

一、项羽当时所在的地点

《项羽本纪》：“项王至阴陵，迷失道，问一田父，田父绐曰‘左’。左，乃陷大泽中。以故汉追及之。项王乃复引兵而东，至东城，乃有二十八骑。汉骑追者数千人。项王自度不得脱。”

据此，项羽当时的地点是在东城，而“汉骑追者数千人，项王自度不得脱”后面还有“卒困于此”、“天之亡我”、“今日固决死”等这些话，可见项羽已困死在东城，不可能突围出去了。司马迁的这些明确的叙说，加上这个地理环境，是这一历史事件的基本事实，我们分析问题，不能离开这个基本事实作任意的猜测。

二、项王乃欲东渡乌江

这句话，是意向性的话，是想东渡乌江，而不是已经到了乌江。一个“欲”字，充分说明了它的意向性和它的未遂性。这是一。其次是“东渡”这个词。这个词既具有方向性，又含有距离感。

大泽远景

项羽至阴陵，失路，问田父，田父绐曰“左”，左，乃陷大泽中。今阴陵以西仍为低洼草泽地，愈西则积为湖泊。今有窑河大桥，桥甚长，站在桥上，可见一片泽国。

虞姬墓

虞墓在东城遗址西不远处的四溃山，今二龙乡谭村。墓为一高土阜，即“四溃山”，项羽奔至此，已为汉军追上，传项羽即将虞姬之首埋于此山，故称虞姬墓，亦称“嗟虞墩”。

“东”字表明乌江在东城的东面，而且含有一定的距离。方向性加距离感，说明乌江在东城的东面，还有一定的距离（据安徽省交通部门提供的资料，东城离乌江还有240华里）。如果说项羽已经到了乌江渡口，而且渡船已在等待，项羽是站在乌江岸边，那就不是“欲东渡”的问题，而是立刻上渡船的问题了。否则他突围到乌江来干什么呢？难道还要想想要不要渡乌江吗？正是因为他还在东城，离乌江还远，所以说这句是既有方向性又有距离感并且是意向性的话。所以我们分析问题，千万不能把项羽所处的地理位置弄模糊了，更不能把这句话的实在语义弄错了。项羽此时是在东城，这一点必须明确记住。项羽是“欲”（要想）“东渡”，实际上还没有离开东城。因为一个“欲”字，不可能把项羽一下就转到了240里外的乌江。

三、乌江亭长檥船待，谓项王曰：“江东虽小，地方千里，众数十万人，亦足王也。愿大王急渡……”项王笑曰：“天之亡我，我何渡为……”

这段文字，与上文明显矛盾。上文是说“于是项王乃欲东渡乌江”。这话是说项羽自己想渡乌江，乌江亭长是顺着他的思路劝他速速渡江。不料项羽却突然来了一个180度的大转弯，说“天之亡我，我何渡为？”好像他根本没有想渡乌江，上文“欲东渡乌江”好像根本不是他的念头似的，文章前后明显的矛盾不接。这是矛盾之一。

“乌江亭长檥船待”，这句话让人产生错觉，好像乌江亭长和项羽都已经在江边渡口了。而实际上项羽并未离开东城，也已不可能离开东城。所以这句话并非写实，乌江渡口离开东城还有240华里，乌江亭长怎么可能檥了船，跑到东城来接项羽呢？这是文章明显的纰漏。这是矛盾之二。

那末太史公的文章会有矛盾纰漏吗？有。这种矛盾纰漏前人早已指出。东汉班固《汉书•司马迁传》说："其言秦汉详矣，至于采经摭传，分散数家之事，甚多疏略，或有抵牾。"六朝宋裴骃《史记集解•序》说："骃以为固之所言，世称其当。虽时有纰缪，实勒成一书，总其大较，信命世之宏才也。"近人李长之也说："他在《史记》中根据已成的东西处是远超过于自己的摸索的。懂得这种情形，就不怪《史记》中风格之杂了，也不暇怪他偶尔有着矛盾了。"[1]可见无论是古人或今人，都已经注意到《史记》的叙事中，是存在着"矛盾"和"纰缪"的，那末这种现象是怎样产生的呢？最早班固就指出："故司马迁据《左氏》《国语》，采《世本》《战国策》，述《楚汉春秋》，接其后事，讫于天汉。"所以"甚多疏略，或有抵牾"[2]。司马贞也说："其属稿，先据《左氏》《国语》《系本》（按：即'世本'。避李世民讳，改'世'为'系'）《战国策》《楚汉春秋》及诸子百家之书，而后贯穿经传，驰骋古今，错综隐括，各使成一国一家之事，故其意难究详矣。"他在《后序》里又说："太史公之书，既上序轩、黄，中述战国，或得之于名山坏宅，或取之以旧俗风谣。故其残文断句，难究详矣。"[3]近人李长之则说：司马迁著作的根据，大概不外是："一、政府的档案，二、现成的书篇，三、父亲的旧稿，四、实际的见闻，五、自己的推断。""懂得这种情形，……也不暇怪他偶尔有着矛盾了。"[4]总之，"项王乃欲东渡乌江"与下文的"天之亡我，我何渡为"是前后矛盾的，而"乌江亭长檥船待"这句话并非实写，与当时所处的地理位置也完全不相符，所以是完全不可能的事。因此这句话是不足为据的。

上文已经提到，司马迁写《史记》引用了前人很多的书，特别是《楚汉春秋》引用最多。《楚汉春秋》是陆贾所作，陆贾是刘邦同时人，《史记•陆贾列传》云：刘邦"乃谓陆生曰：'试为我著秦所以失天下，吾所以得之者何，及古成败之国。'陆生乃粗述存亡之征，凡著十二篇。每奏一篇，高帝未尝不称善，左右呼万岁，号其书曰《新语》"。据近人金德建先生考证，这部《新语》，就是《楚汉春秋》[5]。他还说："陆贾当时著作这部《楚汉春秋》的原委，既然是要上奏于汉高祖的，所以他在史笔的叙次上就不免有好些地方要扬汉抑楚，以迎合高祖的心理。"按《楚汉春秋》已佚，今有辑逸本，载《丛书集成续编》。另有王利器先生辑本，载王著《新语校注》附录[6]。我检辑本，如"沛公西入武关居于灞上，闭函谷关无纳项王"条，"项王在鸿门，亚父曰：吾使人望沛公，其气冲天，五采色相缪，或似龙，或似云，非人臣之气，可诛之。高祖会项羽，范增目羽，羽不应。樊哙杖盾撞入，食豕，羽壮之"条，"亚父碎玉斗"条，"项王为高阁置太公于上，告汉王曰：'今不急下，吾烹太公。'汉王曰：'吾与项王约为兄弟，吾翁即汝翁，若烹汝翁，幸分我一杯羹"条，"美人和项羽歌"条等，均见之于《项羽本纪》，文字当然有所不同。同样也可查到若干条见于《高祖本纪》。如"上过陈留郦生求见"条，"高祖向咸阳，南趣宛，宛坚守不下，乃匿其旌旗，人衔枚，马束口，龙举而翼奋，鸡未鸣，围宛城三匝，宛城降"条。还有若干条是《项羽本纪》《高祖本纪》共见的。所以从现今残存的《楚汉春秋》的文字来看，可以确信司马迁的《史记》是较多地采用《楚汉春秋》的文字的，当然在采用时有些条文字变动较多，有些条变动较少。可惜此书残缺太多，无法一一查对。如《楚汉春秋》除以上所举各条外，还保存着虞姬的和歌原文，而《项羽本纪》只说"歌数阕，美人和之”。也可能司马迁为使文章雅洁，采用了项羽的歌词，省去了虞姬的和歌。现在《史记正义》却注明：《楚汉春秋》云：“汉兵已略地，四方楚歌声。大王意气尽，贱妾何聊生。”可惜《楚汉春秋》于“垓下之围”以后的文字，全部断缺，只到“美人和歌”为止。我揣想垓下之围以后的文字，《楚汉春秋》不可能没有，因为这正是项羽彻底失败毁灭，刘邦取得最后伟大胜利的重要情节，陆贾不可能不写出来取悦于汉王。甚至“高祖未尝不称善，左右呼万岁”等等情节，也可能就是因为看到了写项羽最终失败自刎的结局而“左右呼万岁”的，因为楚汉之争，高祖最大的胜利，无过于消灭项羽了，所以我认为《史记•项羽本纪》的最后一段文字，完全有可能是采自《楚汉春秋》的，文字则略作整饰。现今东城之围一段前后矛盾的文字，其根子也可能即在《楚汉春秋》。这当然是我的一种推测，并不是确证。但不论怎样，现存的这段文字是确实存在着矛盾的，这是客观的存在。而另一客观存在，是《史记》里无论是《项羽本纪》《高祖本纪》《樊郦滕灌列传》等等，确是无一字说到项羽乌江自刎，相反倒是明确说“身死东城”，其他有关的文字，也与此完全相同，绝无异词。当然还有 种可能，上述矛盾，是《史记》在传抄中的错简（说详下节）。我们知道《史记》有六朝抄本二种：《史记集解张丞相列传》残卷，此卷日本高山寺藏，罗振玉有影印本，另一种是《史记集解郦生陆贾列传》一卷（藏、印同上），另有唐抄本九种，宋刊本若干种，均详见贺次君著《史记书录》。贺次君还说：“传世《史记》各本，文字互有差错，时愈晚而错愈多，故凡旧抄皆胜于宋以后刊本。”这话我认为是可信的，我曾检过南宋建安黄善夫本、南宋乾道七年蔡梦弼本、南宋淳佑三年张杅桐川郡斋本，这三个南宋本，只有一字之差，即黄本作“吾为汝德”，其余两本均作“吾为若德”。可见《史记》到南宋文字已定型了，至于北宋以前如何，因未见本子，不敢妄测。但《汉书•司马迁传》说：“迁既死后，其书稍出，宣帝时迁外孙平通侯杨恽祖述其书，遂宣布焉。”又《宣元六王传》云：东平思王宇，成帝时“后年来朝，上疏求诸子及《太史公书》”，未予。《后汉书•窦融传》云：“光武赐融以外属图及太史公五宗、外戚世家、魏其侯列传。”又《循吏传》云：永平十二年……赐（王）景《山海经》《河渠书》《禹贡图》。《后汉书》注：《河渠书》就是《史记》。可见《史记》自西汉宣、成之世，到东汉初已开始流传，并且开始是以单篇流传的，后来才有全书。因当时是以竹、木简书写，一部《史记》，当然要汗牛充栋了，所以先以单篇流传是很自然的，这样当然更容易残损和致误。现在我们既读不到接近原著的《史记》，也读不到完整的《楚汉春秋》，对于上述矛盾，当然无法解决，但我们也不可能凭空把它解释为项羽已经到了乌江，因为乌江在汉代属历阳（唐称和州），与东城是相隔遥远的不同地域，如项羽真死在乌江，则司马迁的论赞就应该说“身死历阳”或者径说“身死乌江”，而不应该说“身死东城”，《高祖本纪》也应该说“使骑将灌婴追杀项羽历阳”或“乌江”，而不应该说“东城”。归根结蒂，《史记》说项羽死于东城是没有错，“项羽乌江自刎”的空穴来风，与《史记》并无关系。《史记》“项王乃欲东渡乌江”这一段文字的前后矛盾是客观存在，不能曲为之解。项羽既不能一转念就出去240里，乌江亭长也不可能单身独行200余里杀入重围到东城来救项羽。所以这个矛盾只能把它揭示出来，以待后解。

我们的时代，是一个文化大发现的时代，半个多世纪以来，出土了大量的战国到汉代的竹木简牍，也许有一天会出土《史记》的竹简或木简。那末，或许又有一番奇观了。这个想法并不是异想天开，上个世纪初，斯坦因在新疆和阗、尼雅、楼兰以及敦煌等地，发掘了大批汉文及粟特文、佉卢文、婆罗谜文书，1914年王国维、罗振玉考释并出版了这批文献，名曰《流沙坠简》。其中就有一简是《史记•滑稽列传》的文字，共31字，其文字与今本颇有异同。由此可证，《史记》确有简书流传后世的。

从司马迁对项羽自垓下至东城的战斗历程的叙述来看项羽的死地

大家知道，司马迁《史记》在叙事上是非常讲究章法和文法、字法的，所以在《史记》的研究中，有的是专从文章的角度来研究的，如明代的归有光、方苞，清代的吴见思、乐生翁等等，都有这方面的专门著作。

《归方评点史记合笔》卷一说：

按《羽纪》，史公极力用意之作，钜鹿、鸿门、彭城、广武、垓下皆不惜详尽，极详尽处省少一字不得，且读之惟恐其少也。顾炎武曰：秦楚之际兵所出入之途，曲折变化，唯太史公叙之如指掌，以山川郡国不易明，故曰东曰西曰南曰北，又以关塞江河为一方界限，一言之下，了然形势，故于《项羽纪》则曰：梁以八千人渡江而西，曰羽悉引兵渡河，曰羽将诸侯兵三十余万引略秦地，至河南，曰羽渡淮，曰羽遂引兵东，欲渡乌江。于《高帝纪》则曰：出成皋、玉门，北渡河。曰引兵渡河，复取成皋。自古史书兵势地形之详，未有过于此者。史公胸中固有一天下大势，非后世书生所能成也。

吴见思《史记论文》说：

当时四海鼎沸，时事纷纭，乃操三寸之管，以一手独运，岂非难事。他于分封以前如召平，如陈婴，如秦嘉，如范增，如田荣，如章邯诸事。逐段另起一头合到项氏，百川之归海也。分封以后，如田荣反齐，如陈馀反赵，如周吕侯据下邑，如周苛杀魏豹，如彭越下梁，如淮阴侯举河北，逐段追叙前事，合到本文，千山之起伏也，而中间总处、提处、间接处、遥接处，多用“于是”“当是时”等字，神理一片。

项羽起兵伐秦，是自东而西，伐齐，则自西而东，与汉王战，又自东而西，解而归至乌江，则又自西而东。东西字，是一篇眼目。

八千人渡江而西，忽化而为二万，六七万，数十万，忽化而为八百余人，百余人，二十八骑，至无一人还。其兴也如江涌，其亡也如雪消。令人三叹。

乐生翁《史记别钞》说：

项王起江东，西渡江渡淮，北渡河救赵破秦，西入关剖封侯王，东归彭城，北破齐城阳，南逐汉灵壁，西拒成皋，东败走乌江，篇中东西南北字，指画分明，虽地名可更，形势不易，后人无须按图考志，已踪迹其去来也。其间最紧要者，数东西字，已尽楚汉兵势。

史公独以东西字点此一大棋局，输赢著路，了然在目，非深达兵事，的知枢轴，乌能成此史文者乎。

以上各家都特别注意到司马迁文章的章法、文法、字法以及它的文学气质。记得我幼年读到归方《史记》和吴见思的《史记论文》时，眼睛为之一亮，觉得以此法读《史记》便会头头是道，条理分明。可惜以上各家于项羽之死皆拘于成说，而忽略太史公的原文字法。现在我即以此法来检读《项羽本纪》自垓下之围到东城自刎的一段文字的关节。

“直夜溃围南出”一句，一是点明时间，直夜，就是午夜，子夜。人们称白天“日头直”是正午，则夜间也是月亮当空正直的时候称直夜。因为这时正是人们熟睡的时候，所以项羽选择此时“溃围”。但实际上项羽是未经战斗逃窜出去的，故汉军直到天亮才发觉，要如果当时经过战斗，则早已被发觉了，不待“平明，汉军乃觉之”了。二是点明方向，是“南出”。这是十分重要的一个字眼。项羽为什么要“南出”，因为此时只有东南方向还是他的地盘，东南方向就是楚尾吴头，就是他的起兵之地。他起兵是八千人渡江而西，现在相反是向东南，所以从根本来说，项羽当时是想渡淮后再作挣扎的。其中也包含着渡江重回吴中起兵之地，否则他往东南方向突围就无意义了（请参阅下文图一：项羽垓下至东城败退路线图）。

这一段关键的字眼，一是“八百余人”，点明人数。一是“渡淮”，一个“渡”字，表明已经过了淮河。这是太史公文章交待地点的关键性的字眼，古人称为文章的眼目。之后就是“骑能属者百余人耳”。特别要注意的是从垓下到淮河渡口，距离不远，只有90多华里，这短短的距离，经过渡淮，“八百余人”只剩下“百余人耳”，可见当时仓皇出逃，败得凄惨，也是项羽所意想不到的。

过淮河以后，继续向南奔逃，但这时方向已偏向西南，因为阴陵在西南向。关键的字眼是“项王至阴陵”。一个“至”字，明确交待项羽已到了阴陵。下面的一句：“迷失道，问一田父，田父绐曰‘左’。左，乃陷大泽中。”这里关键的字眼是一个“左”字。实际上当时项羽是自北向南奔逃的，项羽的“左”，应是项羽的东边，这是他的出路所在。只有田父的“左”，才是西边，才是大泽。我曾两次到阴陵调查，第二次就是今年11月16日，今阴陵旧城址尚在，已立有文物保护碑，老百姓叫此处为古城村。当时田父是面向项羽，是面北背南，所以他说“左”，是西边。看来田父是用手指着方向说“左”的，项羽是依照他的指点向左即向西去的，所以才会陷入大泽中，如果按照项羽的位置向左，正好是向东南，这正是项羽的出路。田父要不是用手指着方向说“左”，项羽也许就不会向西陷入大泽中。如今从古城村向西，便是一片大泽，其最低洼处至今仍是一片茫茫无际的湖泊，水面上有长数公里的窑河大桥。项羽因为陷大泽中，“以故汉追及之”，从文章来看，此时的“追及”，当是说已经撵上，尚未接战，也就是说项羽与汉军还隔着一段距离。所以项王才能“乃复引兵而东，至东城。乃有二十八骑，汉骑追者数千”。这里的关键字眼是“至东城”。一个“至”字，明确标明项羽已到了“东城”，而且“汉骑追者数千人”。还有一个关键字眼是“乃有二十八骑”。项羽渡淮后“骑能属者百余人”，也就是过淮河的还有百余人，但从渡淮到阴陵只有不到100华里的路程，项羽却从“百余人”减少到只有二十八骑。可见此时项羽真正已经势寡力薄、穷途末路了。

下面一段，还有三个关键字眼。一是“项王自度不得脱”。这是司马迁明确的交待，项羽已不可脱身了。二是“今卒困于此，此天之亡我，非战之罪”。这是司马迁再次点明项羽已败定了，别无其他出路了。三是“今日固决死”。这更是十分明确地说明项羽已“必死”。以上这三处都是用项羽自己的话说出来的，更显得项羽已经感到自己已面临末日了。下面虽然还有“愿为诸君快战”的一场战斗。但这只不过是表现项羽至死不悟，表现项羽刚愎的性格，表明他“霸王之业欲以力征经营天下”的错误思想而已。在项羽也并不是为了作突围的冲杀，只不过是为了证明不是自己打不过人家，是天要灭亡自己而已。在他的脑子里已是“今日固决死”的结局。经过这场战斗，二十八骑剩了二十六骑。

总结上面这段文字的叙述方法、用字的特点，是项羽每到一处，都有明确的字眼来表达，如“项王渡淮”，明确用一个“渡”字，“项王至阴陵”，明确用一个“至”字，“至东城”，明确用一个“至”字，而且还加上“自度不得脱”“卒困于此”，“今日固决死”，三个定语。这就说明项羽再也无法脱身了。司马迁的这些字眼，都是用得非常慎重准确的，无一词是游移模棱之词。所以项羽被困住在东城是确定无疑的，是太史公文章的明确交待。

再看下文“于是项王乃欲东渡乌江”。上文所述，项羽无论是“渡淮”“至阴陵”“至东城”，都是用的实字，但到这句却用了一个“欲”字，这是个虚字，是一转念，不是已经到了，它与“至”字是完全不同的概念。不可能项王一转念间就到了240里外的乌江，更不可能项王一转念，远在200余里外的乌江亭长就来了。所以这句话，不仅与下文“乌江亭长檥船待”有矛盾，与上文“自度不得脱”“固决死”等话，也前后矛盾。总之一个“欲”字，不能解释为已经到了乌江。这是没有任何别的办法可以疏解这个字的。

所以我认为这两个句子，其中可能有错简，我设想，可能“于是项王乃欲东渡乌江”一句文字有脱漏，我以为“于是项王”下脱“之众”（大意）这样两个字，全句应为“于是项王之众乃欲东渡乌江”。这就是说想东渡乌江的不是项王，而是项王的部从，所以下文紧接乌江亭长的一段劝说，然后接“项王笑曰，天之亡我，我何渡为”一大段说明项王不能渡江的道理。这样文章才上下贯通，没有矛盾。所以我怀疑在“于是项王”下文字有脱漏。

另外，还有一个问题，项羽困在东城，已只有二十六人。乌江亭长既不能从天而降，为什么凭空多出一个乌江亭长来？如果要勉强解释一下，那末这个乌江亭长就是二十六人之一，他或原是乌江亭长。乌江对岸就是金陵，是吴地，渡船是两面停靠的，这一面是楚，那一面是吴，正是吴头楚尾。也许这个亭长就是当年随项羽从征的八千子弟之一，现在转战至此，他熟知吴中情况，也熟知乌江渡口的渡船，故劝项羽东渡乌江。而且说：“江东虽小，地方千里，众数十万人，亦足王也。愿大王急渡。今独臣有船，汉军至，无以渡。”这段话的口气，一是极熟悉吴中情况，二是更清楚乌江渡口的情况。所以我设想这个乌江亭长只能是二十六人之一。我的这一猜测，当然没

东城遗址

在今定远县东南，城墙宽厚，高出地面仅存一米多。陈胜、吴广起义后，部属葛婴直取东城，即此处。

有任何根据，但二十六人以外，不可能多出一个人来，因为东城离乌江还有240华里，是无论如何来不了人的。

总之，“项王乃欲东渡乌江，乌江亭长檥船待”两句，无论如何是前后矛盾的。这个矛盾，如果从上面分析的是由于文字脱漏造成的，那这个矛盾就能顺利解决了。总之，从司马迁的用字的准确性来说，从他的文法字法来说，已经明确交待项羽已逃不出东城了，所以他的论赞说“身死东城”是十分确切的，无可怀疑的。

因《史记》原文叙述上的矛盾引起各家疏解上的矛盾

由于上述《史记》本文的矛盾，所以以后各家的注释，也往往随之而差错。

先说《史记》三家注。《史记》正文“期山东为三处”句下，“正义”云：“期遇山东分为三处，汉军不知项羽处。《括地志》云，九头山，在滁州全椒县西北九十六里。《江表传》云：项羽败至乌江，汉兵追羽至此（指“九头山”——庸），一日九战，因名。”按：《正义》注文第一句还紧扣《史记》正文，《史记》正文所说的这座“山”，虽然未提山名，它的位置在东城是毫无问题的，但《正义》的第二句注文却引《括地志》冒出来一个“九头山”，而且一下扯到了“滁州全椒县西北九十六里”，这就已远离《史记》正文了。更离奇的是下文又引《江表传》，说“项羽败至乌江，汉兵追羽至此，一日九战，因名。”一下“九头山”又到了乌江，山的名字是因为“一日九战”而得名。为什么“一日九战”就叫“九头山”呢？实在有点牵强。所以细按这些注文，都经不起深究。按常理，注释是注解正

东城附近出土之汉砖

在阴陵至东城一带，随处都可拣到汉砖，此是堆在一起的一堆汉砖。

文的，《史记》正文并未提到九头山，注文却突然冒出了个“九头山”，正文的地点明明是在东城，注文却把地点转移到全椒县，又转移到乌江，越转越远，而且连所谓的“九头山”也从全椒转到了乌江。可见这几条注文是不可信的[7]。2005年11月，我请定远县文化局局长计正山同志亲自到全椒作了认真调查，实地调查的结果是，全椒县根本没有九头山[8]。何况据《本纪》明确说：“自度不得脱”“卒困于此”“今日固决死”，可见项羽已不可能突围出来了，怎么可能再到全椒和乌江呢？1986年，我曾到乌江调查过，也没有听说有什么九头山。2006年1月，计正山同志又到和县调查过，和县也没有“九头山”。可见《括地志》和《江表传》的著者都未经实地调查，只是以讹传讹，不可轻信。三家注在“项王乃欲东渡乌江”句下注云：《集解》：“瓒曰，在牛渚。”据《元和郡县志》江南道宣州当涂县：“牛渚山，在县北35里。山突出江中，谓之牛渚圻，津渡处也。”按：牛渚，就是现在长江南岸的采石矶，属当涂县。在乌江斜对岸，中间隔着一条大江。如果按照这条注释，则项羽之死，不仅不在东城，也不在乌江，而是项羽早已过江了。所以上面这三条古人的注释，都远离史实，也不符合历史地理，都不能作为依据。三家注《正义》还说：“《括地志》云：乌江亭，即和州乌江县是也。晋初为县，注《水经》云：江水又北得黄律口，《汉书》所谓乌江亭长檥船以待项羽，即此也。”这条注释，是就地名注地名，根本不分析《史记》文意，反而把“乌江亭长檥船待”一句不实之辞加以坐实，正叫做望文生义。孟子说：“尽信书，则不如无书。”用在这三条注释上，真是十分确切。

以上是三家注的问题。其错都在不细研史文，不详细实地查勘地理位置。都是从书本到书本，互相沿袭。古人读史，贵在实地查勘，方能避免差错，以上注文，可见皆远离史实及其所发生的地理环境。

下面再说近现代的注疏。

我阅读了一部分近现代人关于《史记》的笺注及有关项羽的文章，对于《项羽本纪》“垓下之围”以下一段文字的地理注释，大致有三种情况，一种是就地名注地名，如“阴陵”，一般都注：“秦县名，县治在今安徽定远西北。”“东城”：“秦县名，县治在今安徽定远东南。”“乌江”：“指乌江浦，津名，即今安徽和县东北40里长江西岸渡口。”有的则注：“乌江，即今安徽和县东北的一段长江，江西岸有个渡口名乌江浦。”另一种情况是在同一部书（《史记》）的注释里，前后自相矛盾。如在《高祖功臣侯者年表第六》：“魏其。以舍人从沛。以郎中入汉，为周信侯，定三秦，迁为郎中骑将，破籍东城，侯，千户。”条下注云：“‘破籍东城’，汉五年，楚汉决战垓下，项籍军败走，汉骑将灌婴追杀项羽东城，斩首八万，略定楚地。魏其侯周定破项籍东城，即指此次战役。”这条注释，明确注出“灌婴追杀项羽东城”，与《年表》的正文、《项羽本纪》的正文、《高祖本纪》的正文、《灌婴传》的正文都相一致，自然不误。但此书在“涅阳。以骑士汉王二年从出关，以郎将击斩项羽， 侯，千五百户，比杜衍侯”条下注云：“‘以郎将击斩项羽’，项羽兵败自刎乌江，王翳取其头，杨喜、吕马童、杨武、吕胜各得其一体。”这里又说“项羽兵败自刎乌江”，与上条注发生了矛盾，同时也与《史记•项羽本纪》《高祖本纪》《灌婴传》等正文发生了矛盾。这是同一部《史记》的注释在项羽死地的问题上表现出来的前后不一致。第三种情况，是认为项羽是死于乌江，说死于东城是“误”，观点明确，前后数处注释皆统一。例如注《项羽本纪》“身死东城”说：“按：项羽败走至东城，以二十八骑大力冲杀汉军后，始南逃至乌江浦，自刎而死。乌江浦当时属历阳县，离东城百余里。”在注“天亡我，非用兵之罪也”条时说：“按：项氏此语的确是在东城大战时对部下所讲，也正因此史公遂连类而说他‘身死东城尚不觉悟’，但实际项羽并非死于东城。”在注《灌婴传》“下东城、历阳”条时说：“历阳，秦县名，即今安徽和县。按：据《项羽本纪》，项羽在东城又进行了一场战斗后，南逃至乌江浦，自刎而死。乌江浦即在历阳东南的长江边上，上文乃叙吕马童等五人共杀项羽于东城。误。”

以上三种注释，第一种是就地名注地名，不及文义，可以不论。第二种是自相矛盾的两种说法，一种认为死于东城，这与《史记》本文合，可以不论，第二种认为“项羽兵败自刎乌江”。这与下面第三种注的意见一致，所以实际上只有一种意见，即第三种项羽死于乌江的意见，值得讨论。

第三种注释的意见说：项羽“南逃至乌江浦，自刎而死……上文乃叙吕马童等五人共杀项羽于东城，误”。这里注者所指的“上文”，是指《史记•灌婴传》“下东城、历阳”以上的一段文字。现将这一段《灌婴传》原文录下，以便讨论。

项籍败垓下去也，婴以御史大夫受诏将车骑别追项籍至东城，破之。所将卒五人共斩项籍，皆赐列侯。降左右司马各一人，卒万二千人，尽得其军将吏。下东城、历阳。渡江，破吴郡长吴下，得吴守，遂定吴、豫章、会稽郡。还定淮北，凡五十二县。

注文所说“叙吕马童等五人共杀项羽于东城”的原文在《项羽本纪》，《本纪》说：

（项羽）乃令骑皆下马步行，持短兵接战。独籍所杀汉军数百人，项王身亦被十余创。顾见汉骑司马吕马童，曰：“若非吾故人乎？”马童面之，指王翳曰：“此项王也。”项王乃曰：“吾闻汉购我头千金，邑万户，吾为若德。”乃自刎而死。王翳取其头，余骑相蹂践争项王，相杀者数十人。最其后，郎中骑杨喜，骑司马吕马童，郎中吕胜、杨武各得其一体。五人共会其体，皆是，故分其地为五。

以上两段文字需要合看，才能辨析明白到底《史记》的原文误不误，到底项羽是死于东城，还是死于乌江。

先说《本纪》的这段文字。第一，项羽“令骑皆下马步行，持短兵接战”的这场战斗的地点问题。这场战斗是承上文“今日固决死，愿为诸君快战”而来的，是整个东城之战的一部分，因而地点是在东城，不是在乌江。这一点注者也是这个看法，注文说：“项羽败走至东城，以二十八骑大力冲杀汉军后，始南逃至乌江浦。”注者还说：“项羽在东城又进行了一场战斗后，南逃至乌江浦。”这里“下马步行，持短兵接战”的这场战斗确是在东城，意见一致，没有分歧。第二，注者说：“上文乃叙吕马童等五人共杀项羽于东城，误。”按吕马童等五人共杀项羽事，详见《项羽本纪》，《灌婴传》是简述，都不误。注者的意思是说《灌婴传》里说灌婴“追项籍至东城，破之。所将卒五人共斩项籍”是“误”。“误”是“误”在“东城”，而不是误在“共斩”。但是上面已经分析清楚，这场战斗是发生在东城，而不是发生在乌江，注者的注文也是这样注的。而这时项羽等二十六人已是“下马步行，持短兵接战”。从东城到乌江是240华里，即使是且战且退，“步行”还能走240华里吗？如果说项羽已经到了乌江，但《史记•项羽本纪》明明写着“欲东渡乌江”，并不是已经到了乌江。司马迁的文章字法是很周密的，渡淮用一个“渡”字，至阴陵用一个“至”字，至东城用一个“至”字，东渡乌江却用一个“欲”字，说明只是“想”，而并未“到”。再从《灌婴传》这段文章来看，先是说“追项籍至东城，破之”。这里又明写着“至东城，破之”。“破”者，“灭”也。也就是在东城消灭了项羽。所以下文就是总结性的语言：“所将卒五人共斩项羽，皆赐爵列侯。”这就是说他的部下五人共同斩了项羽。这里有一点要说明，项羽明明是在东城“自刎”的，这里却说“共斩项羽”，似乎有点不一致，这是因为这是《灌婴传》。从灌婴的这一面来讲，当然要说是“斩”项羽，以夸其功。所以《高祖本纪》也说："使骑将灌婴追杀项羽东城"，也说是"追杀"而不说"自刎"，这是一样的道理，重要的是其地点明确是"东城"，这是关键字眼。再下文就是"降左右司马各一人，卒万二千人，尽得其军将吏"。这就是说项羽已被彻底消灭，其残部都已归降。"尽得其军将吏"，一句话，已将楚军收拾干净。然后才是"下东城，历阳"。这一句很重要，也很讲究序次。先是"下东城"，因为项羽已灭，所以才"下东城"，如果项羽不灭，则东城还不能下。然后再是下历阳。历阳离东城240华里，也就是乌江所属的县，因为离东城还远，所以下东城以后再走240里才能下历阳，也就是说汉军才到历阳（也就是乌江）。所以是下东城在先，下历阳在后，不是同一时间，这样，这段文字的次序已经历历分明了（请参阅下文图二、图三）。这之后才是"渡江，破吴郡长吴下，得吴守，遂定吴、豫章、会稽郡。还定淮北，凡五十二县"。在写明"下东城、历阳"以后，才明确写"渡江"。这里太史公的文章表述得多么清楚明白。所以这段文章，丝毫也没有"误"处，其时间的先后、地域的远近，正是序次井然，丝毫不爽。

以上这些注释上的差异矛盾，其总根源，我认为还是《项羽本纪》最后这段文字上的矛盾引起的，所以我认为这段文字有错简，其理由，已在前面分析，不再枝蔓。

乌江自刎说的溯源述流

我在前文已经说过，《史记》《汉书》均无"乌江自刎"之说。现在所能查到的最早的资料，是晋人虞溥撰的《江表传》。此书已逸，《玉函山房辑佚书补编》已辑入，但我检读此书，虽有《江表传》之目，但仅存"吴烈帝军于洛阳"一段共三行字。其他只能见《史记正义》转引《江表传》云："项羽败至乌江，汉兵追羽至此。"这是"项羽败至乌江"的最早的文字，但并无"自刎"的说法。其次是《史记正义》引《括地志》的说法。《括地志》是唐人萧德言、顾胤等所著，已佚，清孙星衍有辑本。《正义》所引文字云："《括地志》云：乌江亭，即和州乌江县是也，晋初为县，注《水经》云：江水又北得黄律口，《汉书》所谓乌江亭长檥船以待项羽，即此也。"这里虽然提到"乌江亭长檥船待"这句话，但也未及"自刎"之类的说法，所以项羽乌江自刎之说，到唐代似乎还未有文字可稽。

现在我所看到的最早的项羽乌江自刎的文字资料是元代中期剧作家金仁杰的《萧何月夜追韩信》杂剧。现引该剧第三折下半部分到第四折末的文字如下：

〔耍孩儿〕这楚重瞳能有十年运。去十分消磨了六分，臣一观乾象甚分明。我王帝星朗朗超群，他时来力举千斤鼎，直熬得运去无功自杀身。陛下问安邦策何时定。臣算着五年灭楚，小可知三载亡秦。

……

〔三煞〕臣教子房散了楚军。周勃领着汉兵。臣教郦商引铁骑八方四面相随趁。臣教王陵作先锋九里山前明排着阵。臣教灌婴为合后十面埋伏暗摆着军。臣教樊哙去山尖顶上磨旗作军中眼目，看阵势调遣军人。

〔二煞〕得胜也臣教大梁王在后面赶，诈败也臣教九江王在前面引。把楚重瞳赚入长蛇阵。凭时节喑呜叱咤难开口，便举鼎拔山怎脱身。臣教吕马童紧紧地相逗趁，他那里知心故友，子（只）是个取命的凶神。

〔驾云了〕相持处用着一人。孤舟短棹，直临江岸，扮作渔公，楚重瞳杀的怕撞阵冲军，走的慌心忙意紧。行至乌江，无处投奔，来叫渔公。

〔尾〕只说道渡人不渡马。他待渡马时便不说渡人。这的是一朝马死黄金尽，那时节有家难奔，有国难投，急不得已羞扯龙泉自去刎。

第四折

〔竹马儿调阵子上〕〔渔翁霸王一折了〕〔驾一行上〕〔末扮吕马童上云〕怎想

今日乌江岸上，九里山前，送了你呵。好伤感了也。

……

〔滚绣毬〕哎。霸王呵，全不见鸿门会那气性。今日向乌江岸灭尽形。那里也拔山举鼎，怎想你临死也通点人情。自别处叫一声。乡人吕马童，枭首级分付的明。这两庄儿送得楚重瞳百事无成……

以上是金仁杰《萧何月夜追韩信》杂剧后半部分的摘录。我们可以清楚看到在这个杂剧里形象地描写了项羽乌江自刎。也可能正是戏剧的作用，“乌江自刎”的传说才得以广泛传播。非常值得深思的是，我在1986年去乌江调查时，访问附近的农民，他们竟对我讲楚霸王乌江自刎的故事，特别是还说到艄公说的“渡马不渡人，渡人不渡马”这两句话。这分明是杂剧里的台词，居然到现在还在口头流传。可见戏剧的传媒作用。

对于这一问题的认识，我认为《项羽本纪》是太史公的杰作，文章十分精劲，而又不失史实。我认为项羽是自刎于东城而不是乌江。《项羽本纪》最后这一段文字可能有错简，因为现存的文字本身前后有矛盾，且容易引起误解。“乌江自刎”是误解这段文字的结果。但只要认真研读《史记》对这一问题相关的记载，就可以看到，项羽“身死东城”是无可怀疑的，在《史记》本身找不出一点与此矛盾的地方。我认为项羽乌江自刎，是民间传说，后来形成了杂剧，这样就广泛传播开来了，但它毕竟不是史实。我于1986年前后曾两次调查垓下，一次调查阴陵、东城，直到乌江。我就是从那里的渡口过江到南京去的。今年11月，我又到东城、阴陵等地作了一次调查，前后相隔20年，但印象却十分深刻。当地还有许多遗址，如阴陵城的遗址、东城的遗址、虞姬墓等都还历历在目，正是因为调查，使我感到东城离乌江很远，还有240华里，项羽从垓下突围出来是八百余人，渡淮就只剩百余人，从淮河到阴陵不足100华里，百余人就只剩二十八骑。从阴陵到东城经过激战，还剩二十六人。这时汉军数千人围之数重，而且项羽已是步行持短兵接战，如何可能再走240里的战斗路程，这段路程，比渡淮后到东城的路程还长，我认为项羽是实在无能为力了。

长期被误传的史实，如果有可能纠正过来的话，我认为还是要努力加以纠正。我这是一个尝试，未必正确，写出来欲以求教而已。至于我提出来的现代人的一些注释上的差错，其源在于原文的错简和“三家注”的误注，我真希望有一天能出现一部汉简的《史记》，这也许并非完全是梦想。

赘言：《太平寰宇记》说：“乌江县（东北40里，旧十五乡。今四乡），本秦乌江亭。汉东城县地。项羽败于垓下，东走至乌江，亭长舣船待羽处也。”按《太平寰宇记》为乐史著。乐史五代宋初人，成书于北宋太平兴国间，“所载政区，主要太平兴国后期制度”，“后人复有改补”（王文楚《宋版<太平寰宇记>前言》，中华书局1998年版）。故所载政区，离秦汉已甚远。只要读读《灌婴传》里的“下东城、历阳”一句就可以明白。如果当时东城辖地包括乌江在内，则司马迁只要说“下东城”就够了，没有必要再说“历阳”。正因为当时的和县是在“历阳”境内，不属东城，所以要说“下东城、历阳”。表明连下两城。查谭其骧先生的《中国历史地图集》第二册“秦”“淮汉以南诸郡”图，明确标着“阴陵”“东城”“历阳”。可见在秦时“阴陵”“东城”“历阳”是并列的三个县。再看“西汉”“扬州刺史部”则明确标着“阴陵”“东城”“全椒”“历阳”四个县。可见到西汉“东城”与“历阳”之间又新增一个“全椒县”，“东城”与“历阳”已经完全不接壤了。而项羽自刎东城的时候，当然还是“秦”的建制。由此可见《太平寰宇记》的记载，已非秦汉旧制。其所说“乌江县，本秦乌江亭。汉东城县地”，实不可信（请参看下文附图二、三）。

2005年12月15日起草至30夜12时，草毕于京东且住草堂

2006年6月22日初改，8月25日改定，并增写“赘言”

附记：1986年我在定远调查时，是计正山同志陪同我的。去年11月我再到定远调查时，还是计正山同志陪同的，他现在已是定远县的文化局长。文中有关调查的资料，除了1986年我自垓下到乌江调查所得外，其余也都是计正山同志亲自调查的，特别是全椒县根本无九斗山，新县志已彻底更正这件事，是计正山同志到全椒县会同了该县的文化局、文物局长，看到了他们的新县志后才彻底弄清楚的，特此说明，并表谢意。

2006年8月25日

宽 堂

注释：

[1]李长之《司马迁之人格与风格》，开明书店1948年版。

[2]班固《汉书·司马迁传》。

[3]唐司马贞《史记索隐·序》《后序》。

[4]李长之《司马迁之人格与风格》，开明书店1948年版。

[5]见金德建著《司马迁所见书考》，上海人民出版社1963年版。

[6]王利器先生认为《新语》不是《楚汉春秋》，王先生已有《新语校注》，并附《楚汉春秋》佚文，可参。中华书局1986年《新编诸子集成》第一辑。

[7]请参见拙作《地理学奇观——千百年来一座有名无实的九头（斗）山》，即发。

[8]按《括地志》载：全椒县西北九十六里有“九斗山”。《江表传》又说乌江有九斗山。为了核实“九斗山”，定远县文化局长计正山同志亲自到全椒县作了实地调查。全椒县根本无九斗山。以往旧县志上有九斗山的记载，但地面上实无此山，是陈陈相因，沿袭旧说之误。1988年重修《全椒县志》，经核查，已纠正旧误。故1988年的新《全椒县志》上已无九斗山，纠正了旧误。我们又调查了和县，和县更无九斗山。故以上两书均误。

千百年来一座有名无实的“九斗山”

在项羽乌江自刎的讹传中，“九头山”（后称“九斗山”）是一个关键性的地名和关键性的情节，实际上这个山名和这段项羽的战斗情节，都与《史记》原文无关，都是后世讹传并衍化增生出来的，我在查阅晋唐宋元明清的资料中，逐步弄清楚了这个讹传衍化过程，在查阅的这些资料中，没有一条不说到“九头（斗）山”这个山名和项羽与汉兵在“九头（斗）山”战斗的情节的，因此，弄清楚“九头（斗）山”的实际情况，也就容易弄清楚项羽自刎乌江之说是纯属讹传了。

现在先把各书对于“九头（斗）山”的记载略依时代先后抄列于下，以便检讨：

一、《史记正义》：《括地志》云：九头山，在滁州全椒县西北九十六里。《江表传》云：项羽败至乌江，汉兵追羽至此，一日九战，因名。[1]

按：《史记正义》，唐开元间张守节撰，原为三十卷，“后人散入句下，已非其旧”。此书所引《江表传》为晋虞溥撰，已佚，《玉函山房辑佚书补编》已辑录，但实际只存“吴烈帝军于洛阳”一段共三行字。

关于项羽的文字，只存《正义》所引两句，这是说项羽败至乌江的现存最早的文字，“一日九战”的地点也是在乌江而不是在别处。但尚无“自刎乌江”之说。《正义》所引《括地志》晚于《江表传》，解见下。

二、《汉魏遗书钞·括地志卷上》：

九头山在滁州全椒县西北九十六里。

乌江亭即和州乌江县是也，晋初为县。[2]

按：《括地志》，唐魏王泰命萧德言、顾胤等撰，凡五百五十卷，已散佚，清孙星衍有辑本。此据清中期王谟辑本。此书是最早提出“九头山”在滁州全椒县西北九十六里的。但为什么叫“九头山”却没有解释，更没有称“九斗山”。

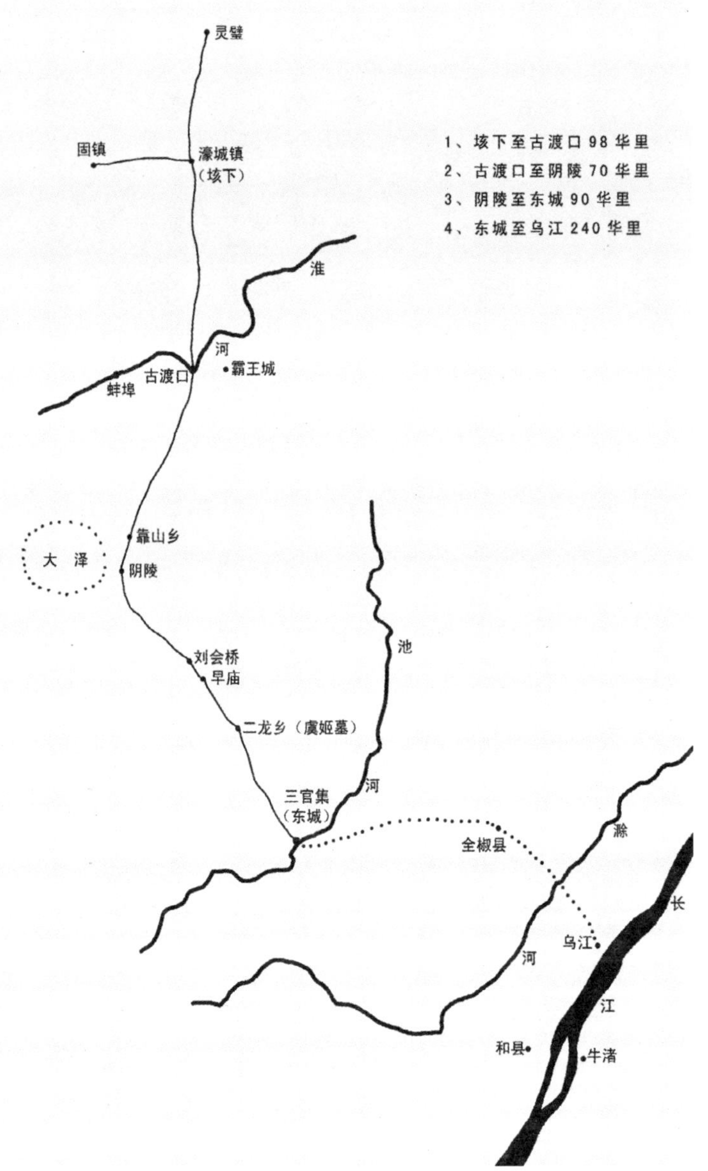

图一 项羽垓下至东城败退路线图

三、《元和郡县图志》卷九“河南道五”：

阴陵县故城，在县西北六十五里。本县也，项羽败于垓下，将麾下八百骑溃围南走，灌婴追羽至阴陵，羽迷失道，问田父，田父给曰左，左乃陷大泽，以故汉兵及之。

东城县故城，在县东南五十里。项羽自阴陵至此，尚有二十八骑，南走至乌江亭。灌婴等追羽，杨喜斩羽于东城，即此地也。

按：以上两段叙阴陵县故城及东城县故城并项羽以二十八骑败至东城均不误，但下接“南走至乌江亭”一句，误。以下又说“杨喜斩羽于东城，即此地也”，此句又不误。可见著者以为“乌江亭”即东城，此为后世误传项羽死于乌江的最早文字，但著者的重点还是说项羽被杨喜斩于东城，而不是强调乌江，只是误以为乌江与东城是一地而已。

同书“淮南道”：

滁州：

九斗山，在县南九十余里。昔项羽兵败，欲东渡乌江，道经此山，与汉兵一日九斗，因名。

历阳县：

乌江浦，在县东四里，即亭长舣船之处。

按：此书是最早提出“九斗山”的，以前只称“九头山”或“一日九战”而无山名。但此书所说“九斗山”的位置又在“全椒县南90余里”，而与《括地志》称在“全椒县西北”有异，此是“九斗山”的地理位置忽南忽北之始。也是“九头山”改称“九斗山”的开始，此后就都叫“九斗山”，不再称“九头山”矣。

又本书校勘记云：“九斗山，今按：《水经》淮水《注》作‘阴陵山’。”“校勘记”说“九斗山”即《水经注》的“阴陵山”。今查《水经注疏》卷三十“淮水”条云：“淮水又北经莫邪山西，山南有阴陵县故城（原注：在今定远县西北65里）。汉高祖五年，项羽自垓下，从数百骑，夜驰渡淮，至阴陵，迷失道左，陷大泽，汉令骑将灌婴以五千骑追及之于斯县也。”[3]是则《水经注》原文是“阴陵县故城”，并未“作阴陵山”。未误，倒是《元和郡县志》校勘记误将“阴陵县故城”作“阴陵山”又误为“九斗山”。此是“阴陵县”“阴陵山”“九斗山”实指一处之明显标志，后世之误多有类此者。

四、《舆地纪胜》卷四十二“淮南东路·滁州·景物下”：

九斗山，一名阴陵山，《元和郡县志》云：在全椒县南九十余里，昔项羽兵败欲东渡乌江道经此山，与汉兵一日九斗，因名。《图经》云：“九斗山，今山石有磨砺刀镞迹，《史记》项羽军大败垓下溃围南走，汉令灌婴追之，羽渡淮至阴陵失道，即此地也。”

按：王象之，南宋庆元元年进士，自序嘉定辛巳（十四年，1221）间成《舆地纪胜》。此书“九斗山”条径称“九斗山，一名阴陵山”。则是又一次明显将“阴陵”与“九斗山”合而为一。此后各书，都称“九斗山”即“阴陵山”，不再称“九头山”矣。此书继《郡县志》文字而增《图经》称“九斗山，今山石有磨砺刀镞迹，……羽渡淮至阴陵失道，即此地也”数语，则直指“九斗山”即项羽渡淮后“至阴陵失道”处。再次证明“九斗山”实即指“阴陵”。盖项羽于阴陵失道，被汉兵追及，即连续战斗至东城而死也。《图经》还说“今山石有磨砺刀镞迹”云云，则更可见民间讹传，愈传愈奇。

五、《方舆胜览》卷四十七“淮东路·滁州·山川”：

九斗山，一名阴陵山，在全椒县南九十馀里，昔项羽兵败，欲东渡乌江，经此山与汉兵一日九斗，故名。

按：《方舆胜览》，南宋祝穆撰，祝洙补订。初刻于理宗嘉熙三年（1259），重刻于庆宗咸淳二至三年（1266—1267）。此书“九斗山”条文字同于《纪胜》之误而又将所谓“九斗山”之地理位置移至“全椒县南90余里”，则又是承《元和郡县志》文字之误。

六、《嘉庆一统志》“滁州直隶州”：

九斗山，在全椒县西北。《括地志》：在滁州全椒县西北九十六里。项羽败走至此，一日九战，因名。《寰宇记》：一名阴陵山，今山石犹有磨刀砺镞之迹。

按：《括地志》《嘉庆一统志》均称“九斗山”在全椒县西北。《元和郡县志》《舆地纪胜》《方舆胜览》则称“九斗山”在全椒县南。此种歧异，可见撰著者均未作实地调查。文字亦陈陈相因，以讹传讹。

七、《读史方舆纪要》卷二十九“全椒县”：

九斗山，县东南二十五里，一名徐陵山，昔项羽兵败，欲东渡乌江，道经此山，与汉兵一日九战，山因以名。其西五里有迷沟，相传项羽迷道陷大泽处也。《志》云，今县南二十里有楚迷沟。（台湾洪氏出版社本）

按：《读史方舆纪要》又称“九斗山在县东南二十五里，一名徐陵山”，又说“其西五里有迷沟，相传项羽迷道陷大泽处也”。“徐陵山”，显系“阴陵山”之误。又称即“项羽迷道陷大泽处”。《史记》载项羽迷道处在“阴陵”甚明。则可见所谓“九斗山”“徐陵山”，实仍指“阴陵”，其文字亦前后因袭，以讹传讹。

八、《全椒县文物志》

康熙《全椒县志》第一册卷之三：“山川”：“九斗山在县南二十五里，一名阴陵山。昔楚项羽兵败欲东渡乌江，途经此山，与汉兵一日九斗，故名。其山石尚有砺剑迹，梁（？）时屯兵于此。”明进士吴颖有诗：“汉家将士挥戈矛，亚父东归项寡谋。兵败阴陵空九斗，至今遗老说迷沟。”文物普查期间，多方考察，九斗山（阴陵山）在全椒县东南二十五里，今和县境内，与全椒仅隔一河。该山附近有沟，即楚迷沟。古时往和县、乌江取道

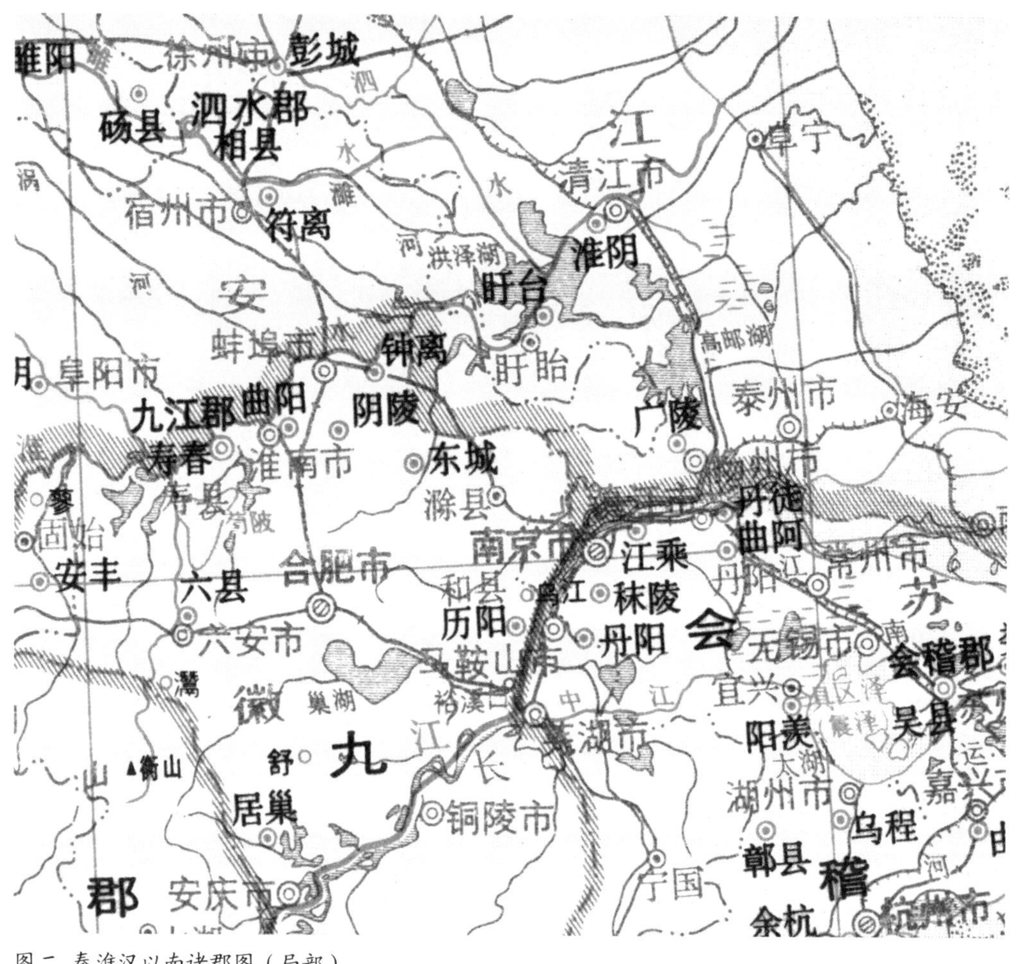

图二 秦淮汉以南诸郡图（局部）

于此。山上建有霸王庙和石柱，石柱当地人称霸王鞭，今已不存。民国九年（1920）《全椒县志》卷二“舆地志”：九斗山在县西北四十五公里处（今西王乡五尖山一带），应纠正。（1985年全椒县文物局编）

按：康熙和民国《全椒县志》均说全椒县有九斗山，但康熙志认为在“县南25里”，民国志又说在“县西北45公里”。可见两书均未实地查核，都是辗转引录。2006年1月9日，定远县文化局局长计正山来信说：“最近，我专程去全椒了解‘九斗山’情况，发现全椒境内自古以来没有‘九斗山’，《全椒县志》不仅‘山川’‘遗址胜迹’两章节中没见‘九斗山’，翻遍《全椒县志》也无‘九斗山’记载。但全椒文化局同志介绍，民国九年编印的《全椒县志》沿袭明、清史料曾有‘九斗山’记载。到1984年全国文物普查时，经‘多方考察’，原来县志所载纯属乌有，所以1988年重修县志时作了纠正。结论：全椒境内没有‘九斗山’。”

但上引《全椒县文物志》说“九斗山（阴陵山）在全椒县东南25里，今和县境内”。今查1996年出版的《和县志》第二章“自然环境”下有“阴陵山”：“位于绰庙乡北滁河边，距县城40公里，主峰海拔145米。”该《志》又引《中国古今地名大辞典》云：“阴陵山，在安徽和县北80里，接江苏江浦县界。《舆地纪胜》载有

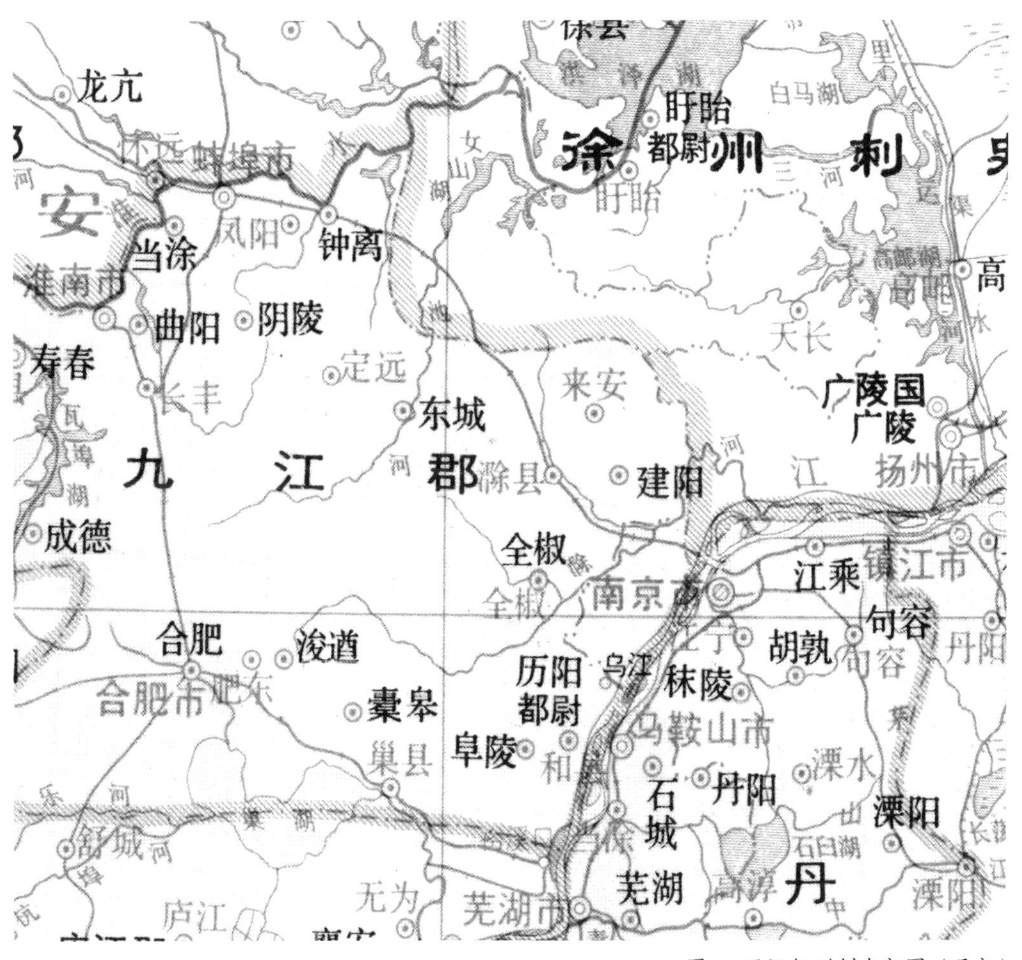

图三 西汉扬州刺史部图（局部）

‘在乌江县西北45里，即项羽迷道处。’”《和县志》又云：“项羽迷道处，上有刺枪坑，旁有泽（今裕民圩），即阴陵九曲泽，泽中有项王村，项羽迷道于泽中，周回九曲，后人称之为‘九曲泽’。”

按：以上数处记载，实仍沿旧误。据实地调查《和县志》所称之“阴陵山”，只是书上的名字，当地老百姓只知此山叫“花山”，不知叫“阴陵山”，又“即项羽迷道处”云云，则仍是将《史记》所载阴陵的地理位置，误认在和县。

又此条下接“四溃山”云：“又名驷马山，位于金城乡与江浦县十村庙交界处，旧志载：‘项羽败垓下，走至东城（即乌江——原注），惟二十八骑从，汉兵追至，项羽乃引骑依山为圜阵，四面驰下，溃围斩将’，故名‘四溃山’。”

按：此条更明显地将东城与乌江误为一处，其注文恰证其误。“四溃山”，《项羽本纪》说：“乃分其骑以为四队，四向，……令四面骑驰下，期山东为三处，于是项王大呼驰下。”所谓“四溃山”，当是由“令四面骑驰下，期山东为三处”附会而来，今东城西北谭村有土山曰“嗟虞墩”，传即项王令骑四面驰下处。今当地人尚称此山为“四溃山”。其地属东城，予曾二至其地调查。

以上资料说明：全椒县的“九斗山”属于子虚乌有。但澄清了全椒县，却又转到了和县，并且把“九斗山”的名字改为“阴陵山”。按，把“九斗山”别称“阴陵山”始于南宋的《舆地纪胜》，之后《方舆胜览》等仍之。实际上都是附会而来。

以上是有关“九斗山”的文献的排比梳理情况。综合分析这些文献资料，特别是结合实地调查，我们可以明确地看到：

一、原来的文献资料都说“九斗山”在全椒县，不同的是有的说在县西北，有的说在县南、县东南。1984年文物普查才查明全椒县无“九斗山”，故新编《全椒县志》已无“九斗山”。但《全椒县文物志》除说明全椒县无“九斗山”外，又说“九斗山”在和县，称“阴陵山”。

二、和县的阴陵山究竟是怎么一回事呢？《和县志》关于阴陵山的文字，已见上引，文中特别提到阴陵山“即项羽迷道处”，该《志》“四溃山”条说：“项羽败垓下，走至东城”（东城下原注说“即乌江”——冯），惟二十八骑从，汉兵追至，项羽乃引骑依山为圜阵，四面驰下，溃围斩将。”根据以上的记载，可知完全是把“阴陵”“东城”的历史地理位置弄错了。“阴陵山”即项羽迷道处，这句话实际上就是指阴陵，又说东城即乌江，更可见著者把乌江与东城误为一地。按《史记·项羽本纪》“阴陵”下注云：“《正义》曰：《括地志》云：阴陵县故城在濠州定远县西北60里。”“东城”下注云：“《正义》曰：《括地志》云：东城县故城在濠州定远县东南50里。”（南宋黄善夫本，蔡梦弼本、张杅桐川郡斋本同）可见此两地皆在定远县，距和县乌江尚有200余里。

按以上两处历史遗址，我曾两次去实地考察，一次是1986年8月，我曾考察了阴陵遗址，同时又考察了虞姬墓和东城遗址。我还到了和县，考察了项王庙和乌江，项王庙是后建的，乌江已改道，旧乌江在今项王庙前。第二次是2005年11月，我重新调查了阴陵遗址，今为古城村，已经过文物调查立有文物保护碑，在阴陵遗址北面即为靠山乡，阴陵的西面即为大泽，面积甚大，其最低处已汇成湖潭，并有新建的很宽的窑河大桥。当年项羽从垓下突围，渡淮后即至钟离，在钟离停留，今有霸王城遗址。此城原是钟离古城，因项羽停留，故乡人称之为“霸王城”，项羽自钟离西南奔70华里左右，即到阴陵，受田父绐，即陷入大泽，再从大泽返回，东南行不远，即被灌婴率部追上，至今阴陵东南不远处有刘会桥，清《定远县志》载“昔刘项会兵于此”，也就是项羽被灌婴追上处。从此开始，项羽与汉兵接战，逐战逐走，东南至二龙乡，至东城。《史记•项羽本纪》说："项王乃复引兵而东，至东城，乃有二十八骑。汉骑追者数千人。项王自度不得脱……今卒困于此，此天之亡我，非战之罪也。今日固决死，愿为诸君快战。"今东城西北不远处，有谭村，其地有"虞姬墓"，《定远县志》载："虞姬墓即嗟虞墩，县南60里，近东城。"我曾两次去虞姬墓，墓高约25米，为一自然土山。据传，项羽在决战前，将虞姬之首埋于此，即作最后的决战。所以此高阜又名"四溃山"。决战后，项羽即自刎于东城。按自阴陵至东城，一路多起伏之土阜，汉兵追上项羽后，于土阜间一路战斗，直至东城。故东城实为项羽最后自刎之处。

检视上引许多记载，其误皆在地理方位之误。所谓"九斗山"，无论全椒县或和县皆无"九斗山"，实则是指阴陵至东城间之土山，汉楚于此追战不止，后人遂谬称"九斗山"，转而又称"阴陵山"，则可知昔人将阴陵、东城的地理位置搞错了。有的记载说"乌江属东城"。项羽死于乌江，故称东城。此说更不符合事实。据谭其骧先生编的《中国历史地图集》第二册所载，秦时阴陵、东城、历阳为三个县，均为县级建制（参看图一）。至西汉，东城至历阳间又增一全椒县，则东城至历阳，中间又隔一县（参看图二）。又秦汉时县之辖区皆在100里左右，如阴陵县距东城县，只有90多华里，东城至全椒，也不出100里，今东城至和县尚有240华里，岂能是一县。《史记•灌婴传》明载"下东城、历阳"，可见东城与历阳各为县级建制无疑。且秦汉之际，乌江属历阳县，这有明确记载，故决不能把历阳称为东城，这是完全不同的两个地方，决无混称之理。只要认真作历史调查，一是可以完全查清项羽自垓下之围败退之路线，《史记》记载分明。且与今存的历史遗存完全吻合。这是最关键的问题。二是所谓"九斗山"云云，实无其山，故叙述上忽南忽北，忽而又到和县，而在和县又根本无此山，虽然从志书上找出个"阴陵山"的名字，但老百姓却从不称此山为"阴陵山"，只知道它叫"花山"，更不知有什么"九斗山"。除了《史记》所记地理确切外，其他记载，都经不起实地查勘，这说明都是千百年来，陈陈相因，以讹传讹，积重难返。终于《全椒县志》算是彻底否定了全椒县有"九斗山"的这个谬误，但又不敢彻底澄清旧的谬误，又把这个谬误转移到和县。可见传统习惯势力之难于打破，也可见在史地学的范围里，必须大力提倡求真求实，提倡实地调查的精神。

检读以上许多材料，并作实地的调查，可知项羽确实死于东城，以往所传乌江自刎之说，皆为民间讹传，所记项羽东城以后的战斗路线和地名，皆属子虚乌有。而项羽"乌江自刎"之说之广泛影响，实自元人金仁杰的《萧何月夜追韩信》开始。剧词云："楚重瞳杀的怕撞阵冲军，走的慌心忙意紧。行至乌江，无处投奔，来叫渔公。""只说道渡人不渡马。他待渡马时便不说渡人。……急不得已羞扯龙泉去自刎。"以上即是元剧中项羽乌江自刎的简要唱词（详见拙文《项羽不死于乌江考》）。可见戏曲影响力之大，难怪陆游要感叹"死后是非谁管得，满村听说蔡中郎"了。

2006年6月25日夜12时于瓜饭楼，8月25日改定。

注释：

[1]据影印南宋黄善夫本《史记》，中华再造善本，国家图书馆出版社2005年版。

[2]据《汉唐地理书钞》，中华书局1961年版。

[3]《水经注疏》卷三十，页2530，江苏古籍出版社1989年版。

（本文作者系中国人民大学国学院名誉院长）

中国古典诗歌的多义性

袁行霈

关于文学作品的多义性，刘勰在《文心雕龙》里已经谈到了。《文心雕龙•隐秀篇》说："隐以复意为工。"又说："隐也者，文外之重旨者也。"[1]他所说的"复意""重旨"，就是我在这里所说的多义性。然而，刘勰并没有专门论述诗歌的多义性问题，更没有把多义性作为诗歌艺术的一个独立范畴来看待。此后，在中国古代的诗歌批评著作中，也偶尔有涉及多义性的，如皎然《诗式》所谓"两重意"[2]，但都没有从理论上对多义性进行深入的探讨。

在西方，对诗的多义性也有人谈到过。亚里士多德在《诗学》里所讲的"双意复言名词"以及"三义"词、"四义"词[3]，就是一个与多义性有关的问题。但丁在《致斯加拉大亲王书》中曾谈到诗有字面的、寓言的、哲理的、秘奥的四种意义。其《神曲》也"具有多种意义"，"通过文字得到的是一种意义，而通过文字所表示的事物本身所得到的则是另一种意义。头一种意义可以叫做字面的意义，而第二种意义则可称为譬喻的、或者神秘的意义"[4]。这实际上也是一个多义性问题。不过，对多义性的深入研究，却是20世纪以后随着语义学的建立而开展起来的。据美国哲学家查尔斯•莫里斯（Charies Morris）在1938年出版的《符号理论基础》一书，语义学是符号学的三个分支之一，研究语言符号和它所指的对象之间的关系（其他两个分支是：句法学，研究符号与符号之间的关系；语用学，研究符号与其他使用者之间的关系）。符号学认为，许多理论问题都可以通过分析、研究表达这些理论所使用的语言符号，而得到解决或说明。有人用符号学的理论来研究诗歌，把诗歌也看作是一种符号，叫"复符号"。这种"复符号"所投射出来的语意，只是它所包含的意义的一部分。这就涉及诗歌多义性的问题了。英国著名文学批评家、语言学家理查兹（I. A. Richards）的学生恩普逊（William Empson），在1930年出版了一部书，书名叫《意义暧昧的七种类型》（*Seven Type of Ambiguity*）。它的主旨是说明，为什么对同一首诗的意义会有不同的理解。恩普逊从作者方面、读者方面以及作者和读者两方面，找出七条原因，归纳为七种类型，举了许多诗例加以具体分析。这部著作曾经产生了较大影响。朱自清先生写过一篇题为"诗多义举例"的文章[5]，就是用恩普逊的方法分析了四首中国旧诗。这四首诗是《古诗十九首》（行行重行行），陶渊明《饮酒》（结庐在人境），杜甫《秋兴》（昆明池水汉时功），黄庭坚《登快阁》。这是关于中国古典诗歌多义性的一篇专论。可惜朱先生自己对这个问题没有继续深入地研究，学术界对这个问题也没有重视，以致到今天我们在这方面仍无进展。

中国古典诗歌的多义性是值得认真研究的。这项研究是文学史、文艺理论、训诂学、语义学共同的课题。文学既然是语言的艺术，诗歌又是语言最精粹的一种文学体裁，那么，研究诗歌特别是研究诗歌艺术，自然离不开诗歌语言的研究，离不开语义的研究。从语义学的角度研究诗歌艺术，无疑是一条途径。但是，决不能用语义分析代替对于诗歌艺术规律的探讨。恩普逊从语义学的角度研究诗歌里的暧昧语、含糊语，固然有其价值，但这并不等于诗歌艺术的研究。所谓多义并不是暧昧和含糊，而是丰富和含蓄。这是必须加以说明的。研究中国古典诗歌的多义性，要从中国古典诗歌的实际出发，把基础建立在对大量作品的具体分析上；要科学地总结古代关于这个问题的论述，借鉴国外的语义学成果，以建立我们民族的诗歌美学语义理论。

诗歌的多义性与词汇学上所谓词的多义性有相通的地方，诗歌可以借助词的多义性以取得多义的效果，然而它们并不是一回事。

按照词汇学的解释，词义是客观事物或现象在人们意识中的概括的反映，是由使用这种语言的群体在使用过程中约定俗成的。由于语言中词的数量有限，不可能一对一地表示复杂的客观事物和现象，所以不可避免地会出现多义词。然而，不管一个词有多少种意义，这些意义都是确定的，可以在词典里一一注明。而且这些意义都是社会性的，为社会所公认的。诗的多义性与词汇学上所说的词的这种多义性不同。诗人不仅要运用词语本身的各种意义来抒情状物，还要艺术地驱使词语以构成意象和意境，在读者头脑中唤起种种想象和联想，激起种种感情的波澜。诗人写诗的时候往往运用艺术的手法，部分地强调着或改变着词语的意义，赋予它们以诗的情趣，使一个本来具有公认的、确定的意义的词语，带上复杂的意味和诗人主观的色彩。而读者在读诗的时候，他们的想象、联想和情感，以及呈现在他们脑海里的形象，虽然离不开词义所规定的范围，却又因人因时而有所差异。生活经验、思想境界、心理气质和文艺修养互不相同的读者，对同一句诗或一句诗中同一词语的意义，可以有不同的体会。同一个读者在不同的时候读同一首诗，体会也不完全一样。可见，诗歌的多义带有一定程度的主观性和不确定性。一首含义丰富的诗歌，好像一颗多面体的宝石，从不同的角度可以看到光的不同折射和色的不同组合。

另外，在词汇学里讲词的多义性，是把同一个词在不同语言环境中的不同意义加以总结，指出它的本义和引申义。如果孤立地看，一个多义词固然有多种意义，但在具体运用的时候，一般说来，一次却只用某一种意义，歧义是一般情况下使用语言时需要特别避忌的毛病。但是在诗歌里，恰恰要避免词义的单一化，总是尽可能地使词语带上多种意义，以造成广泛的联想，取得多义的效果。中国古典诗歌的耐人寻味，就在于这种复合的作用。“诗无达诂”这句话，如果理解为诗是不能解释的，那么这句话当然是错误的。如果从诗的多义性上理解，这句话倒也不无道理。由于中国古典诗歌具有多义性，读诗的时候仁者见仁，智者见智，人们有不同的体会和理解，这是很自然的。

为了进一步阐明中国古典诗歌的多义性，我在这里提出两个新的概念：宣示义和启示义。宣示义是诗歌借助语言明确传达给读者的意义；启示义是诗歌以它的语言和意象启示给读者的意义。宣示义，一是一，二是二，没有半点含糊；启示义，诗人自己未必十分明确，读者的理解未必完全相同，允许有一定范围的差异。宣示义，是一切日常的口语和书面语言共有的；启示义，在文学作品中特别是诗歌作品中更丰富。所谓诗的多义性，就是说诗歌除了宣示义之外，还具有种种启示义。一首诗艺术上的优劣，在一定程度上取决于启示义的有无。一个读者欣赏水平的高低，在一定程度上也取决于对启示义的体会能力。

关于中国古典诗歌的启示义，我大致分为以下五类：双关义、情韵义、象征义、深层义、言外义。这五类启示义，以他们依赖宣示义的程度，构成一个系列。双关义与宣示义关系最密切，双关义的两个意义之中的一个就属于宣示义。情韵义是附着在宣示义之上的各种诗的感情和韵味，他不能离开宣示义单独存在。象征义，有的附着在词语的宣示义上，有的在整句诗或整首诗之中。深层义可以含蓄在词语之中，但多半含蓄在全句或全篇之中。言外义既不在词语之中，也不在句子之中，而是在字句的空档里，即所谓字里行间的“行间”。它虽然并未诉诸语言，但读者可以运用自己的联想和想象去加以补充。

双关义

在一般场合下，使用语言的时候，一个词只传达一种意义，而排斥它的其他意义，以避免发生歧义。而双关却是让两个意义并存，读者无法排斥掉其中任何一个。

双关义可以借助多义词造成。例如：“远”有两种意义：远近的“远”，表示空间的距离长；久远的“远”，表示时间的距离长。《古诗十九首》中“相去日已远，衣带日已缓”的“远”字，就可以作这两种不同的解释，或者两方面的意思都有。关于这个“远”字的双关义，朱自清先生在《诗多义举例》里已经讲得很清楚了。又如贺知章的《咏柳》：“碧玉妆成一树高，万条垂下绿丝绦。不知细叶谁裁出，二月春风似剪刀。”前两句用碧玉形容柳树，一树绿柳高高地站在那儿，好像是用碧玉妆饰而成的。碧玉的比喻显出柳树的鲜嫩新翠，那一片片细叶仿佛带着玉石的光泽。这是碧玉的第一个意思。碧玉还有另一个意思，南朝宋代汝南王小妾名叫碧玉，乐府吴声歌曲有《碧玉歌》，歌中有“碧玉小家女”之句，后世遂以“小家碧玉”指小户人家出身的年轻美貌的女子。“碧玉妆成一树高”，可以想象那袅娜多姿的柳树，宛如凝妆而立的碧玉。这是碧玉的第二个意思。碧玉这个词本来就有这两种意思，而在这首诗里两方面的意思似乎都有，这就造成了多义的效果。又如：“虚室”这个词，陶渊明在《归园田居》里两次用到它：“户庭无尘杂，虚室有余闲。”“白日掩荆扉，虚室绝尘想。”前一个“虚室”与“户庭”对举，后一个“虚室”与“荆扉”连用，可以理解为虚空闲静的居室。然而，“虚室”又见于《庄子•人间世》：“瞻彼阕者，虚室生白，吉祥止止。”陆德明《经典释文》引司马彪语：“室比喻心，心能空虚，则纯白独生也。”陶渊明所说的“虚室”又是用《庄子》的典故，指自己的内心而言。在陶诗里这两种意思都有，造成多义性。

双关义还可以借助同音词造成，南朝民歌里有大量这类例子，如以莲花的“莲”双关怜爱的“怜”，以丝绸的“丝”双关思念的“思”。刘禹锡的《竹枝词》：“杨柳青青江水平，闻郎江上唱歌声。东边日出西边雨，道是无晴却有晴。”以阴晴的“晴”双关爱情的“情”，也属于这一类。

双关义在诗的多义性里是最简单的一种，无须赘述了。

情韵义

中国古典诗歌的语言，经过无数诗人的提炼、加工和创造，拥有众多的诗意盎然的词语。这些词语除了本身原来的意义之外，还带着使之诗化的各种感情和韵味。这种种感情和韵味，我称之为情韵义。情韵义是对宣示义的修饰。

词语的情韵是由于这些词语在诗中多次运用而附着上去的。凡是熟悉古典诗歌的读者，一见到这类词语，就会联想起一连串有关的诗句。这些诗句连同它们各自的感情和韵味一起浮现出来，使词语的意义变得丰富起来。而这种种丰富的情韵义，往往难以用训诂的方法予以解释，也是一般词典中难以包括的。

例如“白日”，除了指太阳以外还带着一种特殊的情韵。曹植说“惊风飘白日”（《箜篌引》）；左思说“皓天舒白日”（《咏史》其五）；鲍照说“白日正中时，天下共明光”（《学刘公幹体》其五）；李商隐说“白日当天三月半”（《无题分》）。“白日”这个词有一种光芒万丈的气象，用白形容太阳的光亮，给人以灿烂辉煌的联想。盛唐诗人王之涣《登鹳雀楼》：“白日依山尽，黄河入海流。欲穷千里目，更上一层楼。”一开头的“白日”二字和诗里那种乐观向上的精神正相吻合。这首诗所写的景色是日落黄昏时的景色，但丝毫也没有黄昏时分的萧瑟、暗淡和朦胧，而是给人以辉煌灿烂的感觉。诗里激荡着对于光明的留恋和追求，是那一轮当空四照无比辉煌的“白日”，渐渐地隐没于山后了，所以要“更上一层楼”，追上那将要隐去的白日，追回那光辉壮丽的时光。此中的意味是何等深长！

“绿窗”，意思是绿色的纱窗。但是它在诗词中另有一种温暖的家庭气氛、闺阁气氛。如刘方平的《夜月》；“今夜偏知春气暖，虫声新透绿窗纱。”李绅的《莺莺歌》：“绿窗娇女字莺莺，金雀娅鬟年十七。”温庭筠的《菩萨蛮》：“花落子规啼，绿窗残梦迷。”韦庄的《菩萨蛮》：“劝我早归家，绿窗人似花。”苏轼的《昭君怨》：“谁作桓伊三弄，惊破绿窗幽梦。”

“拾翠”，意思是拾取翡翠鸟的羽毛，古时以为饰物。如果只从字面上理解，意思很简单。可是在诗词里，“拾翠”却是一个饱含着感情和韵味的词语。这个词最早可能见于曹植的《洛神赋》：“尔迺众灵杂遝，命俦啸侣，或戏清流，或翔神渚，或采明珠，或拾翠羽。”写的是一群女神在水边的活动。她们的美丽，她们的风采，她们那种飘飘然的仪态，通过采珠和拾翠等活动很生动地表现了出来。此后诗词中出现“拾翠”这个词，便常常和年轻美貌的女子联系在一起，和水边绮丽的风景联系在一起，和美好的回忆联系在一起，令人产生怀念和向往之情。如杜甫《秋兴》其八：“佳人拾翠春相问，仙侣同舟晚更移。”是对安史之乱以前长安的和平安定生活的美好回忆。孙光宪《八拍蛮》：“越女沙头争拾翠，相呼归去背斜阳。”宛如一幅美丽的图画。张先《木兰花》：“芳洲拾翠暮忘归，秀野踏青来不定。”李甲《帝台春》：“忆得盈盈拾翠侣，共携赏、凤城寒食。”写妇女春日在水边的嬉游，也很有气氛。

又如“南浦”，大水有小水别通叫浦，也就是水流分支的地方，“南浦”无非是南边的一个浦口，它本来的意义很简单。屈原在《九歌·河伯》里说：“子交手兮东行，送美人兮南浦。”经他用后，“南浦”便染上了离愁别绪，有了更丰富的情韵。后代诗人再写送别的时候便常常用这个词。而一写到浦口，便总是用“南浦”，似乎东浦、西浦、北浦都不够味了。如江淹《别赋》：“春草碧色，春水绿波。送君南浦，伤如之何！”白居易《南浦别》：“南浦凄凄别，西风袅袅秋。一看肠一断，好去莫回头。”范成大《横塘》：“南浦春来绿一川，石桥朱塔两依然。年年送客横塘路，细雨垂杨系画船。”辛弃疾《祝英台近》：“宝钗分，桃叶渡，烟柳暗南浦。”

“凭栏”“倚栏”，意思是依靠着栏杆，但是诗词中用“凭栏”“倚栏”，却有多种意味，或表示怀远，或表示吊古，或抑郁愁苦，或悲愤慷慨。杜牧《初春有感寄歙州邢员外》：“闻君亦多感，何处倚栏杆?”正说明倚栏或凭栏是一种寄寓感情的方式，而这两个词也随之染上了浓郁的感情和韵味。如李璟《摊破浣溪沙》：“细雨梦回鸡塞远，小楼吹彻玉笙寒。多少泪珠无限恨，倚栏杆。”李煜《浪淘沙令》：“独自莫凭栏，无限江山，别时容易见时难。”冯延巳《鹊踏枝》：“一晌凭栏人不见，鲛绡掩泪思量遍。”姜夔《点绛唇》：“今何许，凭栏怀古，残柳参差舞。”岳飞《满江红》：“怒发冲冠，凭栏处、潇潇雨歇。”这些诗句中的“凭栏”都是和某种激动的感情联系在一起的。

又如，“板桥”就是木板桥，却比“木桥”更有诗味儿。刘禹锡《杨柳枝》：“春江一曲柳千条，二十年前旧板桥。曾与美人桥上别，恨无消息到今朝。”温庭筠《商山早行》：“鸡声茅店月，人迹板桥霜。”“板桥”这个词也有一种特殊的情韵，换成“木桥”就索然无味了。

由以上的例子可以看出，诗歌语言的情韵义是由于诗人反复使用而逐渐涂上去的。这种情韵在诗里所起的作用，有时甚至比词语原有的意义更重要，它可以给人以多方面的启示和联想，使诗的含义更加丰富饱满。

但是在使用这类富有情韵义的词语时，也需要加以创新，使它们不至于成为陈词滥调；要以充沛的思想感情来驾驭它们。正如章学诚所说：“譬彼禽鸟，志识其身，文辞其羽翼也。有大鹏千里之身，而后可以运垂天之翼；鹨雀假雕鹗之翼，势未举而先踬也，况鹏翼乎!故修辞不忌夫暂假，而贵有载辞之志识，与己力之能胜而已矣。”[6]例如，“丁香结”喻指心中郁结的忧愁，李商隐《代赠》：“芭蕉不展丁香结，同向春风各自愁。”李珣《河传》：“愁肠岂异丁香结?因离别，故国音书绝。”牛峤《感恩多》：“自从南浦别，愁见丁香结。”李璟《摊破浣溪沙》：“青鸟不传云外信，丁香空结雨中愁。”都是在这个意义上使用“丁香结”的。但也有从另外的角度下笔的，陆龟蒙《丁香》：“江上悠悠人不问，十年云外醉中身。殷勤解却丁香结，纵放繁枝散诞春。”“解却丁香结”就是使丁香的花苞开放，丁香花一开，春意才更热闹而浓郁。这首诗运用富有情韵的词语，而用法有所创新，使人觉得十分新鲜。

象征义

象征义专指那些用象征的手法派生出来的意义，有的附着在词语的宣示义上，有的并不在词语上，而在整个句子之中或整篇诗歌之中。象征义和宣示义之间的关系是指代与被指代的关系，宣示义在这时往往只起指代作用，象征义才是主旨之所在。

在中国古典诗歌里，象征义是很常见的。在那些题为《咏怀》《感遇》的作品里，尤其是如此。阮籍的《咏怀》八十二首，庾信的《拟咏怀》二十七首，陈子昂的《感遇》三十八首，张九龄的《感遇》十二首，便是这类作品中的名篇。在这些诗里，取作象征的事物相当广泛，而表现的内容多半是政治的感慨，或伤时，或忧生，或言志，或讥刺。如阮籍《咏怀》中“西方有佳人”一首，以不能与佳人交接象征理想不能实现。陈子昂《感遇》中“兰若生春夏”一首，以兰若的摇落象征盛年易逝，壮志难酬。张九龄《感遇》中“江南有丹橘”一首，以丹橘经冬不凋象征自己的坚贞的品格。这些诗都是含蓄深沉、意义丰富的佳作。李白、杜甫的一些诗，虽然不以《感遇》《咏怀》为题，但是也以象征的手法抒写政治的感慨，实际上也属于这一类。如李白《古风》中的“桃李开东园”“美人出南国”，杜甫的《客从》《病橘》等。这类作品构成中国古典诗歌优良传统的一个组成部分。

象征义有两个特点：一、用具体的、可感知的事物象征抽象的意义；二、用客观的事物象征主观心理和情绪。例如：以松菊象征高洁，以美人香草象征理想等等。有些词语由于反复使用，已经有了固定的公认的象征义，如：

“东篱”，陶渊明《饮酒》：“采菊东篱下，悠然见南山。”这本是写实，陶家庭院东边有一道篱笆，篱下种着菊花。因为陶渊明是一位著名的隐士，他又特别喜欢菊花，在诗里屡次咏菊，菊花几乎成了陶渊明的化身，所以连带着“东篱”这个词便有了一种象征的意义。一提“东篱”，就让人想起那种远离尘俗的、洁身自好的品格。因为“东篱”有了这种象征意义，后人写诗的时候写到篱笆，便常常说“东篱”，似乎“西篱”“南篱”“北篱”，都缺乏诗意了。如刘昚虚的《九日送人》：“从来菊花节，早已醉东篱。”苏轼的《戏章质夫寄酒不至》：“漫绕东篱嗅落英。”李清照的《醉花阴•九日》：“东篱把酒黄昏后，有暗香盈袖。”

“新亭”，由于《世说新语•言语篇》里记载过一个“新亭对泣”的故事，所以“新亭”这个普通的地名也就有了一种象征义，象征忧国伤时的悲愤之情。辛弃疾的《水龙吟》：“长安父老，新亭风景，可怜依旧。”刘克庄的《贺新郎》：“多少新亭挥泪客，谁梦中原块土?”

除了公认的象征义，还有属于个人的象征义，这是诗人临时创造出来的，带有强烈个性色彩的。如陶渊明诗中屡次出现的“归鸟”象征着他自己的归隐。王士禛的名作《秋柳》组诗，其一以南京白下门的秋柳寄托故国之思，“他日差池春燕影，衹今憔悴晚烟痕”的秋柳，遂亦具有象征的意义。这类象征义都是诗人自己的创造，因为个性色彩很浓，所以比较难懂。李商隐的诗因为较多地用了这种个人的象征，所以显得朦胧。例如《初食笋呈座中》：

嫩箨香苞初出林，於陵论价重如金。皇都陆海应无数，忍剪凌云一寸心!

这首诗是李商隐二十二岁时所写的，当时他在兖州观察使崔戎幕中掌书记。据《竹谱》注，兖州附近出产一种竹笋，味最美，是难得的佳肴。这首诗就以初生的嫩笋为象征，表现了一个壮志凌云的青年对不公正的社会的愤慨，以及对自己前途的忧虑。那初出林的鲜嫩芬芳的竹笋本来有希望成为一棵凌云的大竹，可惜在她还幼小的时候就被采来吃掉了。皇都应有无数水陆的美味，怎么还忍心剪伐这幼小的竹笋呢![7]

李商隐笔下的牡丹也有象征意义，《回中牡丹为雨所败》其二：

浪笑榴花不及春，先期零落更愁人。玉盘迸泪伤心数，锦瑟惊弦破梦频。万里重阴非旧圃，一年生意属流尘。前溪舞罢君回顾，并觉今朝粉态新。

这首诗是李商隐在泾州时写的，用被雨所败的牡丹象征自己。石榴初夏才开花，错过了春天的大好时光，牡丹似乎有资格讥笑她。但是遭受风雨的摧残提前零落的牡丹，她的命运恐怕还不如石榴呢!诗的最后两句又递进一层，牡丹为雨所败而夭折固然可怜，但毕竟还有几分粉态，如果等她自己凋谢了，那时再回想今天的情形，反而会觉得今天的粉态新鲜了。在这首诗里，牡丹的形象和诗人自己的形象融合在一起，意味很丰富。

个人的象征义如果得到普遍的理解和运用，可以转化为公认的象征义。汉班婕妤《怨歌行》，以被弃的秋扇为象征，抒写了遭人玩弄而终被遗弃的妇女的悲愁。本是班婕妤个人创造的象征，后来已成为公认的了。

公认的象征义的建立依赖于民族的历史、文化传统，不同的民族有不同的象征习惯。例如，以鹏鸟象征不祥，以杜鹃象征悲哀，就具有中国的特色。前者源自汉贾谊

《鹏鸟赋》，其序曰：“谊为长沙王傅三年，有鹏鸟飞入谊舍，止于坐隅。鹏似鸮，不祥鸟也。”《西京杂记》也说：“贾谊在长沙，鹏鸟集其承尘而鸣，长沙俗以为鹏至人家，主人当死。”后者源自古蜀帝杜宇化为杜鹃的故事，见汉扬雄《蜀王本纪》、晋左思《蜀都赋》、晋常璩《华阳国志•蜀志》等书。可见鹏鸟、杜鹃的象征意义由来已久，深深地植根于民族的传统文化之中。闻一多先生有《说鱼》一文，指出“鱼”在古代是一种隐语，有象征“匹偶”或“情侣”的意义。以此解释《诗经•周南•汝坟》，遂得出不同于前人的胜解。

深层义

深层义隐藏在字句的表面意义之下，有时可以一层一层地剖析出来。如欧阳修《蝶恋花》的最后两句：“泪眼问花花不语，乱红飞过秋千去。”《古今词论》引毛先舒云：“词家意欲层深，语欲浑成。……‘泪眼问花花不语，乱红飞过秋千去。’此可谓层深而浑成。何也?因花而有泪，此一层意也；因泪而问花，此一层意也；花竟不语，此一层意也；不但不语，且又乱落，飞过秋千，此一层意也。人愈伤心，花愈恼人，语愈浅而意愈入，又绝无刻画费力之迹。谓非层深而浑成耶?”

又如李白的《早发白帝城》：

朝辞白帝彩云间，千里江陵一日还。两岸猿声啼不尽，轻舟已过万重山。

从字面上看，这首诗无非是写三峡水流之急，船行之快，是一首咏山水、纪行旅的诗。我们还可以引《水经注》写三峡的那一段文字来印证。但是诗的意思如果仅仅是这些，那不过是把《水经注》改写成为一首诗而已，就不会成为千古绝唱了。这首诗还有更丰富的意思，那就是表现了诗人自己心情的轻松和喜悦。这首诗是李白在流放途中走到三峡，遇赦返回的时候写的。正因为不久之前有逆水而上的艰辛，所以遇赦归来顺流而下才感到格外轻松和喜悦。这种感情，诗里没有直说，而是以轻快的节奏流露出来的。除此之外，我感到诗里还有一种惋惜与遗憾的感情。上三峡的时候，李白大概没有心情欣赏周围的景色。当时他写过一首《上三峡》，诗里说：“巫山夹青天，巴水流若兹。巴水忽可尽，青天无到时。三朝上黄牛，三暮行太迟。三朝又三暮，不觉鬓成丝。”可见他当时的心情是多么沉重。如今他遇赦返归，顺着刚刚走过的那条流放路，重又泛舟于三峡之间，他一定想趁这个机会饱览三峡的壮丽风光。可惜他还没有看够，没有听够，没有来得及细细领略三峡的美，船已飞驶而过：“两岸猿声啼不尽，轻舟已过万重山。”在喜悦之中又带有几分惋惜和遗憾，似乎嫌船走得太快了。

深层义在以下几类诗里比较丰富：

第一类是感情深沉迂回、含蓄不露的。如杜甫的《江南逢李龟年》：

岐王宅里寻常见，崔九堂前几度闻。正是江南好风景，落花时节又逢君。

从字面上看，“落花时节”是点明与李龟年相逢的时令，但它还有更深的意思。李龟年当初是红极一时的音乐家，经常出入于王公贵戚之门。如今他流落江南，也许已成为一个流浪街头的艺人，这对于李龟年来说是他的“落花时节”。“落花时节”暗指李龟年不幸的身世，这是第二层意思。杜甫当年在长安虽然不得志，但也曾出入于岐王、崔九之门，在那盛世里无论如何也比他后来四处飘泊的生活要好些。何况那时他才三十几岁，而写这首诗的时候已经是“老病有孤舟”，他自己的境况也大不如前了。所以“落花时节”又暗指自己不幸的身世。这是第三层意思。此外还有更深的意义，对于唐王朝来说，经过一场“安史之乱”，盛世的繁荣已经破坏殆尽，也好像是“落花时节”。我们必须透过字面的表层义，体会出这几层意义才算真正懂得了这句诗。

又如杜牧的《秋夕》：

银烛秋光冷画屏，轻罗小扇扑流萤。天阶夜色凉如水，坐看牵牛织女星。

这首诗写一个失意宫女的孤独生活和凄凉心情。在一个秋天的晚上，微弱的烛光给屏风上的图画添了几分暗淡而幽冷的色调。这时，一个孤单的宫女正用小扇扑打着飞来飞去的萤火虫。“轻罗小扇扑流萤”这一句有多重的含意：第一，古人说腐草化萤，虽然是不科学的，但萤总是生在草丛冢间那些荒凉的地方。如今，在宫女居住的庭院里竟然有流萤飞动，宫女生活的凄凉也就可想而知了。第二，从宫女扑萤可以想见她的寂寞与无聊。她无事可做，只好以扑萤来消遣她那孤独的岁月。她用小扇扑打着流萤，一下一下地，似乎想驱赶包围着她的阴冷与索寞，但这又有什么用呢?第三，扇子本是夏天用来挥风取凉的，秋天就没有用了，所以诗词里常以秋扇比喻弃妇。从诗题可以看出这是一个秋天的晚上，这宫女手中的小扇便是一把秋扇，从这把秋扇可以联想到持扇宫女被遗弃的命运。三四句“天阶夜色凉如水，坐看牵牛织女星。”也很耐人寻味。“夜色凉如水”暗示夜已深沉，寒意袭人，该进屋去睡了。可是宫女依旧坐在石阶上，仰视着天河两旁的牵牛星和织女星。牵牛织女的故事触动她的心，使她想起自己不幸的身世，也使她向往那种真挚的爱情。满怀心事都在这举首仰望之中了。这首诗没有一句抒情的话，但宫女那种哀怨与期望交织的复杂感情蕴含在深层，很耐人寻味。

第二类是在自然景物的描写中寄寓了深意的。如柳宗元《江雪》：

千山鸟飞绝，万径人踪灭。孤舟蓑笠翁，独钓寒江雪。

表面看来这不过是一首富有画意的写景诗，在大雪迷漫之中，鸟飞绝，人踪灭，只有一个身披蓑衣、头戴斗笠的渔翁在孤舟上，一竿在手，独钓于江雪之中．但细细想来却不只是写景，而另有深意。在这渔翁身上，诗人寄托了他理想的人格。这渔翁对周围的变化毫不在意，鸟飞绝，人踪灭，大雪铺天盖地，这一切对他没有丝毫的影响，依然钓他的鱼。他那种悠然安然的态度，遗世独立的精神，正是谪居在外的柳宗元所向往的。我们可以用张志和的《渔父歌》作比较：“西塞山前白鹭飞，桃花流水鳜鱼肥。青箬笠，绿蓑衣，斜风细雨不须归。”这首诗写的是春天的斜风细雨，再加上白鹭飞、鳜鱼肥，闲适中带着潇洒，是一幅渔家乐的图画。柳宗元诗中的那个渔翁，更多的是孤寂与清高，他仿佛是被社会所遗弃的，又是遗弃了社会的，他不像张志和诗中的那个渔父，心目中有肥肥的鳜鱼。他的垂钓并不在得鱼，而只是想找一个安静的去处，让他忘掉世上的庸俗和纷扰，暂时得到一点休息。所以这首诗与其说是一幅真实景物的素描，不如说是表现了诗人自己对于人生的态度，而后者就是它的深层义。

第三类是富有哲理意味的诗歌。如杜甫的《江亭》：

坦腹江亭暖，长吟野望时。水流心不竞，云在意俱迟。寂寂春将晚，欣欣物自私。故林归未得，排闷强裁诗。

“水流”二句，王嗣奭《杜臆》说：“景与心融，神与景会，居然有道之言。盖当闲适时道机自露，非公说不得如此通透。”仇兆鳌说：“水流不滞，心亦从此无竞。闲云自在，意亦与之俱迟。二句有淡然物外、优游观化意。”他们都指出了这两句诗的哲理意味。这两句诗不止是一般的情景交融，还包含着深刻的哲理。江水的流动是它自然的本性，并不是要和谁竞争，自己的心也像水流那样不争不竞；闲云悠然地停在那儿，得其自在，自己飞驰的意念也和闲云一样地迟滞了。在杜甫看来，水也好，云也好，都是自在之物，它们的动，它们的静，都是出自本性，并不是有意要怎样，也没有什么功利的目的与追求，只是各行其素而已。杜甫感受到云水的这种性格，并从中悟出了人生的道理，便觉得自己也化做了云水，和它们一样地达到自如自在的境地。

言外义

上述四种意义，或是诗歌语言所负荷的，或是诗歌语言所蕴含的，或是诗歌语言所指代的，可以总称之为言内义。然而古典诗歌的多重意义不仅表现在言内，还可以寄托在言外。言外之义是诗人未尝言传，而读者可以意会的。言内义在字里，言外义在行间，诗人虽然没有诉诸言辞，但在行间有一种暗示，引导读者往某一个方向去想，以达到诗人意向的所在。富有言外义的诗歌，状物而不滞于物，引导读者由此及彼地展开联想和想象。它总是让人读后还要思索一下，寻一寻余味。在寻思中有所领悟，有所发现，遂得到艺术欣赏的满足。

大凡事物的发展总有其前因后果，感情的发展也有它的脉络。然而中国古典诗歌通常不是把感情脉络的连续性呈现给读者，而是从感情的发展脉络中截取最有启示性的一段，把其他的略去，留给读者自己去联想补充。同时句子之间有较大的跳跃性，句子之间留下了较大的空白。从感情脉络中略去的部分就隐约地浮现在这无言的行间，并以它们的多姿与多彩丰富着言内之物，构成诗歌的多义效果。

司马光《续诗话》："古人为诗贵于意在言外，使人思而得之，故言之者无罪，闻之者足以戒也。近世诗人惟杜子美最得诗人之体，如'国破山河在，城春草木深。感时花溅泪，恨别鸟惊心'。'山河在'，明无余物矣；'草木深'，明无人矣。花鸟，平时可娱之物，见之而泣，闻之而悲，则时可知矣。他皆类此，不可遍举。"[8]王夫之《夕堂永日绪论·内篇》举崔颢的《长干行》说："墨气所射，四表无穷，无字处皆其意也。"[9]类似的富有言外义的诗例还可以举出许多，如卢纶的《塞下曲》：

月黑雁飞高，单于夜遁逃。欲将轻骑逐，大雪满弓刀。

诗写一个大雪之夜，准备集合轻骑兵，去追击溃退的敌人。诗人只写了准备出击的场景，究竟出击没有，追上敌人没有，统统略去了。"欲将轻骑逐，大雪满弓刀"，并不是战斗的结束，可是那种艰苦的自然环境、肃穆的战斗气氛和将士们的英雄气概，都被烘托出来了。神龙见首不见尾，并不是没有尾，尾在云中，若隐若现，更有不尽的意味和无穷的魅力。又如元稹的《行宫》：

寥落古行宫，宫花寂寞红。白头宫女在，闲坐说玄宗。

红色的宫花和白头的宫女，色调形成鲜明的对比。红的宫花让人联想到宫女们已经逝去的青春，而宫花的寂寞又象征着宫女们当前的境遇。在这样一座古行宫里，几个白头宫女闲坐在一起，谈论着玄宗的往事。诗里用了一个"在"字，说"白头宫女在"，言外昔日行宫的繁华已不复存在，如今只有"白头宫女"还在这里，好像是那段繁华历史的见证人。诗只写到宫女说玄宗就结束了。至于她们的身世如何，诗里没有交代。反正已经把那种凄凉寂寞的气氛和抚今追昔的情调表现出来了，其他也就不言而喻。前人说这首诗"语少意足，有无穷之味"[10]，是不错的。又如蒋捷的《虞美人》：

少年听雨歌楼上，红烛昏罗帐。壮年听雨客舟中，江阔云低，断雁叫西风。而今听雨僧庐下，鬓已星星也。悲欢离合总无情，一任阶前点滴到天明。

这首诗以听雨为线索，选取少年、中年、暮年三个不同的时期，歌楼、客舟、僧庐三个不同的地点，串起了作者自己一生的经历。这三个时期作者的生活发生了急剧的变化，然而作者把变化的过程统统略去了，只是跳跃地选了三个点来写，让读者自己在对比中体会其他的一切。作者少年时代的浪漫，中年时代的飘泊，暮年时代的凄苦与灰心，曲折地反映了南宋亡国前后的时代气息，是十分耐人寻味的。

写诗的困难往往不在于取而在于舍。诗中那无言之处也需要认真经营。剪裁得体，才能收到言有尽而意无穷的效果。《竹庄诗话》引《漫斋语录》说："用意十分，下语三分，可几风雅；下语六分，可追李杜。"[11]可见前人对这一点的重视。然而大诗人也难免赘疣，柳宗元《渔翁》：

渔翁夜傍西岩宿，晓汲清湘燃楚竹。烟销日出不见人，欸乃一声山水绿。回看天际下中流，岩上无心云相逐。

《冷斋夜话》引苏轼曰："诗以奇趣为宗，反常合道为趣。熟味此诗有奇趣，然其尾两句，虽不必亦可。"[12]苏轼的批评是有道理的。诗的前四句，渔翁由显而隐，山水由隐而显，渔翁与大自然和谐地融为一体。渔翁那种悠然自得的生活情趣已经恰到好处地表现了出来。诗写到这里实在是应该结束了。可是柳宗元犹嫌不足，又用两句诗交代渔翁的去向，描写他的那种悠悠然的神情。这两句孤立地看，的确是佳句，但是在这首诗里未免多余。正如傅庚生先生所指出的："柳河东《渔翁》诗至'欸乃一声山水绿'收束，颇有含蓄之致，实于不足之中见足。乃必藉云之相逐，点出'无心'二字，政见其有心于'无心'，了无余蕴，是求其足乃转不足也。"[13]

以上所讲的双关义、情韵义、象征义、深层义和言外义，构成中国古典诗歌含蓄蕴籍的艺术特色。但这五种意义的区别，只能说是大致的、相对的。在有的诗里，各种意义可能并存着，很难十分严格地划分开来，不必过于拘泥。

注释：

[1]《文心雕龙•隐秀》："隐也者，文外之重旨者也；秀也者，篇中之独拔者也。隐以复意为工，秀以卓异为巧，斯乃旧章之懿绩，才情之嘉会也。"范文澜《文心雕龙注》卷八，人民文学出版社1958年版，第632页。

[2]皎然《诗式》卷一《重意诗例》："评曰：两重意已上，皆文外之旨。若遇高手如康乐公，览而察之，但见情性，不睹文字，盖诗(原作"诣"，据《诗学指南》本改)道之极也。"《十万卷楼丛书》本。

[3]见《诗学》第二十一章，人民文学出版社1962年版，第72页。

[4]引自伍蠡甫主编《西方文论选》上卷，上海译文出版社1979年版，第159页。

[5]原载《中学生杂志》，收入《朱自清古典文学论文集》，上海古籍出版社1981年版。

[6]《文史通义》内篇四《说林》，嘉业堂本《章氏遗书》卷四。

[7]冯浩注曰："《竹谱》云：'般肠实中，为笋殊味。'注曰：'般肠竹生东郡缘海诸山中，有笋最美。'正兖海地也。"冯注"陆海"，引《汉书•地理志》："(秦地)有鄠、杜竹林，南山檀柘，号称陆海。"据冯注，此二句意谓：皇都陆海亦有无数竹林，何须剪伐此兖海之竹？然兖海之竹既不应剪，陆海之竹岂应剪乎？细绎义山诗意，凡竹之笋皆不忍剪。何焯批曰："陆海，言陆地海中所产之物也。"近是。白居易《轻肥》："樽垒溢九酝，水陆罗八珍。""陆海"犹"水陆"。义山意谓：皇都多有水陆所产各种珍肴，岂忍剪此幼笋食之耶？般肠笋既然味最美，必进贡皇都，故有此感慨。

[8]何文焕辑《历代诗话》本，中华书局1981年版，第277页。

[9]《姜斋诗话》卷二，人民文学出版社1961年版，第162页。

[10]《诗人玉屑》卷十引《随笔》，上海古籍出版1978年版，第211页。

[11]见《竹庄诗话》卷一"讲论"。

[12]见毛氏汲古阁刊《冷斋夜话》十卷本，卷五。

[13]《中国文学欣赏举隅》二〇《剪裁与含蓄》，陕西人民出版社1983年版，第150页。

(本文作者系北京大学教授、国学研究院院长)

水不流花不开的世界

朱良志

空山无人，水流花开，是禅家崇奉的境界，也为两宋以来中国艺术所推崇。它的意思是，在静寂的世界中，水自流，花自开，声鼓并作，天机活泼。但如果因此认为中国艺术都会追求鸢飞鱼跃、鸟鸣花开，那就错了。在中国艺术最幽微的处所，有一个水不流、花不开的世界，一个近于不动的寂寥宇宙。没有色彩，没有喧闹，甚至没有一块绿叶，没有一片游云，几乎将一切“活”意都炸去。然而，中国艺术家却要通过这个几近死寂的宇宙，寄寓他们独特的宇宙感、历史感和人生感。就像韦应物诗中所说：“万物自生听，太空恒寂寥。还从静中起，却向静中消。”很多中国艺术家看来，在永恒寂寥的世界中，才会有真正的生机鼓吹。

这就是中国艺术的寂寞境界。寂寞，与寂寥同义，从汉语语源上看，寂表示无声，寥表示无形。或者如《韵略》所说：“寂寞，无声也。寂寥，空也。”作为一个艺术概念，寂寞（或寂寥）表示的是一个无声无形的空灵宇宙，一个淡去色相、空灵悠远、静穆幽深的世界。

一、寂寞的云林

清恽南田说：“寂寞无可奈何之境，最宜入想。”他用“寂寞”二字来评论倪云林的画。认为云林的画无与伦比，“真寂寞之境，再着一点便俗”。云林的画，没有色彩，没有喧嚣，静绝尘氛，但并非乏味，大有思致在。本文的讨论就从倪云林谈起。

在中国绘画史上，元代画家倪云林是一位特殊人物，他的艺术可以说是逸品的代名词。自他去世一直到清末的500多年时间中，他的艺术具有很大的影响力。“世以有无云林画论清俗”，绝不是一句虚话[1]。倪云林的画其实就是一个“寂寞的宇宙”。

从形式上看，云林的画是真正的水不流，花不开。“朝看云往暮云还，大抵幽人好住山。倪老风流无处问，野亭留得藓苔斑”[2]。这样的评论，突出云林艺术幽静寂寥的特点。他的画构图非常简单，而且也颇为程式化。几株疏树，一痕远山，或者在疏林下加一个小亭子，这就是云林山水画的大致面目。他的竹石画也多是几片嶙峋瘦石，几枝疏竹，疏朗之至。他的学生王达评老师的《南渚图》说：“寂寞云林堂下路，一峰残雨映孤村。”[3]——真是一个“寂寞的云林”。

今藏于上海博物馆的《渔庄秋霁图》（图一），云林有自题诗说：“江城风雨歇，笔研晚生凉。囊楮未埋没，悲歌何慨慷。秋山翠冉冉，湖水玉汪汪。珍重张高士，闲披对石床。”画作于1355年，时云林55岁。72岁时，云林又重题此画，秋色正浓，那是一年中江南最美的时分，云林也说要画出“秋山翠冉冉，湖水玉汪汪”的景象，但你看画面，却完全没有风动水摇的感觉，没有冉冉的翠绿，简直是一片萧瑟。正面近景坡陀上画疏树五株，木叶尽脱，中部为一湾瘦水，再上是一痕远山。画得气静神闲，寂寥高朗。树上没有绿叶，山中没有飞鸟，路上没有人迹，水中没有帆影。笔法幽微，构图简洁，用干笔皴擦，似幻似真。正是繁华落尽，一切的喧嚣都荡去，一切的执着和躁动都归于无影无踪。不是外在的浓浓秋色，他画的是他心灵中的清澈高旷的秋。

藏于台北故宫的《容膝斋图》（图二）也是如此。它是一河两岸式的构图，起手处几块顽石，旁有老木枯槎数株，中部为一湾瘦水，对岸以粗笔勾出淡淡的山影。极荒率苍老。这样的笔墨，简直要炸尽人的现实之思，将人放到荒天迥地之间。一切都静止了，在他凝滞的笔墨下，水似乎不流，云似乎不动，风也不兴，路上绝了行人，水中没了渔舟，兀然的小亭静对沉默的远山，停滞的秋水环绕幽眇的古木。

这样的画真可以禅宗的“无风萝自动”来评之。没有风，萝动了没有，藤摇了没有？当然没有，但云林乃至中国很多艺术家却要在这静寂中追求跃动。无一物中无尽藏，无声之中却有妙响。

云林创造的这个寂寞的世界，将中唐五代以来中国画这方面的追求推向了极致，又深深影响着他的后继者。包括沈周、文徵明、董其昌、渐江、石涛、八大、四王吴恽等绘画大家，无不从云林这里感受他的至静至深的寂寞气息。

比如被称为“云林后身”的清初画家渐江（1610－1663）[4]，是云林寂寞境界的追随者。他的毕生好友、书法家汤燕生说他“晚更夺云林之席”。

渐江有《画偈》，这是他一生艺术思考的总结。《画偈》开篇有四句诗：“空山无人，水流花开。再诵斯言，作汉洞猜。”[5]汉洞，即桃源洞，也即世外桃源。渐江认为，“空山无人，水流花开”八字真诀，是度人到绘画天国的金针，是绘画艺术的最高法则。他的画就在实践这样的思想。

但看渐江的作品，也没有水流花开的感觉（图三）。他的画气氛凝重，肃穆中透出清冷。他自己说：“老年意绪成孤涩。”孤涩是他晚年绘画的重要特点。他曾自题《枯木竹石图》（今藏浙江省博物馆）说：“‘古木鸣寒鸟，深山闻夜猿’，唐人诗意也。余偶抹此，虽无可状其意，而空远寥廓，老干刁调，或庶几其岑寂耳。”[6]看渐江的画，就有这种“岑寂”的气氛。渐江曾作《梅花古屋图》，乾隆时扬州马曰璐曾题诗说：“空山悄无人，有屋架岩壑。阴崖背春树，何尝着冰萼。想见落笔梅，超然断禅

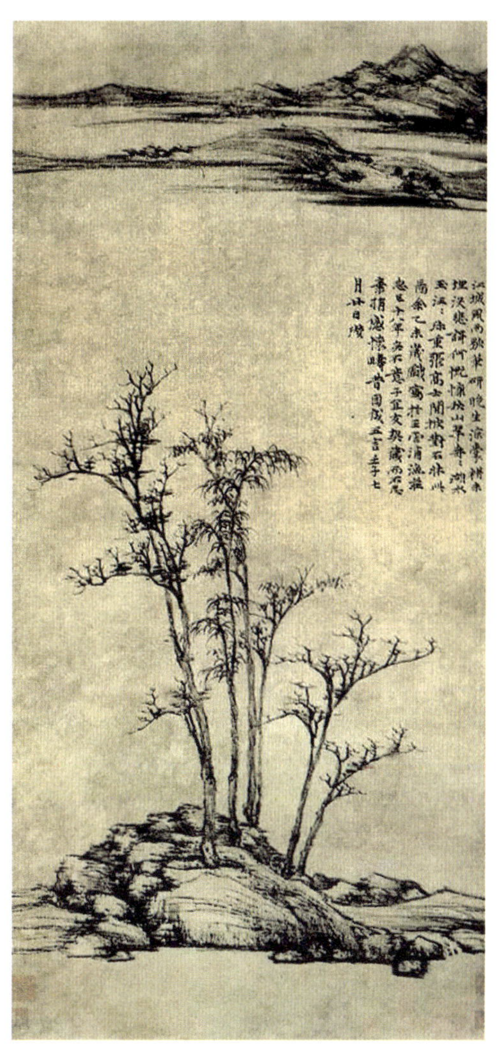

图一 元 倪瓒 渔庄秋霁图

缚。无屋亦无风，人间境寥廓。”[7]小玲珑山馆主人的无屋亦无风、人间境寥廓，真道出了渐江境界创造的特色。渐江喜欢画几株枯树临风立，一座孤亭山中幽，境界深邃阒寂。清末徽州收藏家黄崇惺《渐师枯树竹石小景》，有这样的描绘：“云林妙笔清而腴，妙处欲突王黄吴。此境绝高知者少，学之不成如枯筱。萧然一石一树根，树无枝叶石无纹。数茎软草风中翻，谛视无有笔墨痕。旨哉风味不可论，转觉万壑千岩繁。秋虫唧唧月当轩，素琴弹罢吾无言。”[8]萧然一石一树根，树无枝叶石无纹，这其实是渐江最中意的描写。这位收藏家也感受到其中不同寻常的风味。

中国绘画在宋元以来重视寂寞境界的创造，这个水不流花不开的世界，与我们感官所及的世界完全不同，它与中国画家对艺术本质—艺术到底要表现什么—的思考有关。

东坡曾经用朱笔画竹，有人问他：“世界上哪里有红色的竹子？”苏轼反问道：“世人用墨笔画竹，世界上哪里有墨黑的竹子？”苏轼的惊天一问，包含着宋元以来中国绘画艰难探索的一个大方向：绘画不是形似模拟之物，绘画表现的不是目之所见的外在世界，而是画家的心灵体验；绘画的妙处在具体的物象之外，停留在外在物象上，只能是画工、画匠。

云林等的寂寞宇宙正是如此，虽是萧疏小景，却是一种心的体验形式。黄公望评云林画说：“春林远岫云林画，意能萧然物外情。”沈周说：“倪迂标致令人想，步托邯郸转谬迷，笔踪要是存苍润，墨法还须入有无。”[9]南田评云林画说：“千山万山，无一笔是山，千水万水，无一笔是水，有处却是无，无处却是有。”云林的世界是很难模仿的，形式模仿倒不难，但微茫的意思很难揣摩。沈周学云林画，老师赵同鲁在旁连连呵斥：“过了，过了。”在董其昌看来，

图二 元 倪瓒 容膝斋图

倪云林的画几乎可以说是一种天音，只能静静地倾听。董说，他年轻的时候，项子京曾对他说，黄公望、王蒙的画还能临摹，倪云林的画是不能仿的，“一笔之误，不复可改”，当时他不明白这位收藏界前辈的意思，到了晚年他才有所理会。他说，仿了一遍云林画，感到“十指皆仙”，高傲的董其昌敛衽于云林的寂寞世界前。

而云林通过这个寂寥冷景，是要追求世界的真实，追求生命的价值的。云林《为方厓画山就题》诗，谈到自己的学画经历：“摩诘画山时，见山不见画。松雪自缠络，飞鸟亦闲暇。我初学挥染，见物皆画似。郊行及城游，物物归画笥。为问方厓师，孰假孰为真？墨池挹涓滴，寓我无边春。”[10]在云林的面前存在两个世界，一个是感官所及的世界，这里有繁复的声音，绚烂的色彩，复杂的外在形式，他刚刚学画的时候就迷这个，每天出去对着山景画，对着水景画；后来他明白了，还有一个世界，这就是心的世界。他领悟到，绘画不是照着外在景物画，而是要对着心画。在云林看来，人们六根所及的世界，只是一个表面的真实。他将这表面的东西过滤掉，过滤成他的萧疏冷瘦，寂寥幽闃，不是关上世界的门，而是打开通向真实世界的门。云林强调水不流、花不开、鸟不飞的感觉，哪里是要将人带到一个令人可怖的冷漠世界去，而是要倾诉他对世界“真意”的看法。

二、活泼在何处

水不流，花不开，是一个近于死寂的世界，为什么又说是创造了水流花开的世界，这样的活泼到底怎样体现出来？

其实，中国绘画的寂寞境界表达的活泼，不是看起来“活”，而是让世界“活”。不是画出一个活的世界，那是物质的，而是通过寂寥境界的创造，荡去遮蔽，让世界自在活泼——虽然没有活泼的物质形式，但却彰显了世界本原的真实，所以它是活的。活的根本意思是，让世界自在地存在，我们常说的青山自青山、白云自白云就是这样的活。

图三 清 渐江 西岩松雪图

寂寞的艺术世界，几乎没有任何活力，甚至缺乏生命感，有一种强烈的“无生感”，是“死搭搭地”。就像“千山鸟飞绝，万径人踪灭，孤舟蓑笠翁，独钓寒江雪”那首小诗所显示的，无边的远山没有动静，连鸟似乎也飞“绝”了，没有人烟，路上“灭”了人踪迹。诗人用“绝”“灭”这样重的字眼，强化寂而无生的气氛。舟是“孤”的，没有一丝喧闃，江是“寒”的，没有春色，雪卧静默的大地，又笼罩着无边的江面，盎然的生机在这里被荡尽，剩下的或许只有冰面下的一脉寒流。这首传诵千古的小诗，一个被无数画家、音乐家所演绎的艺术世界，原来是几近无生命感的宇宙。

中国艺术重视活泼泼生命精神的呈现，在生生哲学基础上产生的艺术，有一种生机绰约的风致。这也是中国传统艺术的一大特点。中国哲学和艺术观念中的生命精神在儒家哲学尤其是易学的影响下，有两个重要方面，一认为“天地之大德曰生”，万物都有生意，世界的一切都是变动不居的，所以，传统哲学有“万物之生意最可观”的重要观点。二是在易学影响下，阴阳哲学成为中国生命哲学的基础，它对中国艺术产生了深远的影响。如书法理论中强调疾涩互动、强调以“势”为核心，都属于这方面的思想。中国画的龙脉说，也受阴阳互动哲学的影响。

然而，就以上所举倪云林的画来说，他的龙脉何在，他的节奏在哪里？山不动，水不流，风不起，鸟不飞，云不飘，人不至，这个寂寥的宇宙，难道就是从形式上对活泼的隐括？疏树上没有叶，难道就是使人想起叶？一湾寂静无痕的水，难道就是使人想起涟漪？这样的思路，其实正是落入见山是山的形式之中，没有理解云林的“在骊黄牝牡之外”的思想。他并非要在生命的低点制造生命张力，而是要发现一个意义的世界。

他画中的枯树，不是在最低点中暗示葱茏的绿意，而是在回避绿意；他的瘦水，不是在不动的水面中，掀起生命的波澜，而是回避波澜；他的空山，不是在一个空阔的形式中，试图包含更丰富的世界，而是回避喧嚣；他的无人的空亭，不是使人联想到人在其中活动的场面，而是回避人间。一句话，倪云林乃至中国绘画创造中的寂寞世界，并不追求形式的内在张力，而是意在超越色相世界，建立真实的意义世界。

这一寂寞世界表达的不是儒学的天地之“生意”，不是“一阴一阳之谓道”的张力，而是道禅哲学的“让世界自活”的思想。

当然并不意味这样的寂寞世界与中国艺术的生命精神无关，如果从生命感的角度看，它与儒学等影响下的“生意”观属于两种不同的生命观，儒学等影响下的“生意”观是从形式美感入手，进而发现宇宙天理之活，属于“看世界活”。而受道禅哲学影响的寂寞世界不是在形式本身追求活意，而是让人放弃对物质形式的执着，让世界自在呈现。

“看世界活”和“让世界活”，反映了两种生命态度。前者从世界的“有”入手，承认外在的世界是实在的，承认人对世界的控制作用，强调世界的活意是在“我”的观照中产生的，“看”的角度决定了我和世界的关系，可以说是一种“有我的生命观”。而后者则是一种“无我的生命观”，按照道禅哲学的观点，在“看”的方式中建立的我和世界的关系，是主体和客体、我心与外物的关系，在这样的态度中，我为物立法，物我互为奴役，我让世界活，人从世界的对岸回到世界中，不是停留在色相上看世界，色相世界也不是引起我情感的对象。一个绚烂的世界变成一个淡然的世界，绿树变成了疏林，山花脱略为怪石，潺潺的流水顿失清幽的声响，溪桥俨然、人来人往的世界化为一座空亭，丹青让位于水墨，“骊黄牝牡”都隐去，盎然的活意变成了寂寥的空间。这时，“我让世界活”，那个沉溺于法执我执的“我”淡去了，解脱了捆缚世界的绳索，世界在我的“寂然”——我的意识的淡出中“活”了，或者是世界以“寂然”的面目活了。明代著名高僧紫柏真可说：“寂寞云林，喧嚣市井，皆如来广长舌相也。有入无入，故其听者何如耳！”[11]“活”，在人的心里，而不在眼睛中。

中国绘画的寂寞境界，与道禅尤其是禅宗的寂中求活的思想密切相关。

“活泼泼地”，是中国哲学的一个术语。宋明理学和禅宗都很重视这一概念。两家理解上的不同，正好可以看出两种不同的生命观。在理学中，“活泼泼地”表示心灵通过保任存养归于活泼的境界，与天地浑然合一，是一种修养功夫论。二程曾就《中庸》的“鸢飞戾天，鱼跃于渊，言其上下察也”之语谈到：“此一段子思吃紧为人处，与‘必有事焉而勿正心’之意同，活泼泼地。会得时，活泼泼地；不会得时，只是弄精神。”[12]二程的这段理解受到理学的重视，明王龙溪认为“此旨微矣”——其中表现了理学的微妙的意思。正像王龙溪所说：“人心湛然虚明，其体原是活泼”，只有心灵的通透活络，才能浑然与“活泼泼地”天地精神同体。“活泼泼地”虽然是心之本体，但它更强调与“鸢飞鱼跃”的外在世界相融合，是一种“看世界活”的思路。

而在禅宗中，它更突出“让世界活”的思想。禅宗强调要悟出个“活文殊”，要“活泼泼地”，而不能“死搭搭地”。所谓“活泼泼地”，是在做一条“透网之鳞”后才能存在——禅宗认为，人平时的存在是一条被网网住的不自由的鱼，悟到“活泼泼地”，才能从网中滑出。所谓“透网金鳞活泼泼”[13]。所以它着意在没有外在“网”的世界。如黄檗希运所说：“你若欲得生死去住，脱着自由，即今识取听法底人，无形无相，无根无本，无住处，活泼泼地。”[14]中国画家创造这样一个寂寥世界，表达的就是从“网”中脱出的体验，感受千山鸟飞绝万径人踪灭的快意，领略风不动水不摇的潇洒。

中国绘画追求寂寞的世界，还托出一个“无生”的大智慧。

道家哲学有“生生者不生”的思想，它强调超越生死的“不生”感。佛学中的“无生法忍”说与道家的“无生感”意思很相近。“青山元不动，浮云飞去来”是禅门的重要话头[15]，青山云飘水绕，花木扶疏，怎么能不动呢？但禅却不这么看。有位禅宗上堂说法：“柳色含烟，春光迥秀。一峰孤峻，万卉争芳。白云淡泞已无心，满目青山元不动。渔翁垂钓，一溪寒雪未曾消。野渡无人，万古碧潭清似镜。”[16]他所表达的不是儒家山静水动的思想，而是“无生法忍”的哲学。一如唐代诗人王梵志《水月无形》诗所说的：“水月无形，我只常宁。万法自尔，本自无生。”[17]

“无生法忍”是佛学的基本观念，又称“无生忍”。“无生”，即不生不灭，“忍”即智慧。印顺说：“忍是智慧的别名。能够证悟一切法不生不灭的智慧，即称之为无生法忍。”[18]佛的觉悟就是要得不生不死的智慧。禅宗“不是风动，不是幡动，仁者心动”、“鸭子并没有飞过去”等话头，所表达的就是无生法忍的思想。道家的“无生”哲学对唐代之前的艺术并无多大影响，只是到了唐末五代以来，在包括禅宗在内的中国佛教哲学的推荡之下，才蔚成轩然大波。在这其中，倪云林可以说是一位关键人物，他用艺术的方式诠释了中国的“无生”哲学，将寂寥之美发挥到了极至。

中国艺术的寂寞境界追求的就是“无生感”，是一个表面看来几乎没有任何生命感的世界，水也不流，花也不开，是为了让人从色相的执着中跳脱开去，让水更潺湲，花更绚烂。就像《楞严经》的一首偈语所说的：“声无亦无灭，声有亦非生。生灭二缘离，是则常真实。”

三、总非人间所有，即是人间所有

这个寂寞的世界几乎荡尽人间风烟，但并不表明中国画家对表现人间的事情没有兴趣，恰恰相反，他们要在寂寞的世界中追求深沉的人生感和历史感。

恽南田在评一位画家的画时说：“老树荒溪，茅亭宴坐，似无怀氏之民。老松危崖，淙淙瀑泉，若人间有此境否？”如此寂寥的境界，人间实在是没有。

在中国艺术家的语汇中，“人间”和“山中”是相对而言的。一个表示俗世，一个表示超越的世界。中国艺术家追求“山林气象”，并不意味他们喜欢山间的安静，而是一种远离俗世、自在超越的代用语。像白居易《大林寺桃花》所说的：“人间四月芳菲尽，山寺桃花始盛开。长恨春光无觅处，不知转入此中来。”这里的人间和山中，寓示着俗世和真境两种不同的世界。中国绘画的寂寞境界表现的就是“山中”境界，有一种强烈的“非人间感”，用中国画家的话说，叫做“总非人间所有”[19]。

倪云林的山水画很少画人，总是一湾瘦水，几株疏树，一痕远山，疏林下的小亭子空空荡荡，了无一人。画史有这样的记载，有人问云林为何山中亭中不画人，云林说：“世上安得有人也！”今有不少研究者认为，这表达了云林对元代统治者的愤怒，这样社会学的解读，其实并不符合事实。就像有研究所说，八大山人画中鸟啊鱼啊古怪的眼神是对清人的怒视，实在是皮相之论。

图四 明 董其昌 秋山寒士图

山水画中不画人，在宋元以来的山水画中很普遍，即如处于汉族统治下的明代画家董其昌的山水，也很少有人出现。疏林廓落、湖水淡荡是他山水的典型面目（图四）。宋元以来山水中少有人出现，一方面受到传统绘画构图的影响，另一方面则出于思想观念的考虑。倪云林等刻意创造一种“寂寞无人之境”，其实表达的是脱略凡尘、超越世俗的思想。这些酷爱“寂寞无人之境”的艺术家，正像老子所说的，“我独异于人，而贵食母”——我的选择在心灵的超脱，心灵的安顿，宁愿在寂寞的天地中存在，我的心属于孤独、幽冷、清净和稚拙，而与躁动、繁杂、欲望的世界绝缘。艺术的寂寞世界里，没有色彩，没有浪花，没有花朵，没有云彩的飘动，没有鸟儿来细眠，几乎要把人间的一切“色”的内容都拿去，就是为了突出“非人间”的色彩。

这种“非人间”的境界，有以下特点：

第一，拒绝记述。在元四家中，黄公望备受后人推崇，他是倪云林的好友，二人都是道教和佛学的服膺者，倪却对这位好友有所批评，他说黄有“画史纵横习气”。而云林的好友张伯雨评云林画时，恰恰认为云林的高妙正在“无画史纵横习气”。

“无画史纵横气”，反映了中国艺术中的一个重要观念，就是要摆脱客观的记述，艺术家不能做一个“画史”——时世的直接记录者，如果做一个客观的记录者，那么画家就有可能被具体的生活表象所左右，绘画形式难以摆脱“画工”的影响，这样的画虽然画得很“像”，画得很切近生活，却无法反映更深层的生命内涵。

倪云林幽淡寂寞的无人之境，就包含这样的艺术理想。他的画拒绝记述。他的《林亭山色图》自题诗云：“萧然不作人间梦，老鹤眠秋万里心。”[20]他在《江渚茅屋杂兴四首》之一中写道：“眼底繁华一旦空，寥寥南北马牛风。鸿飞不与人间事，山自白云江自东。”[21]画家要“不作人间梦”“不与人间事”，与尘世保持距离。很多艺术家注意到云林“无人之境”的独特内涵。云林有幅《林亭远岫图》，元末明初书法家俞贞木题道：“寂寂小亭人不见，夕阳云影共依依。”明书法家卞同跋道：“云开见山高，木落知风劲。亭下不逢人，斜阳淡秋影。”明初画家徐贲题道：“远上有飞云，近山有归鸟。秋风满空亭，日落人来少。”他们都提到了云林画“无人”的特点。

“无人之境”，在宋元以来的中国艺术传统中，是很多艺术家的追求。我们可以听听清代画家戴熙的看法，在《习苦斋画絮》中，记载着他很多关于无人之境的体会：

重峦不著烟，密树疑有雨。空山晚无人，白云自吞吐。（卷六）

夹路吹松风，连山秘幽邃。一径杳无人，白云荡空翠。（卷七）

孤村晚无人，空烟幕碕岑。荒树俯寒流，夕阳写秋声。（卷七）

雨过岚光重，烟空林影密，山村晓无人，泉声自汩汩。（卷七）

青山不语，空谷无人，西风满林，时作吟啸，幽绝处，正恐索解人不得。（卷七）

空山无人，松语泉应。（卷三）

这里的空亭、空山、空谷、虚舟等等，不是为了贮藏更多，而是意在无人。因无人，就萧索，就空灵，空灵中，一切就会自在活泼。绘画中的无人之境，排除表面的记述，而导向对真实生命的呈现。

第二，淡尽风烟。化尘世的风烟为寂寞的世界，在山不动水不流的无人之境中，置入超越的理想。倪云林的《隔江山色图》，是他61岁时的作品，此画为好友张德常所作，云林有自题云：

至正辛丑十二月廿四日，德常明公自吴城将还嘉定，道出甫里㨨柁相就语，俯仰十霜，恍若隔世，为留信宿，夜阑更秉烛，相对梦寐者甚似为仆发也。明日微雪作寒，户无来迹，独与明公逍遥渚际，隔江遥望天平、灵岩诸山，在荒烟远霭中，浓纤出没，依约如画。渚上疏林枯柳，似我容发，萧萧可怜，生不能满百，其所以异于草木者，独情好耳。年逾五十，日觉生死忙，能不为抚旧事而纵远情乎？明公复命画江滨寂寞之意，并书相与乖离感慨之情……[22]

这段自题耐人寻味。朋友相别，十年后相见，别离之情，人生之叹，尤其是老之将至，“日觉生死忙”——人生最大的生死问题，裹挟着尘世的风烟，在他们的心中盘旋。这时他们都是一个被束缚者，一个不自由者。而在“户无来迹”、静绝尘氛的世界里，当他和友人放眼远山、感受暮霭的空阔时，这些尘世的风烟渐渐淡去了，剩下的是一个“江滨寂寞”的世界。云林将“隔江”的“山色”过滤为一个静止的空间，一个释然的世界，在静止中拒绝了外在的喧闹，在寂寞中淡化了原来的冲动。佛门有语，万法本闲，而人自闹。此时“闹”止而心“闲”。云林有这样的感慨：“生死穷达之境，利衰毁誉之场，自其拘者观之，盖有不胜悲者；自其达者观之，殆不直一笑也。何则？此身亦非吾所有，况身外事哉！”心中风烟常起，那是因为有搅动风烟的心魔。

云林创造艺术的寂寞世界，不是他喜欢孤山、瘦水、枯树、空亭，也不是他觉得这样的风格更有欣赏价值，他的寂寞的世界记载的是他关于生命的顿悟。尘世滔滔，给他心灵带来了痛苦。他有诗云：“江南帆影又江南，笑看群狙芧四三。”“嗟余坠狙网，朝暮追四三。”狙公赋芧，朝三而暮四，众猴子都发怒。后来改为朝四而暮三，众猴都高兴起来。在云林看来，尘世就是一个“狙网”，一个朝三暮四的地方，充满欲望的乱奏，没有准的。他在寂寞的世界要超越这样的追逐。他的五十抒怀诗说：“旅泊无成还自笑，吾生如寄欲何归？”[23]人生是一个“客”，一个短暂的“寄儿”，一段焦虑的旅行，人生到底归向何处？它是无所归托又在不断寻找归途的过程。云林的《义兴异梦篇》，记载一个梦境：“辛卯之岁，寅月壬戌，我寝未兴，户阖于室。爰梦鬼物，黯淡惨慓。或禽或角，或兽或羽戈，夔足骏奔，豕形人立，往来离合，飞搏跳掷，纷攘千态，怪技百出。予兹泊然，抱冲守一，廓如太虚，云敛无迹……”[24]梦中的争斗，就是人世的缩影，而他要守淡泊之心，遁于云敛无迹的世界。他艺术中的寂寞无人之境，不就是这样的世界？

第三，绝去爱憎。清代艺术家金农有一则很别致的画跋：“古人云：以怒气画竹，予有何怒而画竹！此军中十万夫也，胸次芒角，笔底峥嵘。试问舌飞霹雳，鼻生火者，可能乱画一笔两笔也。”[25]

金农所举古人之语，乃明李日华评论画僧觉隐之语：“以喜气写兰，以怒气写竹。盖谓叶势飘举，花蕊吐舒，得喜之神；竹枝纵横，如矛刀错出，有饰怒之象耳。”[26]觉隐是元末明初僧人画家[27]。以喜气写兰、以怒气画竹，在明代以来的画坛很有影响。金农这里一反其意，并非指李论述不当，也不是对觉隐有微词，而是表达他的“无爱无憎”的思想。

“予有何怒”的诘问，其实也在中国哲学和艺术观念中存在。道禅哲学都有无爱无嗔的思想，庄子的“圣人无情”，禅宗的“无喜怒感”，以及像陶渊明的“纵浪大化中，不喜亦不惧”，都属这方面有代表性的观点。人非草木，孰能无情！人无情，天地都会寂寞；没有情感的人，生命也就失去了风帆。但是，人的情与理存在着矛盾，理溺于情，就难得平正之理；人的生命与情感也有矛盾，情感支配着人生，就易使人溺于欲望、恩怨、得失之叹、亲疏之别中，使人成为“网中之物”；为情感所束缚，还使人难以从具体的事物中超脱而出，去呼吸宇宙清逸的气息。不爱不憎的无喜怒感，不是要做一个无情无义的人，而是要避免情感给人带来的伤害。

无喜无怒，心如止水，不泛涟漪，构成了中国绘画寂寞无人之境的重要特色。金农将他的梅花，出落得那样清逸，那样古拙：梅花如“煤花”，墨黑的花；如“默花”，沉默的花。没有妖艳的姿容，没有诱惑的形态，没有滔滔的陈说，更没有矫揉造作，希望别人注意，那是一枝“无情的梅花”（图五）。八大山人将他的鸟鱼眼睛画得那样的奇怪，白眼珠多，黑眼珠少，黑眼珠朝上，不看人，不喜无怒，不动心衷，是一双“无情的眼睛”。而渐江的山水，给我的直接感觉，简直可以用“铁石心肠”来形容，气氛阴冷，墨黑如铁，山势成块面累积，直楞楞地立着，没有一丝柔肠，那真是一种“无情的山”。

我们还是从倪云林谈起。他有一组杂感诗，其中写道：“身似梅花树下僧，茶叶轻扬鬓鬅鬙。神情恰似孤山鹤，瘦身伶仃绝爱憎。”[28]就像一朵梅花，虽清冷，无人爱怜，却暗自斟酌；像一只孤鹤，虽清瘦，孤独伶仃，但却有自由。绝去爱憎，恢复了性灵的清明。云林还有诗道：“戚欣从妄起，心寂合自然。当识太虚体，心随形影迁。”[29]戚欣从妄起，人们的高兴和哀痛都是由妄念引起的，而在“寂”中，则平灭了一切冲突，归于平淡自然。他的“寂寞”的艺术是为了超越“戚欣”而作。他心目中的境界，是没有羁绊的放旷，没有爱憎的自由。他很欣赏黄公望的境界：“白鸥飞处碧山阴，思入云松第几层。能画大痴黄老子，与人无爱亦无憎。”[30]

以上三点都说明，中国艺术的寂寞之境是为了创造“无人之境”。然而，无人中有人，“总非人间所有”，又确是“人间所有”。如淡鹿在跋云林《南村隐居图》诗中所说的：“我爱溪头山色，还怜竹里风声。寂静无非人世，茅茨总是逃名。”寂寞的世界，就是人世的变奏。中国绘画中的“寂寞无人之境”，具有强烈的人生感和历史感；虽然不具现实生活描绘之特征，却具有“存在之价值”——透过人生活的外在表象，看生命的真实，追寻生命的意义。

恽南田将这样的境界称为“寂寞无可奈何之境”，这是一个很好的概括。寂寞的境界突出了两方面的精神内涵：不在场和无从着落。寂有灭的意思，寂灭，就是不存在，

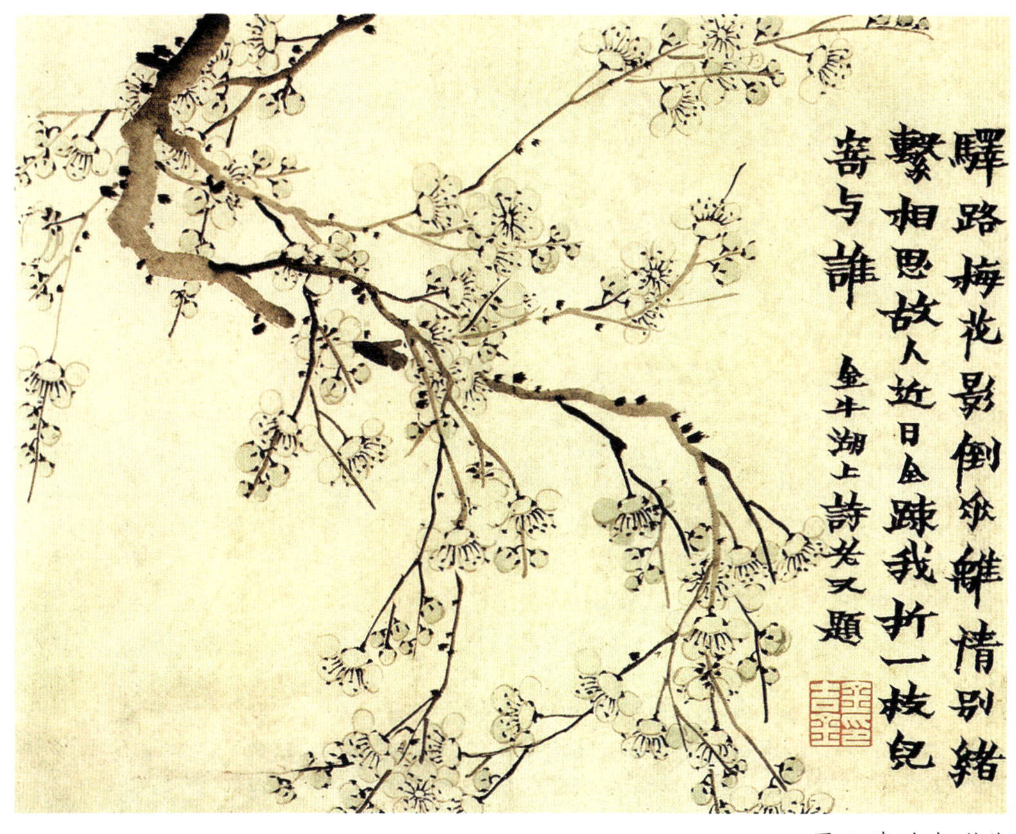

图五 清 金农 梅花

故寂寞有一种不在场的意思；寂寞，有一种无从着落的感觉，由无从着落，产生需要安慰和怜惜的愿望，但这是一种无法满足的愿望，因而怅惘是寂寞的重要特征。寂然不“在”，却有对“在”的回首；无从着落，又有需要怜惜的期望，由此才产生“无可奈何”的感觉。正因为“无可奈何”，才使得这寂寞的世界具有打动人心的力量。

从不在场的角度看，寂寞的境界，从繁华走出，从热烈走出，从喧闹走出，从艳丽走出，走向平淡，走向幽深，走向孤独，走向凄冷，就是选择一种“缺场”，选择寂然的远逝。寂寞，是沉默的艺术境界，一个永恒的空缺。在中国艺术的意象世界中，寂寞在深山，寂寞在远水，寂寞在人迹罕至的地方，与现实“不相见”。人来到世界，就是“在场”，但现实的“在场”，又往往裹挟着人的情感、欲望、知识，很容易作一次撕裂的旅行。“在场”意味着对自己位置的确认，确认位置的努力，又会鼓荡起追逐名位的风帆，使人丧失真性，带来莫名的痛苦。寂寞与喧闹相对，喧闹在“相见”中产生，在“相见”中，情感的冲荡，欲望的澎湃，蝇营狗苟，尔虞我诈，怎一个“闹”字了得。寂寞的境界，让这一切都“寂然”而灭，任凭雨打风吹去，留下一片自由的空白。这种不相见感，成就了寂寞艺术的高逸情致。这样的高逸，是楚楚可怜的高逸，是不如从此归去的自我放弃，表达的是幽冷中自我安慰的情愫。

寂寞的境界，其实是关于“在”的顿悟。中国绘画的寂寞境界似乎在告诉人们，在，就意味着不在。绘画中选择寂寞，是将人拉向历史，在“历史的深渊”中，丈量生命的价值——去年花开颜色改，今年花开复谁“在”？就像“寥落古行宫，宫花寂寞红。白发宫女在，坐谈说玄宗”那首诗表达的感慨一样，权力和美貌乃至一切，都会随风远去，惟有墙角的花儿春来又寂寞地开放。中国艺术的寂寞境界，多是抚摩旧迹，一个如“潮打空城寂寞回”的抚摩。唐齐己《城中示友人》诗云：“雨破冥鸿出，桐枯井月还。唯君道心在，来往寂寥间。”唐吴融《春雨》诗云：“别有空阶寂寥事，绿苔狼藉落花频。”古井、冷月、枯桐、冥鸿，还有苔痕历历，落花如雨，诗人在寂寥的世界中，品味生命的流光逸影。此去寂寥寻旧迹，苍苔满径竹斋秋，倪云林的寂寞艺术就充满了历史感。不是对往昔事件的回顾，而是在寂寥的历史天幕上看生命。他的《春林远岫图》自题说：“我别故人无十日，衔烟亭子又重来。门前积雨生幽草，墙上春云覆绿苔。”苔藓过墙，幽草覆户，暮烟衔亭，都有时间老人的影子。他的“千年石上苍苔碧，落日溪回树影深”的感叹，都是将当下的生命放到“历史的深渊”中，去丈量其价值。

从无从着落感看，中国绘画创造这一“千山鸟飞绝，万径人踪灭”的寂寞境界，其实并不能将一切东西都“绝”“灭”。面对香气氤氲的世界，艺术家选择寂寞的无香境界，是无可奈何的。但寂寞不是死寂，如一潭死水，荡去了涟漪，空空的，没有任何色彩，寂寞是一种深层的勃动，人与绵延的时间照面，形成了极大的张力，这不是形式上的张力，而是心灵深层的呼应。水不流，花不开，就是一种凄冷的倾诉，它强化的是没有回音的感觉：欲呼唤却无从呼唤，欲交谈而无从共语，欲寻安慰而无人慰藉，期望的似乎永远失望，寻觅的却永无着落。寂寞的艺术，给人怅惘不已的感觉——落寞的心如空花飘零，淡淡的哀愁如潺潺的流水，一声叹息，千古心事，一时涌上心头。在无可奈何中，将这满腹心事，一腔愁怨，化作冷冷的月，萧瑟的木，孤飞的鸟，凄凉的水……

人不可能不接触人，也不能目对繁华视而不见，艳丽的西湖就在眼前，怎能不荡起心灵的涟漪！但寂寞的艺术告诉你，人的追求是无法满足的，脆弱短暂的人生命运是不可改变的，人无法出离生死之大海。佛教的轮回观念，就是强调一种“不死”感，以这样的信仰支撑心灵，弥补人生命的匮乏感。

我很喜欢云林自题《霜筠图》诗：“戊申十月十八夜，环缘轩中借榻眠，无影霜筠风细细，萤窗素练月娟娟。此生寄迹雁遵渚，何处穷源海剌船。染笔题诗更秉烛，语除香冷更凄然。”[31]这首诗有一种生命的无奈感，不可把握的感觉，寄迹人世的凄然。云林的冷画，画的是凄然的人生。不是人生过程的凄然，也不是他个人的遭际，而是人生短暂、生命脆弱的凄然。他选择了清洁，选择了冷幽，是他无心去寻取，一切都不可挽回的逝去，一切都随水而东流，剩下的是千古的沉默。前文曾引南田评云林画时说：“秋夜烟光，山腰如带，幽篁古槎相间，溪流激波，又淡淡之，所谓伊人于此盘游，渺若云汉，虽欲不思，乌得不思。”云林幽淡的描写，虽然远在天涯，渺在云汉，但还是使人感动莫名，心想停下来，不为其所动，但又怎么能停下来？一种无可奈何、无从着落的感叹直袭心头。清代词人况周颐说：“吾观风雨，吾览江山，常觉风雨江山之外，有万不得已者在。”他论词常言有“枨触不得已”之论。寂寞哪里是死寂，有一种暗流在奔涌，有万般不能安抚的情愫在潺湲。

四、至静至深的宇宙

中国绘画的寂寞境界，还在于追求宇宙感的传达。

韦应物的“万物自生听，太空恒寂寥。还从静中起，却向静中消”诗，曾引起后人的重视[32]，认为此诗有“玄通之理”。在我看来，此诗言寂寥境界，有三点值得注意。一是寂寥之境，是宇宙（太空）永恒的境界，是不增不减的绝对的本体，它是深的；二是寂寥之境是静的，它由静中起，从静中消，它是至静至深的境界。惟此“静”、“深”构成了寂寥之境的根本特点；三是在寂寥之境中，万物自生听，一无障碍，世界自在活泼。第三层意思我在前文已有论述，这里谈前两个问题。

首先说“深”。

中国艺术追求宇宙感的传达，嵇康说：“目送归鸿，手挥五弦。俯仰自得，游心太玄。”陶渊明诗云：“俯仰终宇宙，不乐复何如。”王维诗云：“徒然万象多，澹尔太虚湎。”宋代僧人道灿诗云：“天地一东篱，万古一重九。”中国自古以来就有崇天的情结，中国艺术家也喜好在宇宙的纵深意义上讨论生命的价值。人生活在具体的时空中，是有限的、琐碎的、繁杂的、变化的，而宇宙是无限的、永恒的、绝对的、确定的，宇宙感由历史感超升上去，但历史感不能取代宇宙感，它是生命的永恒锚点，是生命的绝对解释，是一种亘古不变的真实，是人脆弱生命的最终依托。中国艺术家追求宇宙感，追求生命的永恒安顿，追求一个绝对的意义世界。

清戴熙说：“画令人惊，不如令人喜，令人喜不如令人思。”[33]惊，睹新奇而产生；喜，由美感而兴起；而思，则是更深的心灵震荡。很多画使人一过而忘，惟有那些有深邃内涵的画，能留给人回味，启发人的智慧，感发人的意志，将人潜藏的活力激发出来，随画中世界卒然高蹈。思，不是从画中得到一些概念，而是得到生命的启发，是智慧的获得。恽南田论画云：“群必求同，同群必相叫，相叫必于荒天古木，此画中所谓意也。”看到大师的作品，使我感到“群”——唤起人似曾相识的感觉，他说出了我心中所思，唤起我的共鸣。而“同”则是妙然相合的境界，是“我欲与之归去”的心灵呼声，是两颗灵魂的絮语。此时此刻，我忘记了自己的所在，消解了我和对象之间的界限，所以有“叫”——叫是一种灵魂的震撼，“相叫必于荒天古木”——在荒天古木中，四际无人，空山荒寂，一人奔跑其中，对着苍天狂叫，万古唯此刻，宇宙仅一人！这个“叫”，就是戴熙所说的“令人思”，是一种深沉的宇宙感。

寂寥的永恒境界具有巨大的感发人心的功能。古人云：“嗜寂者，观白云幽石而通玄。”中国艺术重视寂寞，在一定的程度上，是要在寂寞中追求万象之中的“玄”意，那种永恒的宇宙感。“总非人间所有”的寂寥境界，不是山高水长、花落鸟飞，而是地老天荒。

云林疏林廓落、寒水凝滞、远山遥施的境界，就是地老天荒的境界，读他的画，如穿过时光隧道，走向一个陌生的所在，所有现实的沾系都被过滤掉，那真是荒天阒寂地。南田说读画，读到了妙处，“忽如寄身荒崖邃谷，寂寞无人之境。树色离披，涧路盘折，景不盈尺，游目无穷。自非凝神独照，上接古人，得笔先之机，研象外之趣者，未易臻此”。这个寂寞无人之境，就如同庄子所说的无何有之乡，独照古人，映射天地。云林《南渚图》自题诗云：“南渚无来辙，穷冬更寂寥。水宽山隐隐，野旷日迢迢。”[34]这寂寥之景，是永恒的天地。清盛大士评元高克恭的画时说：“房山书画宗董、巨，中年专师二米，损益别自成家，评者至有真逸品之目。尝为李公略作夜山图，览之者真觉重山岑寂，万籁无声，龙漏将残，兔魄欲沉时也。”[35]这也是一个寂寥的宇宙。

前人说，水墨“肇自然之性，成造化之功”，或许可以这样说，水墨在很大程度上是满足中国画家对宇宙感的追求而创造的。清人戴熙深研水墨之趣，曾有这样浪漫的狂想：

尝欲以一滴墨汁，化作烟水迷漫，寂寂寥寥，浩浩森森，卷舒不定，飘渺无痕，使已得沉酣其际，足以怡魂，足以怿神，惜操技不工，未获开拓胸臆，陶写性灵耳。

水墨是一种宇宙的语言，现代画家赵无极、朱德群等曾尝试表达这样的境界。一滴墨汁在水中慢慢化去，没有定准，摇曳着，飘渺着，渐渐地，由有化为无，由近及乎远，由我们感官可及的世界，渐渐归于无极，归于无痕，归于寂寥，归于永恒。这正是倪云林、恽南田、戴醇士等的思路。敏感的戴醇士曾就画雪谈过这样的体会："山明望松雪，昔人谓逸人畸士，极意画雪，欲藉以自明洁清，予则安能，盖鄙性喜冷淡中领取寂寞之趣耳。"雪的白和明，不是他表达的重点，因为这还是物质上的，他要在"冷淡中领取寂寞之趣"，他要追求永恒的宇宙精神。他有两段画跋极"令人思"："青山不语，空亭无人，西风满林，时作吟啸，幽绝处，正恐索解人不得。""崎岸无人，长江不语，荒林古刹，独鸟盘空，薄暮峭帆，使人意豁。"他的兴趣，只在这"幽绝处"，这正是他心心念念的宇宙感。

中国艺术家追求寂寥的境界，受到"寂为本体"哲学思想的影响。在佛学，寂就是无生，就是不动。《维摩诘经》卷上说："法常寂然，灭诸相故。"又说："寂灭是菩提，灭诸相故。"在佛学中，寂，是和差别的法相相对的概念，相灭而寂生。寂是一切法相境界的本体。所谓一切境相，本自空寂。如《法华经》上所说："诸法从本来，常自寂灭相。"作为本体的寂，是没有生灭的；寂是不二的，它绝于对待。当然，它的意思不是先有这个体，由这个寂寥的本体生出相；寂，有灭诸相、远离诸相的意思，但也不意味是对诸相的否弃。大乘佛学的思路是即相即寂，体相不二。顺法身万象俱寂，随智用万象齐生。一切众生，无不具有觉性。灵明空寂，与佛无殊。

禅宗有一首著名的法偈："有物先天地，无形本寂寥。能为万象主，不逐四时凋。"所表达的正是佛学以湛然虚寂为本体的思想。《五灯会元》卷六记载，有一个僧人读《法华经》，读到"诸法从本来，常自寂灭相"时，"忽疑不决，行住坐卧，每自体究，都无所得。忽春月闻莺声，顿然开悟。遂续前偈曰：'诸法从本来，常自寂灭相。春至百花开，黄莺啼柳上。'"他悟出了万物自生听、太空恒寂寥的宇宙感。禅宗推崇的寂然之境，所谓"摧残枯木倚寒林，几度逢春不变心。樵客遇之犹不顾，郢人那得苦追寻"；"一池荷叶衣无尽，数树松花食有余。刚被世人知住处，又移茅舍入深居"，等等，这湛然虚寂的境界，就是不起念，无住心，从而妙用恒沙。而云林为代表的中国画家，追求的就是这样的境界。

其次说静。

还从静中起，却向静中消，中国绘画的寂寥之境，是一至静至深的世界。水也不动，花也不开，那是一个静穆的宇宙。

中国文人画讲究静气，真可谓"早与青山作静缘"。看五代以来的中国画，扑面而来的是一股宁静的气息。厚重的范宽重视静，《溪山行旅图》中那深邃幽静的山谷，隔绝了人间的喧嚣。浑成的黄公望也追求静，你看他的名作《九峰雪霁图》，用墨笔创造了一个鲜净澄澈的琉璃世界，没有一丝火气，读这样的画，似乎灵魂都被洗涤一过。激情的石涛，在奔放的笔触中，将躁动慢慢地荡去，尤其到了晚年，几乎只留下一抹清影在画中。而老辣的程邃，用渴笔焦墨，满纸奔突，居然创造出一种地老天荒、万籁阒寂的宇宙。

笪江上《画筌》说："山川之气本静，笔躁动则静气不生。林泉之姿本幽，墨粗疏则幽姿顿减。"王石谷、恽南田作注道："画至神妙处，必有静气。盖扫尽纵横余习，无斧鑿痕，方于纸墨间，静气凝结。静气，今人所不讲也。画至于静，其登峰矣乎。"

王、恽二人以"静"为南宗画最微妙的因素，画有静气，就达到了登峰造极的地步。显然，他们所说的静，与一般人理解的宁静是有区别的。二位大师感叹当时画中

“静气”的缺失。其实，今天这样的境界更罕有人言及，也少有人达至。

王、恽二人以“静”为南宗画最微妙的因素，画有静气，就达到了登峰造极的地步。二人所说的静，与一般人理解的静有所不同。南田还有对“静”的精彩论述，他将“静”上升到绘画创作的最高原则。他说：“意贵乎远，不静不远也；境贵乎深，不曲不深也。一勺水亦有曲处，一片石亦有深处。绝俗故远，天游故静。”“无公天机幽妙，倘能于所谓静者深者得意焉，便足驾黄王而上矣。”“十日一水，五日一石。造化之理，至静至深。即此静深，岂潦草点墨可竟？”他评曹云西之画云：“云西笔意静净，真逸品也。山谷论文云：‘盖世聪明，惊彩绝艳。离却静净二语，便堕短长纵横习气。’涪翁论文，吾以评画。”

南田所说的“静”，和一般所说的安静不同，与中国艺术论一般所说的“静气”也有不同。他所谓“天游故静”、“造化之理，至静至深”，都说明，他的静，是“宇宙的宁静”，是太空恒寂寥的宁静（图六）。

图六 清 恽南田 双清图

在中国哲学与艺术观念中，有三种不同的“静”，一指环境的安静，与喧嚣相对。二指心灵的安静，不为纷扰的事情所左右。三指永恒的宇宙精神，是没有生灭变化感的静，这是绝对平和的静。

前两种静很好理解，第三种静却不易把握。老子说：“致虚极，守静笃。万物并作，吾以观复。夫物芸芸，各复归其根，归根曰静，是谓复命。”归复生命的本根，或者说生命的本然状态，就达到了静，静是大道之门，与环境和心情的静完全不同。庄子将悟道所达到的最高境界称为“撄宁”，所谓“撄宁”，就是使心灵彻底宁静，这是无生无灭、无古无今的静。在佛教中，寂然不动叫做寂，断灭烦恼称为静。一般来说，佛教中的寂就是静，寂和静不分。佛教将断灭烦恼，归复寂静之本然状态，称为寂静门。

这第三层次的静，是一种永恒的寂静，也就是我们今天所说的宇宙感。中国画追求静气，在很大程度上，就是追求这样的宇宙感。所谓宇宙感，不是宇宙创造的法则道理，而是超越时空的活泼生命精神，它与人的直接生命体验有关。

中国艺术家热衷创造“山静似太古，日长如小年”的境界，很多人画过这样的诗境，云林画过，沈周画过，程邃画过，黄山画派的渐江、孙逸等都画过。其实，画家通过这两句诗，就是要体会这宇宙般的寂静。沈周说：“碧嶂遥隐现，白云自吞吐。空山不逢人，心静自太古。”“山静似太古，人情亦澹如，逍遥遣世虑，泉石是霞居。”他在静中追求的“太古意”，就是一种永恒的宇宙感。文徵明说：“吾亦世间求静者”，他所求的是深心中的平和、宇宙般的寂静，忘却时空，与天地万物同吞吐。

注释：

[1]孙克弘题云林《渔庄秋霁图》：“云林画，江东人以有无论清俗。”此见董其昌《画禅室随笔》。

[2]华亭奚昊题云林《溪亭山色图》，见卞永誉《式古堂书画汇考》画卷卷二十。

[3]郁逢庆《书画题跋记》卷八。

[4]渐江的弟子郑旼（遗苏，号穆倩）是清初著名画家，称其师为“云林后身”，他自己也是云林艺术的服膺者。

[5]见汪世清、汪聪编《渐江资料集》29页，安徽人民出版社，1984年。所辑《画偈》之文，据手钞本，并参以《诗观》、《安徽丛书》等校定而成。

[6]引见汪世清、汪聪编《渐江资料集》，73页。

[7]马曰璐《南斋集》卷五。他与马曰琯并称为扬州二马，其小玲珑山馆收藏书画甚多，在历史上颇负盛名。

[8]据黄氏《草心楼读画集》著录。

[9]《式古堂书画汇考》画卷卷二十五。

[10]倪云林《清閟阁集》卷二。

[11]《紫柏真可全集》卷一。

[12]《河南程氏遗书》卷三，二先生语三《谢显道记忆平日语》。

[13]《禅宗颂古联珠通集》卷二十一。

[14]《古尊宿语录》卷四《镇州临济慧照禅师语录》。

[15]灵云志勤有此语，见《景德传灯录》卷十一。

[16]《五灯会元》卷十四，襄州石门清凉法真禅师语。

[17]见《王梵志诗校释》（张锡良校，中华书局，1983），204页。

[18]印顺《大树紧那罗王所问经偈颂讲记》，台湾菩提树杂志社，1979年第4期。《大般若经》卷四四九也说：“如是不退转菩萨摩诃萨，以自相空，观一切法，已入菩萨正性离生，乃至不见少法可得。不可得故，无所造作。无所造作故，毕竟不生。毕竟不生故，名无生法忍。由得如是无生法忍故，名不退转菩萨摩诃萨。”

[19]恽南田在评他的朋友唐洁庵的画时说：“谛视斯境，一草一树，一邱一壑，皆洁庵灵想之独辟，总非人间所有，其意象在六合之表，荣落在四时之外。”（《南田画跋》）

[20]见卞永誉《式古堂书画汇考》画卷卷二十。

[21]见倪云林《清閟阁集》卷八。

[22]据《式古堂书画汇考》画卷卷二十。

[23]见倪云林《清閟阁集》卷五。

[24]见倪云林《清閟阁集》卷一。

[25]《冬心先生画竹题记》，美术丛书一集第一辑。

[26]《佩文斋书画谱》卷十六引《紫桃轩杂缀》元僧觉隐妙语所云：“我以喜气写兰,怒气写竹。”然而李书则无此则。非觉隐所说，乃李日华评觉隐画之语。

[27]觉隐亦工诗，其《睡起》诗云：“花下抛书枕石眠，起来闲漱竹间泉。小窗石鼎天犹暖，残烬时飘一缕烟。”颇为人称道。

[28]倪云林《清閟阁集》卷八《江渚茅屋杂兴四首》之一。

[29]倪云林《清閟阁集》卷二。

[30]倪云林《清閟阁集》卷八，评黄公望之作。

[31]《式古堂书画汇考》画卷卷二十。

[32]宋葛立方《韵语阳秋》卷一说：“韦应物诗平平处甚多，至于五字句，则超然出于畦径之外。如《游溪诗》‘野水烟鹤唳，楚天云雨空’，《南斋诗》‘春水不生烟，荒岗筠翳石’，《咏声诗》‘万物自生听，太空常寂寥’，如此等句，岂下于‘兵卫森画戟，燕寝凝清香’哉。故白乐天云：‘韦苏州五言诗，高雅闲淡，自成一家之体。’东坡亦云：‘乐天长短三千首，却爱韦郎五字诗。’”清乔亿《剑溪说诗》又编云：“韦《咏声》诗：‘万物自生听，大空恒寂寥。还从静中起，却向静中消。’此乃静坐功深，领得无始气象，又在希夷、康节前也。较陶靖节‘纵浪大化中，不喜亦不惧’，更入玄通。”宗白华先生也曾举此诗为中国艺术追求宇宙之理的体现。

[33]《仿倪幻霞偶题》，《习苦斋画絮》卷十。

[34]《郁氏书画题跋记》卷八。

[35]《溪山卧游录》卷二。

（本文作者系北京大学哲学系教授）

问题与方法：经典体系的建立与统绪
——《论六家要旨》的启示之四

邓曦泽

一、《论六家要旨》的经典观及其作为枢纽

吾国文化，几千年源远流长，积累了浩如烟海的文献，并形成了完整的经典体系。中国经典体系是如何建构的？其间是否有一以贯之的东西？

汉初，司马谈的《论六家要旨》对先秦诸子作了宏观评论。在评论中，司马谈明确、清晰、规整地运用了“问题＋方法＋效用”的思路，从这个思路中可以提取出一种经典观，并可以将这种经典观命名为“问题与方法”的经典观。这种经典观的条件定义是：在一定的观念体系中，一个文本，或者提出了独特问题，或者提出了独特方法，并且无论哪种情况，该文本的方法都至少是局部有效的，并且该文本或者因独特问题或者因独特方法对后人解决问题具有帮助，则该文本近似于经典（关于这个经典观的讨论，尽在前文）[1]。这个经典观直接切中了人的生存活动的基本结构，是一种基础的经典观，在中国古代得到了非常普遍的贯彻。中国古代的经典体系就是在这种经典观的指导下建立与赓续的。并且，近代以降，虽然古代的旧经典体系破裂了，中国建立现代的新经典体系，但无论旧经典体系的破裂还是新经典体系的建立，都贯彻了“问题与方法”的经典观。“问题与方法”的经典观就是贯彻于中国经典体系建构中一以贯之的东西，而本文就试图清理中国经典体系是如何根据这个经典观而建构的。

由于“问题与方法”的经典观具有基础地位，所以它在经典体系的建构中处处呈现出来，支配了经典体系的建构。虽然在不同的观念体系中，人们面对的问题与所选择的解决方法并不相同，因此各自的经典体系大相径庭，但是，由于任何经典体系都是特定人群的生存活动的反思，而生存活动一定具有“问题＋方法＋效用”的结构，所以，任何观念体系的经典建构都是“问题与方法”的经典观的贯彻，因此任意经典体系都会呈现这个经典观。这个断言得以成立，要么基于完全归纳，要么基于演绎。我的断言是演绎得出的，其前提有二。第一，任意生存活动都有“问题＋方法＋效用”这个基本结构（元结构）[2]。第二，任意文献（含经典）都是人们对自己的生存活动的省思结果，并且这个结果用可以理解并可以保存的方式保

存下来了。文献的所指是非常宽泛的，不局限于用文字书写的东西[3]。由于第一个前提是真实存在的，甚至是绝对的，第二个前提是基于第一个前提而进行的反思性的生存活动，它也是真实的，那么，两个前提都是真实的，因此，“问题与方法”的经典观就是从这两个前提演绎出来的，上述断言就是可以成立的命题。

一旦确认“问题与方法”的经典观的基础性，有一个经验性的问题就值得追问：这个经典观如何呈现在历史中？或者说：经典体系是如何根据这个经典观建构起来的呢？

为了解决这个问题，本文将以《论六家要旨》为枢纽（或承启点）上纵下贯，对中国经典体系的建立与统绪作一个宏观的刻画。这样做有两个意义。第一，可以为“问题与方法”的经典观提供一些经验验证。第二，可以更清楚、准确地理解中国经典体系。所谓上纵，就是用这个经典观理解先秦的经典体系，对之作刻画。从先秦到司马谈，中国的经典建构经历了一个从稳定到动荡并开始转向新的稳定的时期。所谓下贯，就是用这个经典观去理解司马谈以后的经典建构，指出中国的经典在特定的问题与方法下形成了一个比较规整的体系，形成了一个统绪。

由于中国典籍浩繁，为了使刻画更为精当，如何选择例子就很重要。本文不考察具体的经典，而考察古代关于经典（或文献）的评论，而且越是宏观的评论越能体现古人的经典观。秦朝之后，许多史籍都专门考察了文献并对之作了宏观评论，这些评论极其显著地体现了“问题与方法”的经典观。所以本文主要通过这些宏观评论刻画古代经典体系的建构。在结构上，本文先通过先秦关于经典的评论，考察周文道统（也就是王官之学）的经典体系及其问题与方法，然后考察春秋以降天下大乱，诸子百家蜂拥而起，使王官学的经典地位受到一定的瓦解。但是，诸子学建构其经典的基本方法仍然是“问题与方法”的经典观，只不过具体的问题与经典不同而已。第三部分，先考察诸子学一定需要整顿，然后考察《论六家要旨》对诸子学的总结，再考察儒家在竞争中的胜出，最后考察儒家的胜出导致王官学体系得到大体的恢复与重建，而王官学的重建就体现在儒家的胜出。儒家的胜出意味着本源于周文（王官学）的经典体系的确立，《汉书•艺文志》就是标志。第四部分，先考察《隋书•经籍志》，因为它的图书分类法（即四部分类法）在往后一千多年中是主流的分类法，然后考察《四库全书总目》的经典观。不严格地说，两者算是四部分类法的一头一尾，二者可以完整地体现古代经典体系的统绪，并加强地证明了“问题与方法”的经典观的基础性与力量。第五部分，考察鸦片战争以后，我国古代经典体系发生裂变，古代经典体系渐渐破裂，新经典体系开始建立，但是，无论古代经典体系的破裂还是现代经典体系的建立，都贯彻了“问题与方法”的经典观，这就更强有力地证明了这个经典观的基础性与力量。并且，限于阅读范围，本文主要以古人对文献体系的综论以及对六艺部分或经部的评论为例，来刻画经典体系的建立与统绪，对于汉代及其以前，也涉及诸子或子部。对于汉代以后，对史、子、集三部基本上不再涉及。

在概念上，本文的几个概念虽与通常的使用差不多，但需略加明确。“建立”主要是指一个东西的发生及其确立，基本不考虑确立以后能否延续的问题。“统绪”则是指一个东西确立以后的传承与脉络问题。“建构”则更宽泛一些，或指建立，或指统绪，或兼指。另外，本文使用“统绪”概念而不使用“传统”概念，则有两个考虑。传统这个概念，人们常常是在与现代相对的含义上使用的，而统绪则根本不涉及传统与现代的关系问题。另外，统绪的“统”与“绪”都非常适合表达本文要说的意思，二者都有脉络、源流的含义，二者合起来，脉络、源流的含义就更明确。“统绪”一语，较早见于《文心雕龙•附会》：“若统绪失宗，辞味必乱；义脉不流，则偏枯文体”（《辞源》无此词条）。这“统绪”完全适合表达本文的意思（另外，“谱系”也近于“统绪”）。

二、从王官学到诸子学：前春秋经典体系的建立与衰微

中国先秦历史的发展，夏以前文献不足征，稍微清楚一些的是夏商周。在三朝中，夏商的历史也是很模糊的，比较清楚的是周朝，因为周代的许多典籍流传下来了。

在文化建设或经典建构上，周公制礼作乐一直被后人视为周文道统的建立的标志。不管周公是否制礼作乐，他究竟制作了什么，也不管他制作的东西哪些流传下来了，这里只需要一个事实作为讨论先秦经典体系之建立的前提。这个事实是，在春秋以前，周朝就已经形成了许多经典，其中不少流传下来了，并表现为一个完整的经典体系。因此，对春秋以前的经典体系需作专门考察。由于平王东迁以后，天下渐渐大乱，历史进入了一个新的时代，史称“春秋”。在春秋时代以及往下的战国时代，诸子百家蜂拥而起，著书立说，各自表彰，建立了新的经典体系。这个体系既是对春秋以前的经典体系的继承，又是一种发挥、反动与突破。春秋战国时期是中国经典建构以及文化史的一个非常重要的时期，需要专门考察。因此，本文把先秦分为先春秋时期与春秋战国时期。“先春秋”这个概念的构造法与“先秦”一样。

先春秋经典体系就是周文（或周文道统），亦即周代王官之学。所谓王官之学，是指那时学在官府，尚无官方之外的学术与教育，“学”兼指学术与教育。先春秋时期只有官学而无私学，这是一个史实。春秋以降，开始产生了私学。从教育看，私学是从孔子开始的。从学术看，私学也可能是从孔子开始的，但也可能是从老子开始的。如果孔子向老子问礼的事件是真实的，并且老子后来真的出关了（《史记•孔子世家》、《老子韩非列传》），那么，出关之后的老子所著之书则属于私学。在辨明孔子删《诗》《书》定《礼》《乐》作《春秋》与老子著书的时间先后之前，则孔、老皆可以视作私学的开创者。

但可以肯定，孔子比老子更大地推动了私学，因为他广纳门徒。在他的影响下，产生了其他私学，最典型的例子是墨子。墨子曾在孔子门下学习，但他反对儒家，于是自创墨家，也聚徒授学。

如果把前春秋的学术命名为“王官之学”、“王官学”或“官学”，则孔子、老子、墨子等的学术更应该命名为“私学”，因此春秋战国属于官学私学并立的时代，只不过越到后来，官学日渐废弛，以致到了汉代，汉武帝感叹礼坏乐崩（《汉书•艺文志》《儒林传》）。但是，由于私学主要由个人完成，为了强调这些学术的个人性，并为了表示对这些个人的敬重，故可以用“诸子学”或“子学”来命名私学，也可以用“诸子百家”来命名私学。从《汉书•艺文志》可以看出，诸子百家不包括王官学。

因此，刻画先秦经典体系，可以分作三个问题：前春秋的王官学体系是如何建立的？诸子学是如何建立的？王官学与诸子学有何关系？

王官学不只六艺（或六经），但六艺是王官学的核心。在六艺中，有两者比较特殊。一是《乐》，它亡佚了。二是《春秋》，有人认为它系孔子所作，本不能视作王官学，但后世将之视作六艺之一[4]。这里搁置《春秋》的作者问题。六艺有两个系统，一是礼、乐、射、御、书、数（《周礼•地

官•大司徒》)，二是《易》《书》《诗》《礼》《乐》《春秋》。为什么这两个系统都称为六艺?

先看何谓“艺”。艺的本义是种植(《说文解字》)。种植就是把一个对象从目前状态改变、培养为目标状态，其本身就是一种才能或技艺。如果艺(或种植)的对象扩大(如我们今天仍有“树木”“树人”“树新风”的说法)，就产生出不同的艺，而艺的含义就不再限于种植，扩大为一个表示一般性才能的词语，也即引申出才能的含义。由于古代汉语词汇常常没有明确的词性，所以，含义扩大了的“艺”作为动词，是指培养；作为名词，则指才能。

任何一个王朝都要培养它所需要的人才(乃至任何一个人只要他有后代，他都希望把他的后代培养成为他所希望的人)，那么，作为培养者的周王朝，它需要什么样的人才呢？它希望培养对象掌握礼、乐、射、御、书、数这六种才能，因此，此六者被称为“六艺”也就理所当然了。在教育的角度看，这六艺也就是六个学科。从《左传》等可以知道，周朝也以《易》《书》《诗》《礼》等教育人，而这些东西有个特点，都是文字书写的，便于流传。后来儒者就以之为教材(“以六艺为法”)，培养人才，故在教育的角度看，《易》《书》等六者也可以名之为“六艺”，这种命名是对“艺”的含义的引申。在教育的角度，也更能明白《易》《书》等六艺为什么能够成为经典。很显然，《易》《书》等六艺必须被认为能够在一定程度上解决当时的生存问题，它们才能被视作经典。那么，六经究竟面对了什么样的生存问题，又提供了什么样的解决方法。对于这一点，可以通过人们(尤其是先秦的学者)对六艺的评论来考察六艺对于古人的生存的重要性。

《礼记•经解》已经把六艺视作“经”[5]。它首先引用孔子的话来确定它的评价角度。孔子曰：“入其国，其教可知也。”这句话是在回答一个什么样的问题呢？——回答经典的教育(教化)作用。通过观察那个国家(指诸侯国)的民风，就可以知道那个国家的教育情况。郑玄的注也是这样理解的，其注曰：“观其风俗，则知其所以教。”在当时，可以作为教材的东西是不多的，六经是其要者。那么，用六经来教化，可能导致什么效用呢？《经解》曰：

其为人也，温柔敦厚，《诗》教也；疏通知远，《书》教也；广博易良，《乐》教也；絜静精微，《易》教也；恭俭庄敬，《礼》教也；属辞比事，《春秋》教也。故《诗》之失愚，《书》之失诬，《乐》之失奢，《易》之失贼，《礼》之失烦，《春秋》之失乱。其为人也，温柔敦厚而不愚，则深于《诗》者也；疏通知远而不诬，则深于《书》者也；广博易良而不奢，则深于《乐》者也；絜静精微而不贼，则深于《易》者也；恭俭庄敬而不烦，则深于《礼》者也；属辞比事而不乱，则深于《春秋》者也。

我们可以看到，这个评论具有非常明显的特征，不论它认为六经有正面作用还是负面作用，它都是在效用角度评论的，并且整个评论的结构非常规整，与《论六家要旨》完全同类，因此，《礼记•经解》持有的就是“问题与方法”的经典观。接下来，《经解》比较专门、详细地阐明了礼对于“明君臣之义”“使诸侯相尊敬”“明臣子之恩”“明长幼之序”“明男女之别”以及“禁乱之所由生”的重要效用，所以“先王隆之”，所以，应该隆礼。在这里，我们要考察的是评论者的评论思路，至于他对经典的评论结论是否正确，那些经典是否具有评论者所说的利弊，与本文的问题毫无关系。

《礼记•经解》是对六经较早的宏观评论，如果这里的孔子就是孔子本人，并且《周易》的十翼也是孔子所作，那么，孔子对《周易》的评论也体现了“问题与方法”的经典观[6]。“作《易》者，其有忧患乎”，这就明确指出了《周易》是面对问题的。“夫《易》何为者也？夫《易》开物成务，冒天下之道，如斯而已者也”，也是说明《周易》的问题的。“圣人以此洗心，退藏于密，吉凶与民同患。神以知来，知以藏往，其孰能与于此哉！古之聪明睿知神武而不杀者夫？是以明于天之道，而察于民之故，是兴神物以前民用”，这就是说，《周易》是圣人创作，用来改善生民的生活的。如何运用《周易》呢？“《易》有圣人之道四焉：以言者尚其辞，以动者尚其变，以制器者尚其象，以卜筮者尚其占。是以君主子将有为也，将有行也，问焉而以言，其受命也如向，无有远近幽深，遂知来物。非天下之至精，其孰能与于此”，无论哪一道，都是在效用角度说的。而“日中为市，致天下之货，交易而退，各得其所，盖取诸《噬嗑》……”等对具体的卦的解读，直接说明《周易》的功能，就是说《周易》为问题提供了一定的解决方法，并具有一定的效用。《四库全书总目》也一言蔽之地概括了《周易》的基本特征：“故《易》之为书，推天道以明人事者也”，这就是说，《周易》是通过探索天道来指导人事的，也就是用来解决生存问题的。而后文说“《左传》所记诸占，盖犹太卜之遗法。汉儒言象数，去古未远也。一变而为京、焦，入于禨祥，再变而为陈、邵，务穷造化，《易》遂不切于民用”[7]，则从反面强调了《周易》应该切用。

在《论语》中，孔子也评及六经。“不学《诗》，无以言……不学《礼》，无以立”（《季氏》）；“小子何莫学夫《诗》？《诗》，可以兴，可以观，可以群，可以怨。迩之事父，远之事君。多识于鸟兽草木之名”（阳货》）；“人而不为《周南》《召南》，其犹正墙面而立也与”（《阳货》）；“《关雎》，乐而不淫，哀而不伤”（《八佾》）；“《诗》三百，一言以蔽之，曰：‘思无邪’”（《为政》，“思无邪”即归于正）。无论是评论一部经典还是一篇文章，孔子都是在经典的效用上评论的，亦即：孔子认为，经典都是用来解决生存问题的。

《荀子•劝学》也直接评论了五经（没有评《易》）：

学恶乎始？恶乎终？曰：其数则始乎诵经，终乎读礼；其义则始乎为士，终乎为圣人。真积力久则入，学至乎没而后止也。故学数有终，若其义则不可须臾舍也。为之，人也；舍之，禽兽也。故《书》者，政事之纪也；《诗》者，中声之所止也；《礼》者，法之大分，类之纲纪也，故学至乎《礼》而止矣。夫是之谓道德之极。《礼》之敬文也，《乐》之中和也，《诗》《书》之博也，《春秋》之微也，在天地之间者毕矣。君子之学也，入乎耳，箸乎心，布乎四体，形乎动静……古之学者为己，今之学者为人……学莫便乎近其人。《礼》《乐》法而不说，《诗》《书》故而不切，《春秋》约而不速。方其人之习君子之说，则尊以遍矣，周于世矣。故曰：学莫便乎近其人。

荀子显然有这样一个问题：如何成君子或成圣人？而经典给出了答案。荀子不外乎在说，学经尤其是学礼，对于成就君子乃至成就圣人，具有非常好的效果。

《庄子•天下》评论了诸子百家，也评论了六经。它如此评论六经：“《诗》以道志，《书》以道事，《礼》以道行，《乐》以道和，《易》以道阴阳，《春秋》以道名分。”庄子的评论，仍然是着眼于经典的效用的。

从这些评论中可以看出，先秦的学者都是在效用上评论并肯定经典的，从而使这些经典构成了先秦的经典体系。那么，这些经典究竟面对了生活中的哪些问题呢？古人又是如何衡量其效用的呢？这些效用能否相辅相成而构成对生存问题的一个比较完满的解决呢？下文将根据五经正义对五经的评论，再根据《礼记•乐记》对乐的评论，分别看看六经各自的问题，各自提供的方法及其效用。由于这里大量使用了后人的评论，所以需要略作说明。五经的具体篇章的产生时间及其编撰成书是一个问题，而五经之被视为经典则是另一个问题。五经被后世视为经典，是因为后世认为它们或者在问题上或者在方法上能为后人解决问题提供了帮助。因此，后人的评论不但能反映五经的问题与方法，而且能够反映其问题与方法对后世的影响，反映经典的统绪。

关于《周易》，孔颖达《周易正义序》曰：

夫易者，象也；爻者，效也。圣人有以仰观俯察；象天地而育群（生），品云行雨施，效四时以生万物。若用之以顺，则两仪序而百物和；若行之以逆，则六位倾而五行乱。故，王者动必则天地之道，不使一物失其性；行必协阴阳之宜，不使一物受其害。故能弥纶宇宙、酬酢神明，宗社所以无穷，风声所以不朽。非夫道极玄妙，孰能与于此乎！斯乃乾坤之大造，生灵之所益也。

此言是说，《周易》乃是圣人仰观俯察、效法天地、寄寓天道的书，而《周易》之所以被后人视作经典，就是因为它能为后人的生活提供帮助，所谓“斯乃乾坤之大造，生灵之所益”者，是也。

关于《尚书》，孔颖达《尚书正义序》曰：

夫书者，人君辞诰之典，右史记言之策。古之王者事总万机，发号出令，义非一揆……枢机之发，荣辱之主，丝纶之动，不可不慎。所以辞不苟出，君举必书，欲其昭法诫，慎言行也。其泉源所渐，基于出震之君；黼藻斯彰，郁乎如云之后。勋、华揖让而典、谟起，汤、武革命而誓、诰兴……斯乃前言往行，足以垂法将来者也。

孔颖达对《尚书》的评论与对《周易》的评论在思路上极其相似，也是希望通过《尚书》，以史为鉴，“彰善惮恶，树之风声”（《尚书•毕命》），垂法将来。只不过，《尚书》涉及的问题要少一些，主要是人君之言，而《周易》则无所不包。

关于《诗》，孔颖达《毛诗正义序》曰：

夫《诗》者，论功颂德之歌，止僻防邪之训。虽无为而自发，乃有益于生灵。六情静于中，百物滥于外，情　物动，物感情迁。若政遇醇和，则欢娱被于朝野；时当惨黩，亦怨刺形于咏歌。作之者所以畅怀舒愤，闻之者足以塞违从正，发诸情性，谐于律吕。故曰：“感天地，动鬼神，莫近于《诗》。”此乃《诗》之为用，其利大矣。

这也完全是在讲《诗经》的效用。

关于礼，由于孔颖达只作了《礼记正义》，并且先秦所谓礼，完全不是局限于《礼记》。“不学《礼》，无以立”，这个“《礼》”就不能局限于《礼记》。所以，补充贾公彦关于《周礼》的评论，看看他们的经典观。

关于《周礼》，贾公彦《周礼正义序》曰：

夫天育蒸民，无主则乱，立君治乱，事资贤辅。但天皇地皇之日，无事安民，降自燧皇，方有臣矣。是以《易通卦验》云：“天地成位，君臣道生。君有五期，辅有三名”……是政教君臣，起自人皇之世，至伏羲因之……

这是说，礼乃治乱安民的。当然，这个礼的所指是很宽泛的，贾公彦在下文就简述了各种礼之产生。

关于《仪礼》，贾公彦没有总评，但《仪礼》直接面对当时的生活问题，是毫无疑义的。

关于《礼记》，孔颖达《礼记正义序》曰：

夫礼者，经天纬地，本之则大一之初；原始要终，体之乃人情之欲。夫人上资六气，下乘四序，赋清浊以醇醨，感阴阳而迁变。故曰：人生而静，天之性也；感物而动，性之欲也。喜怒哀乐之志，于是乎生；动静爱恶之心，于是乎在。精粹者虽复凝然不动，浮躁者实亦无所不为。是以古先圣王鉴其若此，欲保之以正直，纳之于德义。犹襄陵之浸，修堤防以制之；覂驾之马，设衔策以驱之。故乃上法圆象，下参方载，道之以德，齐之以礼。然飞走之伦，皆有怀于嗜欲；则鸿荒之世，非无心于性情……礼者，体也，履也，郁郁乎文哉……顺之则宗祏固，社稷宁，君臣序，朝廷正；逆之则纪纲废，政教烦，阴阳错于上，人神怨于下。故曰，人之所生，礼为大也。非礼无以事天地之神，辨君臣长幼之位，是礼之时义大矣哉！

其《礼记正义》又曰：

夫礼者，经天地，理人伦，本其所起，在天地未分之前。故《礼运》云："夫礼必本于大一。"是天地未分之前已有礼也。礼者，理也。其用以治，则与天地俱兴，故昭二十六年《左传》称晏子云："礼之可以为国也，久矣与天地并"……是法北斗而为七政。七政之立，是礼迹所兴也……其《仪礼》但明体之所行践履之事，物虽万体，皆同一履，履无两义也。于周之礼，其文大备，故《论语》云："周监于二代，郁郁乎文哉！吾从周也。"然周既礼道大用，何以《老子》云"失道而后德，失德而后仁，失仁而后义，失义而后礼。礼者，忠信之薄，道德之华，争愚之始"。故先师准纬候之文，以为三皇行道、五帝行德，茸荃行仁，五霸行义。若失义而后礼，岂周之成、康在五霸之后？所以不同者，《老子》盛言道德质素之事，无为静默之教，故云此也。礼为浮薄而施，所以抑浮薄，故云"忠信之薄"。且圣人之王天下，道、德、仁、义及礼并蕴于心，但量时设教，道、德、仁、义及礼，须用则行，岂可三皇五帝之时全无仁、义、礼也？殷、周之时全无道、德也？《老子》意有所主，不可据之以难经也。

孔颖达的基本意思是，礼来自天道，是对人情之欲的规范，故礼对于治国安民有大用。

关于《春秋》，孔颖达《春秋左氏传正义序》曰：

夫《春秋》者，纪人君动作之务，是左史所职之书。王者统三才而宅九有，顺四时而治万物。四时序则玉烛调于上，三才协则宝命昌于下，故可以享国永年，令闻长世。然则有为之务，可不慎与！国之大事，在祀与戎。祀则必尽其敬，戎则不加无罪，盟会协于礼，兴动顺其节，失则贬其恶，得则褒其善，此《春秋》之大旨，为皇上之明鉴也。

此言之要义就是彰善惮恶，树之风声，以史为鉴，垂法将来。

关于《乐》，《礼记•乐记》孔颖达开篇就引用《孝经》之言曰："孔子曰：'移风易俗，莫善于乐'"，以之肯定乐的重要作用。《乐记》又曰：

故礼以道其志，乐以和其声，政以一其行，刑以防其奸。礼乐刑政，其极一也，所以同民心而出治道也。

是故审声以知音，审音以知乐，审乐以知政，而治道备矣……是故先王之制礼乐也，非以极口腹耳目之欲也，将以教民平好恶，而反人道之正也。

人生而静，天之性也。感于物而动，性之欲也。物至知知，然后好恶形焉。好恶无节于内，知诱于外，不能反躬，天理灭矣。夫物之感人无穷，而人之好恶无节，则是物至而人化物也。人化物也者，灭天理而穷人欲者也。于是有悖逆诈伪之心，有淫佚作乱之事，是故强者胁弱，众者暴寡，知者诈愚，勇者苦怯，疾病不养，老幼孤独不得其所，此大乱之道也。是故先王之制礼乐，人为之节……礼节民心，乐和民声，政以行之，刑以防之。礼乐刑政，四达而不悖，则王道备矣。乐者为同，礼者为异。同则相亲，异则相敬。

这些都是在肯定乐对于治国安民的作用。

因此，六经都直接关切人的重要的生存问题，并给出了自己的解决方法，并且都有一定的效果。下面，以表格的方式将六经对生存问题的关切表达出来，这样更一目了然。

经名	面对的问题	解决方法	六经自认为的效用	实际效用(后人评价)
易	无所不包	推天道以明人事	用之以顺，吉无不利	局部有效
书	（人君）如何言	彰善惮恶，树之风声 以史为鉴，垂法将来	慎言慎行	局部有效
诗	如何论功颂德， 止僻防邪	兴观群怨	闻之者足以塞违从正	局部有效
礼	如何经天地，理 人伦，节人欲	重分别：分辨天地 人伦，礼节民心	顺之则君臣序， 朝廷正，百姓安	局部有效
乐	如何节人欲 反人道之正	重和同：乐和民声， 乐者为同	同则相亲	局部有效
春秋	（人君）如何行	彰善惮恶，树之风声 以史为鉴，垂法将来	慎言慎行	局部有效

图表1　六经之问题、方法与效用

从这个简表可以看出，六经的问题无一不是如何治国平天下这个大问题的子问题（诸子百家也是“务为治”），而如何治平是后世一直关注的问题，而且后世的许多具体问题也与六经相同，所以，共同关注某些问题就使六经与后人建立了基本的交往平台；并且，六经的方法对于后人来说也是局部有效的。所以，六经在问题与方法上都有益于后世，故它们被视作经典。当然，前春秋时期的经典并不止六经，因为按照《汉书•艺文志》的说法，诸子百家源出于王官，故诸子之学皆有所本，而六经并不能统摄诸子，故在六经之外当别有学术。不过，六经是前春秋时期建立起来的周文道统的经典体系的核心，也就是王官学的核心。正是这些特定的问题与方法，构成了中国经典体系的独特性。本文说任意经典（亦即经典体系）都必定根据“问题与方法”的经典观而建构，但这个经典观并不能决定具体经典究竟关注什么问题与采取什么方法解决问题，尤其是不能决定方法，所以，不同的经典因其问题与方法的不同（尤其是方法的不同）而呈现出独特性而成为独立的经典。

如此看来，前春秋的经典的意图岂非非常的实用？说它实用，并不违背事实，也并非不好，因为任何一个文本都是实用的。根据前面给出的“问题＋方法＋效用”的基本结构以及经典的必要条件，就可以推论出经典必定是实用的。不过，这个实用不是一般人理解的急功近利，而是指方法针对问题的效用，也就是说应该寻找有效方法解决问题。六经系统面对的基本问题是如何治平，而这个问题肯定是真问题、大问题，是一个国家必须面对的根本问题。所以，需要怀疑的不是经典面对的是不是实用的问题，达到的是不是实用的目标，而是它的方法能够在多大程度上解决问题，而我们（后人）又能在多大程度上改进方法。这里可以比较一下古希腊的经典建构。苏格拉底在追问“德性是什么”这个知识论的问题时，他的最终目的不是要知道德性是什么，而是要改善人们的德性。不过，他预设了两点：第一，不知道德性是什么就无法判断自己的行为是不是符合德性的，因此也就无法有效地实践德性的要求。第二，没有人会犯故意的错。由于他预设了这两点，使他走向了“这是什么”的追问，而追问“这是什么”时，这种追问可以是独立于实践的，由此，苏格拉底开启了知识论的探求。同样，对于苏格拉底，根本不应该去质疑他在追问“这是什么”时居然带了其他非知识论的目的，而应该质疑他的方法的有效性：知道德性是什么是不是实践德性的必要条件？德性是什么这个问题能否确知（完全解决）？如果不能确知，难道我们就不能行动了？人真的不会故意犯错吗？

回到前春秋的经典体系。王官学的基本问题就是如何治国平天下，而各部经典提供了局部有效的方法。但是，运用之妙，存乎一心，经典并不能提供现成的、确定的、能够准确预测效用的、完全可操作的、必定达到目标的具体措施。如果运用不好，或者用者本身心怀不正，则问题根本不可能得到解决，所以，才有《礼记•经解》等所说的运用经典不当而产生的流弊。并且，在先秦时代，运用经典的人一般都不是平民，而是贵族或统治者，如果这些人运用不当或居心不正，则经典根本不能发生其效用。事实也是，春秋以降，周王失德，渐渐丧失对天下（诸侯）的凝聚力与号召力，命令渐渐失效，于是，天下陷入混乱，并走向大乱，导致礼坏乐崩。

天下大乱了，有一个问题立即提出来：如何治国平天下，重新实现天下大治？哪些人在思考这样的问题呢？春秋以前，不仅那些统治者在思考，也有伊尹、姜太公这样一些不在其位且非贵族的人在思考。“周有八士：伯达、伯适、仲突、仲忽、叔夜、叔夏、季随、季騧”（《论语•微子》），“舜有臣五人而天下治。武王曰：‘予有乱臣十人’”（《论语•泰伯》），其中有些人并非贵族，更非生来就要世袭统治者身份的。春秋以降，思考天下治平问题的一般人就更多了，孔子就是其中的一个。并且，孔子的三千弟子与七十二贤者中有许多都是一般人，既非贵族也非统治者。于是，孔子等许多不属于周朝官方的人士蜂拥而起，纷纷提出了自己的治平之策，于是产生了诸子学，于是形成了百家争鸣的局面。

诸子百家的问题是什么呢？都是如何治国平天下。司马谈《论六家要旨》曰：“夫阴阳、儒、墨、名、法、道德，此务为治者也，直所从言之异路，有省不省耳。”就是说六家的基本问题都是如何治平。虽然司马谈只评论了六家，但诸子百家的基本问题都是一样的。《汉书•艺文志》评论了更多的学派，并且给出了诸子百家是怎么兴起的，其言曰：

凡诸子百八十九家，四千三百二十四篇。

诸子十家，其可观者九家而已。皆起于王道既微，诸侯力政，时君世主，好恶殊方，是以九家之术蜂出并作，各引一端，崇其所善，以此驰说，取合诸侯。其言虽殊，辟犹水火，相灭亦相生也。仁之与义，敬之与和，相反而皆相成也。《易》曰：“天下同归而殊涂，一致而百虑。”今异家者各推所长，穷知究虑，以明其指，虽有蔽短，合其要归，亦六经之支与流裔。使其人遭明王圣主，得其所折中，皆股肱之材已。仲尼有言：“礼失而求诸野。”方今去圣久远，道术缺废，无所更索，彼九家者，不犹愈于野乎？若能修六艺之术，而观此九家之言，舍短取长，则可以通万方之略矣。

此言说明了，诸子百家各执一端，但都有所长，若舍短取长，则效用广大，这个经典观与《论六家要旨》是一样的。不过，《汉书》在这里没有把兵家、天文（家）、历谱（家）等归入诸子。

诸子学之兴，是对王官学的局部否定与补充。只有诸子认为王官学不能解决某些问题时，诸子学才有可能兴起。那么，诸子学是在哪些方面对王官学进行否定与补充的呢？——在方法上。诸子学与王官学的根本问题都是一样的，诸子学对王官学的否定表现在方法上。因为诸子认为王官学在某些方面是无效的，故提出了自己补充的策略。正是诸子各自补充的策略，构成了诸子学的差异，也就是“直所从言之异路”。或许有人会质疑：诸子百家几乎没有不崇尚先王的，尽管有法后王的主张，但他们都承认先王之道（即王官学）在先王时代的有效性，所以，诸子学对王官学的否定说是否成立？答曰：法后王者虽然承认王官学在先王时代的有效性，但由于他们实际地放弃了许多王官学的具体主张，就说明他们已经认为王官学的某些主张在当时不再适用，因此，这已经是对王官学的部分否定了，而他们提出的新主张就是对王官学的补充。只有完全法先王，沿袭王官学而没有提出自己的主张的人，才不是对王官学的否定。在这个意义上，儒家对王官学的否定最少（详见后文）。那些理论显得很新异的诸子学，都是对王官学的否定与补充，而且其新异程度与其对王官学的否定程度、补充程度成正比。诸子学对王官学的否定有一个优点，就是它们在对王官学进行局部否定的同时，提出了补充王官学之弊的具有正面建设作用的策略，这策略就是各自的独特性。也就是说，诸子学不仅是对王官学的破，也是立，而没有流于只破不立或破而不能立。显然，批评某个主张远比提出更好的解决方法更容易。

由于诸子学是对王官学的局部否定，所以，诸子学之兴对于王官学而言，就是王官学的衰微（式微）。对于一个事物的瓦解来说，衰微的程度低于破裂，破裂的程度低于崩溃，崩溃有坍塌的意味，倾向于死亡。王官学的衰微有一些表现。王官学虽然不否定霸道，它也是王霸并用的，但它非常强调王道，认为王道优先于霸道，主张首先使用王道来解决问题（当然，这还需要区分王官学的主张与其实现程度）。但王官学的王霸观在春秋战国时期常被摈弃，这从儒家的命运可以看出来。儒家“以六艺为法”（《论六家要旨》），“述而不作”（《论语•述而》），“祖述尧舜，宪章文武”（《中庸》），在诸子百家中最根本地继承了王官学。但是，春秋战国时期，也许很倒霉的就要算儒家了。虽然有许多人仍然崇尚周文（王官学），所以才有许多人对孔子趋之若鹜，以致弟子三千。但是，在诸侯上层，儒家并不受重视。孔子周游列国而不遇贤主，孟子倡王道而被视作迂腐。当时受欢迎的乃是法家、兵家、纵横家等能够迅速实现富强，争霸天下的策略。所以，《汉书•艺文志》才说诸子百家起于“王道既微”。所以，孟子才说“王者之迹熄而《诗》亡，《诗》亡然后《春秋》作”（《孟子•离娄下》），因为《诗》更重视感召风化，而《春秋》则是彰善惮恶，强调表彰与惩戒。《诗》调情节欲安民的方式显然更接近无声无息的非暴力方式，更近于“上天之载，无声无臭”（《中庸》），更近于无为而治，如“黄帝、尧、舜垂衣裳而天下治”（《周易•系辞》）；而《春秋》则是通过大张旗鼓地表彰与惩戒来实现的，更近于孔子所言之“声色之于以化民，末也”（《中庸》）。当然，《春秋》彰善惮恶的方式又远比刑罚战争更少暴力。

诸子学之兴映照的是王官学的衰微，也如庄子所言：“天下之治方术者多矣，皆以其有为不可加矣……天下大乱，贤圣不明，道德不一。天下多得一察焉以自好。譬如耳目鼻口，皆有所明，不能相通。犹百家众技也，皆有所长，时有所用。虽然，不该不遍，一曲之士也。判天地之美，析万物之理，察古人之全，寡能备于天地之美，称神明之容。是故内圣外王之道，暗而不明，郁而不发，天下之人各为其所欲焉以自为方。悲夫！百家往而不反，必不合矣！后世之学者，不幸不见天地之纯，古人之大体。道术将为天下裂。”（《庄子•天下》）庄子（这里不考虑《天下》篇是否庄子所作）此言非常明确地说出了王官学的衰微，诸子学的昌盛，以及由此导致的天下学说虽然蜂起，但天下并没有因为百家争鸣而得治，甚至无法证明在后来的秦朝统一与汉代兴盛之中，诸子百家究竟起了多大作用。在庄子看来，百家争鸣导致的反而是更加混乱的状况，“自我观之，仁义之端，是非之涂，樊然殽乱，吾恶能知其辩”（《庄子•齐物论》），也就是“道术将为天下裂”。正是这种混乱状况，为秦汉收拾整顿诸子百家提供了可能。

在先秦，就有人评论了诸子学。《庄子•天下》、《荀子•非十二子》、《韩非子•显学》等，其要点都是诸子百家各执一端，各有长短，都应该舍短取长，这些评论的基本观点以及表达观点的方法都与《论六家要旨》非常相近。例如，《庄子•天下》曰：

天下之治方术者多矣，皆以其有为不可加矣。古之所谓道术者，果恶乎在？曰：“无乎不在。”曰：“神何由降？明何由出？”“圣有所生，王有所成，皆原于一。”不离于宗，谓之天人；不离于精，谓之神人；不离于真，谓之至人。以天为宗，以德为本，以道为门，兆于变化，谓之圣人。以仁为恩，以义为理，以礼为行，以乐为和，熏然慈仁，谓之君子。以法为分，以名为表，以参为验，以稽为决，其数一二三四是也，百官以此相齿，以事为常，以衣食为主，以蕃息畜藏为意，老弱孤寡皆有以养，民之理也。古之人其备乎！配神明，醇天地，育万物，和天下，泽及百姓，明于本数，系于末度，六通四辟，小大精粗，其运无乎不在。其明而在数度者，旧法、世传之史尚多有之；其在于《诗》《书》《礼》《乐》者，邹鲁之士、搢绅先生多能明之。《诗》以道志，《书》以道事，《礼》以道行，《乐》以道和，《易》以道阴阳，《春秋》以道名分。其数散于天下而设于中国者，百家之学时或称而道之。天下大乱，贤圣不明，道德不一……

这段话的两端“天下之治方术者多矣，皆以其有为不可加矣”与“天下大乱”都是庄子所批评的，而“古之所谓道术者”以下，则是庄子所称许的。“古之所谓道术者”以下，庄子首先将无所不在的道术（指由道派生的术）皆归源于大道（“一”），但道派生为术以后，就互不相同。道术是用来解决问题的，没有一个具体的道术具有所有优点，所以需要相互配合、舍短取长，才能解决问题，因此“以法为分，以名为表，以参为验，以稽为决”这句话就体现了对各种方法的兼采。而天下大乱以后，诸子百家各执大道之一端，进行放大，自我表彰，认为只有他所得的那一端才是大道，能够解决所有问题，所以，“皆以其有为不可加矣”。因此，庄子此言，从称许与批评两方面表达了他对诸子百家的看法，其兼采百家的态度，与司马谈完全一样。

因王道式微，天下大乱，诸子学兴起了，这是王官学与诸子学在时势上的关联，那么，诸子（学）源出王官（学）是否成立[8]？答曰：肯定成立。《庄子•天下》就隐藏了一个与《汉书•艺文志》完全一样的重要观点：诸子学源出王官学。“古之所谓道术者”，指的是什么呢？就是更早的学术。那时候，根本没有诸子学。那么，不是诸子学的学术是什么呢？——只能是王官学，因为那时只有王官学这一种学术。“古之人其备乎……其运无乎不在。其明而在数度者，旧法、世传之史尚多有之；其在于《诗》《书》《礼》《乐》者，邹鲁之士搢绅先生多能明之”，这完全就是在说，古之道术虽然有所亡佚，但还有好些流传下来了，并且表现为《诗》《书》等，这不是在说那古之道术就是王官学吗？“其数散于天下而设于中国者，百家之学时或称而道之”，表达的是诸子对王官学的称道。但接下来，《天下》篇又说，这种称道只是诸子各执道术之一端而自以为是，“天下多得一察焉以自好……虽然，不该不遍，一曲之士也。判天地之美，析万物之理，察古人之全。寡能备于天地之美，称神明之容。是故内圣外王之道，暗而不明，郁而不发，天下之人各为其所欲焉以自为方。悲夫！百家往而不反，必不合矣！后世之学者，不幸不见天地之纯，古人之大体。道术将为天下裂”。下文，《天下》还分别谈到，“古之道术有在于是者，墨翟、禽滑釐闻其风而说之……古之道术有在于是者，宋钘、尹文闻其风而悦之……古之道术有在于是者，彭蒙、田骈、慎到闻其风而悦之……古之道术有在于是者，关尹、老聃闻其风而悦之……古之道术有在于是者，庄周闻其风而悦之……” 所以，《庄子•天下》也认为诸子源出王官学，只不过，它没有说明哪一家出自哪一官学。《庄子•天下》与《汉书•艺文志》观点是一样的，而二者的表述方式大不相同，看不出一个模仿一个的迹象。二者相互印证，可以证明诸子源出王官[9]。

从逻辑上考察，诸子学也一定源出王官学。首先提一个问题：诸子学能否凭空产生呢？它是否可能没有学术渊源？答曰：它不可能凭空产生，必定有渊源。第二个问题：诸子百家的学术渊源在哪里？答曰：只能是王官学。因为诸子百家产生以前，学在官府，并不存在民间学术，这是事实前提。无论诸子学反对还是赞同此前的学术，它都必须有所依托，有一个来源，那么，这个来源就只能是王官学。所谓学术下移，就说明有一个下移之前的学术，而且这个学术是尚未分裂的王官学。若诸子学不源出于王官学，只有一种可能，即诸子学可以凭空产生，这在逻辑上是根本不可能的。其实，只要看看诸子学的问题与具体主张，以及它们的表达方式，就可以知道它们与王官学的渊承关系了。只要承认了诸子学之前只有王官学这一事实，那么，诸子学一定源出于王官学，这个逻辑论证甚至比史料证据更强有力。认为诸子学不出于王官学的观点，在逻辑上根本不可能[10]。不过，“源出”只是就来源上讲，根本不能从A源出B推出A是否赞同B。诸子源出王官，但诸子完全可能反对王官。更普遍地讲，如果某个共同体在某个时期只有一个思想体系（如周代王官学），后来的新思想（如诸子学）一定源出于该思想体系，无论新思想是反对还是赞同该体系。

三、从诸子学到经学：汉代对前春秋经典体系的重建与确立

诸子学导致的是百家异说，是非莫辨，道术分裂，使汉代必须整顿诸子学。

汉代的历史情势是，国家由乱到治。国家的统一与治理本来并不意味着学术或思想就需要统一，但是，它却意味着国家的政策需要统一。而无论王官学还是诸子学，都是直接提供治策的，其中离开具体的政治、离开具体的社会问题的学术并不多。并且，诸子学的每一家都希望自己的主张能够得到实现。如果要实现自己的主张，最好的途径是什么？就是走政治路线，通过国家权力来推广自己的主张。孔子周游列国，诸子百家到处游说，无一不是在走政治路线。

也许许多方法都对治理国家有帮助，并且许多方法都可以兼采，舍短取长，但是，在处理一个具体的问题时，也常常有诸法不能兼用的情况，如韩非讲的儒墨之分歧：“墨者之葬也，冬日冬服，夏日夏服，桐棺三寸，服丧三月，世主以为俭而礼之。儒者破家而葬，服丧三年，大毁扶杖，世主以为孝而礼之。夫是墨子之俭，将非孔子之侈也；是孔子之孝，将非墨子之戾也。”（《韩非•显学》）面对葬礼这个非常具体的问题，儒墨两家不兼容。因此，国家需要对这种分歧进行协调，如果实在不能兼容，还必须有所废弃。这就意味着，如果国家政治摆脱了诸侯异政，进入了统一政治，那么，诸子学就肯定需要被整顿、安排。这在后世看来，就是国家进行大一统的行动。

大一统行动，从秦始皇就开始了。秦始皇的工作分为两个方面。一方面，“一法度衡石丈尺，车同轨，书同文字”，在今天看

来，这是对经济制度、政治制度以及文化制度之部分（文字制度）进行统一，颁布国家标准。另一方面，秦始皇接受李斯的建言，“异时诸侯并争，厚招游学。今天下已定，法令出一……臣请史官非秦记皆烧之。非博士官所职，天下敢有藏诗、书、百家语者，悉诣守、尉杂烧之。有敢偶语诗书者弃市。以古非今者族。吏见知不举者与同罪。令下三十日不烧，黥为城旦。所不去者，医药卜筮种树之书。若欲有学法令，以吏为师”，于是，“废先王之道，焚百家之言，以愚黔首”，此即焚书坑儒。焚书坑儒是统一思想的行动，李斯给出的理由是“今诸生不师今而学古，以非当世，惑乱黔首……古者天下散乱，莫之能一，是以诸侯并作，语皆道古以害今，饰虚言以乱实，人善其所私学，以非上之所建立”，此种情形不能长久下去，否则，“如此弗禁，则主势降乎上，党与成乎下”（《史记•秦始皇本纪》），所以，需要统一思想，以便国家政令畅通。关于这种诸子异说、是非莫辨的情况，庄子也谈得特别多，他的解决方法就是不要以是非之心看待事物，故道通为一。

其实，孔子作《春秋》也是要统一思想。“世衰道微，邪说暴行有作，臣弑其君者有之，子弑其父者有之。孔子惧，作《春秋》”（《孟子•滕文公下》）。邪说一多，人心就乱，就会导致如此后果——如果认为“君无道，可弑也……君无道，可逐也……以为可弑可逐，则有所借口而无惧，无惧则渐视为固然，而世莫以为怪”，反之，如果“以为不可弑不可逐，则无所借口而惧，《春秋》全为邪说暴行而作”[11]。所以，“知孔子者，谓此书遏人欲于横流，存天理于既灭，为后世虑至深远也”[12]。所以，孔子希望塑造一种主流价值，减少冲突。

关于行为或构想社会之未来的理论（含政治主张），与一般的理论研究不一样，因为前者直接要求或希望人们怎么做，故对人们的影响是直接的。在现代社会，理论家（或学者）与实践家经常是分离的，这是进步（其实这种分离早就发生了，古今都有许多人批评儒家学者变得空谈学问，而不履践，也就是理论家与实践家、活动家分离了）。越到后来，理论家与实践家的分离就越明显。在这种情况下，如果理论家只是坚持非主流的思想，而不亲自鼓动人们，故对社会的影响较小，社会也就更能容忍。如果理论与实践必须统一，那么，人人都可以采取各种手段（含暴力）来实施他的自以为是的理论，那么，天下必定大乱，陷入人人相互强迫他人服从自己的局面。其实，理论只是为社会的未来状况提供一种可能的而非必然的构想与设计。理论家不能要求社会一定执行他的理论，否则，任何理论家都可以如此要求，社会必定因各种理论的相互冲突而陷入混乱。理论家的责任只是创造理论，提供可能的方案，至于社会选择什么，淘汰什么，那是社会的事情。当面对多种理论时，社会（尤其是统治者）必须作出选择，甚至必须有所否定。被否定的理论最多只能以理论形态出现，而不能付诸实施。那些被选中的理论也许并不完全正确，但对于其中被肯定的部分，才是应该付诸实践的，实现理论与实践的统一。

但是，春秋战国时期，学者们不但是持有自己的独特政治主张的理论家，并且大多都是实践家、社会活动家、政治鼓动家，大多都奔走于诸侯。他们的目的就是要组织力量，按照他们的主张来改造社会，甚至可能采取各种暴力手段。所以，如果诸子学的差异太大，无法完全兼容，就必须进行整顿、协调，并抛弃一些，塑造并维护一种主流价值。任何一个国家或社会都有它的主流价值。如果主流价值崩溃了，则人们的思想就会混乱、迷茫，从而加剧社会的不安全、不稳定。所以，问题的关键不是要不要思想统一，而是统一到什么程度，采取何种方式进行统一。所以，被整顿，乃是诸子学的必然命运。至于采取什么手段，则需具体权衡，而秦始皇的手段的确过于残暴[13]。

在整顿之前，需要对诸子学进行理解、

判别，然后才是选择。《论六家要旨》承担了对诸子学的总结工作：

> 《易大传》：“天下一致而百虑，同归而殊涂。”夫阴阳、儒、墨、名、法、道德，此务为治者也，直所从言之异路，有省不省耳。
>
> 尝窃观阴阳之术，大祥而众忌讳，使人拘而多所畏；然其序四时之大顺，不可失也。儒者博而寡要，劳而少功，是以其事难尽从；然其序君臣父子之礼，列夫妇长幼之别，不可易也。墨者俭而难遵，是以其事不可遍循；然其强本节用，不可废也。法家严而少恩；然其正君臣上下之分，不可改矣。名家使人俭而善失真；然其正名实，不可不察也。道家使人精神专一，动合无形，赡足万物。其为术也，因阴阳之大顺，采儒墨之善，撮名法之要，与时迁移，应物变化，立俗施事，无所不宜，指约而易操，事少而功多。儒者则不然。以为人主天下之仪表也，主倡而臣和，主先而臣随。如此，则主劳而臣逸。至于大道之要，去健羡，绌聪明，释此而任术。夫神大用则竭，形大劳则敝。形神骚动，欲与天地长久，非所闻也。
>
> 夫儒者以六艺为法。六艺经传以千万数，累世不能通其学，当年不能究其礼，故曰：“博而寡要，劳而少功。”若夫列君臣父子之礼，序夫妇长幼之别，虽百家弗能易也……

司马谈的评论是在“问题＋方法＋效用”的思路下进行的。这种思路不但完全适合对诸子学的评论，并且完全适合为统治者提供一种如何选择治国理论的思路。统治者只能按照这个思路来判断并选择某一种理论是否适合作为治国的策略。当然，即便按照这个思路也并不意味着作出的决策是正确的，这个思路只是提供一种思考方向。在这个评论中，司马谈表达了以道家为主，兼采各家的思想。但是，是否应该以道家为主呢？不一定。这需要看统治者以及人们需要什么样的国家建设目标。从下文可知，道家必定居于次流，而儒家必定上升为主流。

汉初，叔孙通制作朝仪，这就埋藏了儒家将上升为主流的种子，因为诸子百家中，只有儒家是最重视礼仪的。并且，儒家主张的礼仪不是独创的，而是来自王官学，因为“儒者以六艺为法”。在当时的最高决策层看来，国家是需要礼仪的。就算是窦太后等为黄老道家争取主流，但他们本身也不反对礼仪，不反对更广泛的礼乐建构的。这就意味着，儒家得以实现的公共领域（被道家等也认可的领域）还非常大。只是由于汉初的国势，国家还来不及大规模地进行礼乐建设。

到了汉武帝时代，汉武帝感叹礼坏乐崩，表达了恢复、加强礼乐建构的愿望。谁能提供礼乐建构的思想源呢？——只有儒家。由于儒家以六艺为法，而六艺都是王官学，而王官学在当时以及整个春秋战国时代都没有人敢否定的。即便法后王、强调因时而变者，也不否定王官学在前春秋时代的合理性。并且，虽然到汉代时已经礼坏乐崩，但还有许多礼乐存在着，这些礼乐都是王官学之延续。所以，王官学为人们提供了一种一直被认可的生活方式、社会秩序等。所以，当要恢宏礼乐时，最广泛最深入最根本地继承王官学的儒家，就当然地成为礼乐建设的思想源，其他竞争者缺乏竞争力。

从汉武帝向董仲舒垂问看（《汉书•董仲舒传》），他的问题完全是基于王官学（也就是相当于基于儒家思想）而提出的：

> 盖闻五帝三王之道，改制作乐而天下洽和，百王同之。当虞氏之乐莫盛于《韶》，于周莫盛于《勺》。圣王已没，钟鼓管弦之声未衰，而大道微缺，陵夷至乎桀、纣之行，王道大坏矣。夫五百年之间，守文之君，当涂之士，欲则先王之法以戴翼其世者甚众，然犹不能反，日以仆灭，至后王而后止，岂其所持操或悖谬而失其统与？固天降命不可复反，必推之于大衰而后息与？乌乎！凡所为屑屑，夙兴夜寐，务法上古者，又将无补与？三代受命，其符安在？灾异之变，何 而起？性命之情，或夭或寿，或仁

或鄙，习闻其号，未烛厥理。伊欲风流而令行，刑轻而奸改，百姓和乐，政事宣昭，何修何饬而膏露降，百谷登，德润四海，泽臻草木，三光全，寒暑平，受天之祜，享鬼神之灵，德泽洋溢，施乎方外，延及群生？

董仲舒答曰：

道者，所繇适于治之路也，仁义礼乐皆其具也。故圣王已没，而子孙长久安宁数百岁，此皆礼乐教化之功也。王者未作乐之时，乃用先五之乐宜于世者，而以深入教化于民。教化之情不得，雅颂之乐不成，故王者功成作乐，乐其德也。乐者，所以变民风，化民俗也。其变民也易，其化人也著。故声发于和而本于情，接于肌肤，臧于骨髓。故王道虽微缺，而管弦之声未衰也。夫虞氏之不为政久矣，然而乐颂遗风犹有存者，是以孔子在齐而闻《韶》也。夫人君莫不欲安存而恶危亡，然而政乱国危者甚众，所任者非其人，而所繇者非其道，是以政日以仆灭也。夫周道衰于幽厉，非道亡也，幽厉不繇也。至于宣王，思昔先王之德，兴滞补弊，明文武之功业，周道粲然复兴，诗人美之而作，上天佑之，为生贤佐，后世称诵，至今不绝。此夙夜不解行善之所致也。孔子曰“人能弘道，非道弘人”也。故治乱废兴在于己，非天降命不得可反，其所操持悖谬失其统也……

这一问一答，儒家不兴盛也难。

那么，汉武帝在当时还有别的选择吗？——没有。阴阳、墨、名、法、道德、兵、农、纵横、杂等学派，哪一派的思想更适合作为国家的主流思想，以治国安民呢？阴阳家的适用范围很小，并容易流于谶纬。墨家似乎也能比较全面地安排社会秩序，但是，墨家主张节制生活以至于苛刻，限制礼乐，不够重视日用人伦而缺乏温情，故并不适用于大多数人（如司马谈所言“是以其事不可遍循”），故也不能作为国家主流思想。名家只适合辨名实，而生活中的许多事情根本不是一个辨名实的问题，故其适用范围也很小。法家当然为治国所需，但是，法家也只适合政治层面，而且只适合政治上需要明确的制度的事情，许多日用人伦的事情都是法家所不能处理的。汉代及其以后，虽然法家作为独立的一家不存在了，但法家并没有废弃。汉宣帝说：“汉家自有制度，本以霸王道杂之，奈何纯任德教，用周政乎。”（《汉书•元帝纪》）礼乐刑政并用，是历代的政治策略，而法家的主张就相当于刑政这部分内容。道家高缈，可供少数人欣赏但不大适用于一般人，而且根本不重视礼乐，所以，也不能作为国家主流思想。其实，汉初用黄老，也主要是在政治上尽量少管（无为），而民间生活并不是道家的，而且不可能是道家的。君上无为尚可，臣下以及百姓无为，天下就必定颓败。兵家只能用于武备、攻战，完全不可能作为国家主流思想。纵横家主要在外交、政治上层发挥作用，协调关系，整合资源，根本不适用于一般人的日常生活，也几乎不涉及礼乐刑政之建设。“杂家者流，盖出于议官”（《汉书•艺文志》），它显然只是国家某个机构的特定职能，针对具体的问题提出意见，而不能作为国家的主导思想。后世的谏议之官就完全具有杂家的功能，故杂家虽然作为独立的一家不存在了，但它成了后世政治建构的一部分，成了国家行政的一个部门，并纳入了国家行政编制，直至晚清都存在。所以，诸子百家的许多功能在后世都被保留了，许多都作为了国家政治建构（或国家机器）的一部分而存在，根本不能说它们消亡了。按照《汉书•艺文志》的说法，诸子百家都来源于周朝官方的一个部门或一种职能，后来周王失势，这些部分的某些人士脱离了周朝的管制，发生了学术下移，并着力宣扬自己所掌握的知识，成为独立的一个学派。所以，汉代以后，诸子百家大多又重新成为官方的一个部门或一种职能。

儒家最能全面安排社会秩序，就层次来说，上层、中层、下层，都安排了；就内容来说，礼乐刑政（或今天的经济尤其是农业、政治制度、军事、外交、教育、文化等）都考虑了。所以，儒家作为国家主流思想，不亦宜乎？

但实际上，儒家受尊并非儒家自身的功劳，而是周文的功劳，因为儒家以六艺为法。由此，可以得出一个结论。儒家受尊，乃是周文道统或王官学的重建。被尊奉的东西，大多都是王官学以及直接根据王官学而形成的派生物，如《论语》《孟子》都是直接秉承王官学的。唐朝及其以前尊周孔，宋朝及其以后尊孔孟，而孔孟都是尊崇周文的，故几乎所有朝代所尊崇的实际上都是王官学。因此可以说，儒学受尊，乃是汉代对前春秋时期的周文经典体系的重建。这个体系的重建与确立，可以以《汉书•艺文志》与《白虎通义》为标志。从此，王官学时代经历了诸子学时代进入了新的王官学时代——经学时代。经学时代与王官学时代的差异在于，第一，王官学时代自己创造自己的经典，而经学时代主要接受王官学时代创造的经典，新经典很少。第二，王官学时代似乎很少关于经典的解释，而经学时代主要是对经典不断进行解释来建构经典、次经典（如五经正义就属于次经典）以及经典解释的体系。第三，王官学时代只有王官学，经学时代不是只有经学的时代，而是以经学为主的时代。

据此，我们可以理解《汉书•艺文志》的编排。六艺（王官学）被认为是最能切中生存问题的，因此是最重要的，因此在分类时排列在最前面以示尊奉；诸子学次之，故排在六艺之次；其余都是按照重要性来排列的。这种按重要性排列书籍的方法，沿用至今。

四、汉以后经典体系赓续与规整

汉代以后，经典体系始终以六经为核心，这一点一直未曾变动，但是具体的编排方式却有所改变。汉以后的经典编排从《七略》的分类法（除了《辑略》，分为六类）转向四部分类法。四部分类法始创于荀勖，最初为甲乙丙丁四部，分别对应后来的经子史集。到了《隋书•经籍志》，四部分类法确立为经史子集。《隋书•经籍志》对经典体系进行了评论：

夫经籍也者，机神之妙旨，圣哲之能事，所以经天地，纬阴阳，正纪纲，弘道德，显仁足以利物，藏用足以独善。学之者将殖焉，不学者将落焉。大业崇之，则成钦明之德；匹夫克念，则有王公之重。其王者之所以树风声，流显号，美教化，移风俗，何莫由乎斯道。故曰：“其为人也，温柔敦厚，《诗》教也；疏通知远，《书》教也；广博易良，《乐》教也；洁静精微，《易》教也；恭俭庄敬，《礼》教也；属辞比事，《春秋》教也。”遭时制宜，质文迭用，应之以通变，通变之以中庸。中庸则可久，通变则可大，其教有适，其用无穷，实仁义之陶钧，诚道德之橐钥也。其为用大矣，随时之义深矣，言无得而称焉。故曰：“不疾而速，不行而至。”今之所以知古，后之所以知今，其斯之谓也。是以大道方行，俯龟象而设卦，后圣有作，仰鸟迹以成文。书契已传，绳木弃而不用，史官既立，经籍于是兴焉……夫仁义礼智，所以治国也，方技数术，所以治身也；诸子为经籍之鼓吹，文章乃政化之黼黻，皆为治之具也。

准确地说，《经籍志》评论的是整个经籍体系（经籍的范围大于经典）。它根据自己的经典观，将所有经籍纳入它的编纂体系。《经籍志》开篇总评经籍，指出经籍对后世解决生存问题的帮助。然后，评论经籍中最核心的六经之效用。最后，“夫仁义礼智”以下，则对经籍的各个部分的具体效用作了概括，并隐含了非六经的其他经籍的效用不如六经。这个评论非常明显地反映了“问题与方法”的经典观[14]。

《隋书•经籍志》这种经典观被后世秉承。《旧唐书•经籍志》曰：“夫龟文成象，肇八卦于庖牺；鸟迹分形，创六书于苍颉。圣作明述，同源异流。《坟》《典》起之于前，《诗》《书》继之于后，先王陈迹，后王准绳。《易》曰：‘观乎人文以化成天下。’

《礼》曰：‘君子如欲化民成俗，其必由学乎！’学者非他，方策之谓也。琢玉成器，观古知今，历代哲王，莫不崇尚。”“方策”，就是说后人要从经典中学习治国安民的策略。《新唐书•艺文志》一开篇就陈述经典之流传，对经典的效用没有表达什么看法，只是说“六经之道，简严易直而天人备，故其愈久而益明”，但它并没有提出另外的经典观，故可以说《新唐书》延续了前人的经典观。《宋史•艺文志》开篇就说“《易》曰：‘观乎天文，以察时变；观乎人文，以化成天下。’文之有关于世运，尚矣”，这也是开宗明义地指出经典与世运具有密切关系，经典有助于治世。《元史》无《艺文志》，《明史》与《新唐书》一样，其《艺文志》没有表达自己的经典观，但其经典观也是隐含的，就是延续了前代的经典观。

集古代典籍之大成的《四库全书》，也非常鲜明地贯彻了“问题与方法”的经典观。乾隆对《四库全书》的编纂非常关注，多次下谕，指导编纂工作。《四库全书总目》卷首就收录了一些乾隆指导《四库全书》的编纂工作的圣谕，其中有两次圣谕很鲜明地反映了乾隆的经典观：

乾隆三十七年正月初四日，奉上谕：

朕稽古右文，聿资治理，几余典学，日有孜孜，因思策府缥缃，载籍极博，其巨者羽翼经训，垂范方来，固足称千秋法鉴，即在识小之徒，专门撰述，细及名物象数，兼综条贯，各自成家，亦莫不有所发明，可为游艺养心之一助，是以御极之初，即诏中外搜访遗书，并命儒臣校勘十三经、二十一史，遍布黉宫，嘉惠后学，复开馆纂修纲目三编、通鉴辑览及三通诸书，凡艺林承学之士，所当户诵家弦者，既已荟萃略备。第念读书固在得其要领，而多识前言往行以蓄其德，惟搜罗益广，则研讨愈精，如康熙年间所修图书集成全部，兼收并录，极方策之大观，引用诸编，率属因类取裁，势不能悉载全文，使阅者沿流溯源，一一征其来处。今内府藏书插架，不为不富，然古（往）今来著作之手，无虑数千百家，或逸在名山，未登柱史，正宜及时采集，汇送京师，以彰千古同文之盛。其令直省督抚会同学政等，通饬所属，加意购访，除坊肆所售举业时文，及民间无用之族谱、尺赎、屏幛、寿言等类，又其人本无实学，不过嫁名驰骛，编刻酬倡诗文，琐屑无当者，均无庸采取外，其历代流传旧书，内有阐明性学治法、关系世道人心者，自当首先购觅。至若发挥传注，考核典章，旁暨九流百家之言，有俾实用者，亦应备为甄择。又如历代名人，洎本朝士林宿望，向有诗文专集，及近时沉潜经史，原本风雅，如顾栋高、陈祖范、任启运、沈德潜辈，亦各著成编，并非剿说卮言可比，均应概行查明，在坊肆者或量为给价，家藏者或官为装印，其有未经镌刊只系抄本存留者，不妨缮录副本，仍将原书给还，并严饬所属，一切善为经理，毋使吏胥藉端滋扰。但各省搜辑之书，卷帙必多，若不加以鉴别，悉令呈送，烦复皆所不免，着该督抚等先将各书叙列目录，注系某朝某人所著，书中要旨何在，简明开载，具折奏闻。候汇齐后，令廷臣检核，有堪备阅者，再开单行知取进，庶几副在石渠，用储乙览，从此四库七略，益昭美备，称朕意焉。

乾隆四十年十一月十七日奉上谕：

据四库全书馆总裁将所辑《永乐大典》散片各书进呈，朕详加批阅。内宋刘跂《学易集》十二卷，拟请刊刻。其中有青词一体，乃道流祈祷之章，非斯文正轨。前因题《胡宿集》，见其有道院青词、教坊致语之类，命删去刊行，而抄本仍存其旧。今刘跂所作，则因己身服药，交年琐事，用青词致告，尤为不经。虽钞本不妨姑存，刊刻必不可也。盖青词迹涉异端，不特周程张朱诸儒所必不肯为，即韩柳欧苏诸大家亦正集所未见。若韩愈《送穷文》，柳宗元《乞巧文》，此乃拟托神灵，游戏翰墨，不过借以寓言，并非实有其事。偶一为之，故属无害……

从这两处圣谕可以看出，取舍都体现

了“问题与方法”的经典观，而且前一圣谕中对该收录之书的序次，是按照典籍的重要性来排列的。如何衡量这些典籍的重要性呢？就看它们对治理国家有多少帮助。这完全是按照典籍对于后世解决生存问题的效用来衡量的。乾隆的这种经典观，完全是沿袭前人的。

《四库全书》的编纂体例也非常鲜明地体现了“问题与方法”的经典观。《四库全书》的凡例共二十条，其中第十四条、十六条、十九条分别体现了这种经典观。

（引者按：第十四条曰）圣贤之学，主于明体以达用。凡不可见诸实事者，皆属卮言。儒生著书，务为高论，阴阳太极，累牍连篇，斯已不切人事矣。至于论九河则欲修禹迹，考六典则欲复周官，封建、井田，动称三代，而不揆时势之不可行。至黄谏之流，欲使天下笔札皆改篆体；顾炎武之流，欲使天下言语皆作古音，迂谬抑更甚焉。又如明之曲士，人喜言兵，二麓正议，欲掘坑藏锥以刺敌；武备新书，欲雕木成虎以临阵。陈禹谟至欲使九边将士人人皆读《左传》。凡斯之类，并辟其异说，黜彼空言，庶读者知致远经方，务求为有用之学。

（引者按：第十六条曰）文章德行，在孔门既已分科。两擅厥长，代不一二。今所录者，如龚诩、杨继盛之文集，周宗建、黄道周之经解，则论人而不论其书。耿南仲之说《易》，吴开之评诗，则论书而不论其人。凡兹之类，略示变通。一则表章之公，一则节取之义也。至于姚广孝之《逃虚子集》，严嵩之《钤山堂诗》，虽词华之美足以方轨文坛。而广孝则助逆兴兵，嵩则怙权蠹国。绳以名义，匪止微瑕。凡兹之流，并著其见斥之由，附其存目。用见圣朝彰善惮恶，悉准千秋之公论焉。

（引者按：第十九条曰）九流自《七略》以来，即已著录。然方技家递相增益，篇帙日繁，往往伪妄荒唐，不可究诘。抑或卑琐微末，不足编摩。今但就四库所储，择其稍古而近理者，各存数种，以见彼法之梗概。其所未备，不复搜求，该圣朝编录遗文，以阐圣学明王道者为主，不以百氏杂学为重也。

如果细细解读，可以发现，“问题与方法”的经典观在这几条体例中贯彻得非常细致深入——凡是在评价经典（或文献）自身的方法是否解决了自身的问题或凡是考虑经典（或文献）是否对后世有用的地方，都在运用这个经典观。

因此可以说，“问题与方法”的经典观在古代一直被贯彻，并形成了完整的统绪。并且由于我国古代对如何治国平天下这个问题的极其关注，使我国的经典体系呈现出独特的统绪[15]。

刻画经典体系之统绪，主要是就传承而言，是就各个时期、各个层面的经典建构的相同之处而言，对变异关注较少。就差异看，诸子百家之争、儒道佛之争，都是建立在“问题与方法”的经典观之上的，因为各自都认为自己对世事是最有帮助的，至少也是很有帮助的，应该占有一席之地。唐代及其以前尊周孔与五经，宋代及其以后尊孔孟与四书，只是人们对具体经典的效用的评价发生了改变而已。宋代及其以后，由于人们认为心性才是根本，更加强调直接治心，所以，心性论成为儒家的主流，因而有了宋明理学。在这种观念下，或在这种价值评判标准下，各部经典的效用就被重新考察，比较显著的变化是孟子的地位上升，三礼中更多涉及义理的《礼记》的地位上升，《大学》《中庸》这样的更加关注心性的著作的地位上升，因此建构起了《四书》这个内容不多、篇幅不大，但却是非常核心的经典体系。而所谓汉宋之争，其共同的问题是如何才能更准确地理解经义，获得大道。而获得大道只是比较直接的目的，最根本的也是共同的目的都是要根据大道建构更美好的生活。无论双方具体争论了什么，如何争论，只要在这样的问题与根本目的之下，双方都把经典视作了能为现实生活提供帮助的思想源。因此，所有这些变异都贯彻了“问题与方法”的经典观。从下文可以知道，近代以后中国经历了旧经典体系的破裂与新经典体系的建立这样巨大的变迁，而这个变迁仍然贯彻了“问题与方法”的经典观。

五、古代经典体系的破裂与现代经典体系的建立

近代以降，中国遭遇三千年未有之变局。这个变局导致了古代经典体系的破裂，这次破裂是空前的，近乎崩溃。本来，国势衰微，世道遭遇大变局未必导致经典的破裂。自汉代以降，历经改朝换代，但经典体系并无大的变化，尤其是六经系统，始终是中国的经典。但是，经典体系是可改变的，它之所以被改变，不仅在于经典本身，更在于后人对经典的评价的改变。当后人怀疑以前的经典是否能为解决其生存问题提供帮助时，那些经典就会被重新考察，如果真的被认为是无用的，则会被淘汰出后人的经典体系。而人们在对经典进行再考察时，运用的仍然是“问题＋方法＋效用”的思路，因此他们持有的仍然是“问题与方法”的经典观。说得更断然一些，如果不在“问题＋方法＋效用”的思路下考察经典，应该以什么方法判断一个文本的价值呢？是否该视作经典呢？

那么，近代以来，古代经典体系是如何破裂的呢？首先，就历史情势提出的问题看，中国的确遭遇了三千年未有之大变局，中国遇到的许多问题都是古代从未遭遇的。这个大变局可以概括为：中国遭遇了一种从未遇到过的生产方式与生活方式，尤其是前者。西方的生产方式中的许多具体问题，的确是中国古代没有遇到的，古代经典也没有思考这些问题，因此在问题上无法为今人提供帮助。更重要的是，古代经典所可能提供的方法也无法处理那些问题。因此，古代经典无论在问题上还是方法上都不能帮助解决西方向中国提出的某些问题。如此看来，古代经典是应该破裂的。

一般地讨论方法的效用，没有任何方法能够以不变应万变地解决一切问题（包括预防），当然也就没有一种老方法能够完全解决新问题（包括预防），否则新问题根本就不可能产生。所以，我们没有任何理由要求古代经典能够解决一切问题。就近代中国面对的问题看，西方向中国提出来的新问题只是中国人生活的部分问题而非全部问题。中国的许多老问题仍然存在，古代经典仍然可能为解决这些问题提供一定帮助。既然老方法对解决老问题至少是局部有效的，在没有找到更优方法的情况下，就应该沿用老方法。如果老方法对解决新问题有一定效用，当然很好；对解决新问题无效，也不是老方法的过错。我们根本不应该要求老方法具有解决新问题的效用，也不应该因为老方法不能解决新问题而否定老方法解决老问题的效用。所以，即便中国遭遇了古代经典无法提供帮助的新问题，也并不意味着古代经典一定要破裂。

那究竟是什么原因使古代经典体系破裂的呢？——是因为国人错误地把近代以来国家衰败的责任归咎于历史文化（古代经典是其核心）。近代以来，由于中国在西方侵略与其他冲击之下，节节败退，国势日衰。在反思失败的原因时，国人最先归咎于科技（以及经济）方面的落后，于是开始师夷长技，进行了洋务新政。但是，经历了几十年的洋务新政，中国居然在甲午战争中惨败。于是，国人认为，中国失败的原因不仅仅在科技上，还在制度上，于是进行了戊戌维新、清末新政等政治改革，并最终通过辛亥革命推翻了几千年的本土政治制度。但是，辛亥革命之后，国家似乎并没有明显好转，于是人们就进一步反思中国衰败的原因，并最终把原因归咎于文化，认为中国文化之落后导致中国政治之落后，政治之落后导致科技、经济之落后。为了复兴国家，就需要从根本上解决问题，在文化上用西方的先进文化改造本土的落后文化，因此，需要反古（反传统或反历史文化），为引进西方的先

进文化开辟道路，于是就形成了这么一个“反古逻辑”：以经济、政治、文化的三分和三者的因果关系为假设前提，以国势衰微为事实前提，由此展开推理，认为文化是国势衰微的最终责任者。受此“反古逻辑”的支配，在五四新文化运动时期，形成了反古思潮[16]。在此思潮下，国人认为古代经典无法为解决中国当时的现实问题与中国之振兴提供帮助了，于是，古代经典就经过重新考察而不再被视作经典，古代经典体系就破裂了，几至崩溃。于是，古代经典体系的统绪在辛亥革命以后基本上就断裂了。

虽然古代经典体系破裂了，但一个国家总得需要自己的经典。于是，国人开始建构新的经典体系。中华民国时期，国人以三民主义为基础建立新经典体系。中华人民共和国建立以后，国家也进行了自己的经典建构，并且以法律的形式规定了经典体系。《中华人民共和国宪法》序言说：

中国新民主主义革命的胜利和社会主义事业的成就，是中国共产党领导中国各族人民，在马克思列宁主义、毛泽东思想的指引下，坚持真理，修正错误，战胜许多艰难险阻而取得的。我国将长期处于社会主义初级阶段。国家的根本任务是，沿着中国特色社会主义道路，集中力量进行社会主义现代化建设。中国各族人民将继续在中国共产党领导下，在马克思列宁主义、毛泽东思想、邓小平理论和“三个代表”重要思想指引下，坚持人民民主专政，坚持社会主义道路，坚持改革开放，不断完善社会主义的各项制度，发展社会主义市场经济，发展社会主义民主，健全社会主义法制，自力更生，艰苦奋斗，逐步实现工业、农业、国防和科学技术的现代化，推动物质文明、政治文明和精神文明协调发展，把我国建设成为富强、民主、文明的社会主义国家。[17]

《中国共产党党章》的总纲说：

中国共产党以马克思列宁主义、毛泽东思想、邓小平理论和“三个代表”重要思想作为自己的行动指南。

马克思列宁主义揭示了人类社会历史发展的规律，它的基本原理是正确的，具有强大的生命力……

……毛泽东思想是马克思列宁主义在中国的运用和发展，是被实践证明了的关于中国革命和建设的正确的理论原则和经验总结，是中国共产党集体智慧的结晶。在毛泽东思想指引下，中国共产党领导全国各族人民，经过长期的反对帝国主义、封建主义、官僚资本主义的革命斗争，取得了新民主主义革命的胜利，建立了人民民主专政的中华人民共和国；建国以后，顺利地进行了社会主义改造，完成了从新民主主义到社会主义的过渡，确立了社会主义基本制度，发展了社会主义的经济、政治和文化。

十一届三中全会以来……邓小平理论……引导着我国社会主义现代化事业不断前进。

十三届四中全会以来……“三个代表”重要思想……是加强和改进党的建设、推进我国社会主义自我完善和发展的强大理论武器，是中国共产党集体智慧的结晶，是党必须长期坚持的指导思想……

十六大以来，党中央坚持以邓小平理论和“三个代表”重要思想为指导，根据新的发展要求，集中全党智慧，提出了以人为本、全面协调可持续发展的科学发展观。科学发展观，是同马克思列宁主义、毛泽东思想、邓小平理论和“三个代表”重要思想既一脉相承又与时俱进的科学理论，是我国经济社会发展的重要指导方针，是发展中国特色社会主义必须坚持和贯彻的重大战略思想。[18]

“行动指南”“强大的生命力”“指引”“指导思想”“理论武器”“指导方针”等，都是在为解决问题提供帮助的角度上说的。《宪法》与《党章》是这个经典体系的建立者、赓续者与弘扬者的宏观的自我评价，这个自我评价体现的经典观与司马谈的经典观毫无二致，都是“问题与方法”的经典观。这个自我评价的基本意思都是：马克思主义体系作为我国目前的经典体系的核心，它能给我们解决问题提供帮助，在它的指导下，我们的事业一定会前进。并且，这个自我评价还体现了一种经典统绪，其起点是马克思，而这个统绪的任一环节都贯彻了同一经典观。至于教科书等方面对这个经典体系的效用的强调，俯拾即是，并且都是“问题与方法”的经典观的运用。围绕着这个核心，我国已经建立了一个新经典体系，包括经济、政治等方面的经典与文献。并且，无论具体的经典怎么变，经典观没有变。至于这个经典体系的实际效用，则与经典观本身无关。

通过对这个经典观在中国经典体系中被贯彻的情况的刻画，可以验证它的基础性。但是，这种经典观只能作为一种观念（观念没有操作性）而不能作为一种方法（方法具有操作性）来运用，因为并不能从这种经典观推知一个具体的经典体系的具体情况。这种经典观与一个经典体系具体关注什么问题，寻找了哪些可能方法，实际上选择了什么方法，方法的实际效用等毫无关系。不过，另一方面，无论什么经典体系，它都要面对问题。只要它面对问题，就一定逃不脱“问题＋方法＋效用”的生存结构，因此，必定形成“问题与方法”的经典观。如果没有意识到这个经典观，则对经典的理解可能陷入盲目。而明白这种经典观虽然不能为理解经典提供具体的方法，但能够提供方向性的指示。基于这种经典观，再更具体地考察不同经典的具体问题与方法，则更能展露不同经典的独特性。

注释：

[1]邓曦泽：《问题、方法与经典——〈论六家要旨〉的启示之二》，见邓曦泽：《文化复兴论—公共儒学的进路》附录2，人民出版社2009年。

[2]邓曦泽：《面对问题本身：问题、方法与效用——〈论六家要旨〉的启示之一》，见邓曦泽：《文化复兴论——公共儒学的进路》附录1，人民出版社2009年。

[3]邓曦泽：《问题、方法与文献——〈论六家要旨〉的启示之三》（未刊）。

[4]其实，六艺里的《春秋》很可能不是孔子所作的《春秋》，而是周室之太史所作。按照春秋时期以前的史官制度，所谓“古之王者世有史官。君举必书，所以慎言行，昭法式也。左史记言，右史记事，事为《春秋》，言为《尚书》”（《汉书•艺文志》），但平王东迁以后，或因周室之太史失职，或因周王之恶太史而废除太史，导致“周德既衰，官失其守”（杜预《春秋经传集解序》），居然没有人来记载君王（主要是周王）的举动了。而太史记事，也是有褒贬的，也寓褒贬于所记之事。太史失其守，导致君王之举无人记录，君王之举也就得不到监督了，君王也就无法成为天下之法式了（其善则效之，其恶则戒之），并进一步导致行为标准的混乱，好像这样做可以，那样做也可以。孔子担心这种混乱，所以，越职，站在鲁国史官与周之太史的角度，记载周王与鲁公的举动而作《春秋》（或者按照通常所说，因鲁史而成《春秋》），也就是说，他兼了鲁史与周的太史的双重职责。之所以要站在鲁史的角度，是因为他是鲁国人。所以，孔子的追记，是从平王东迁后开始的。但是，春秋战国时期，周太史以前记录的《春秋》，仍然是存在的。六艺中的《春秋》，指的可能是记载春秋以前的事件的史书《春秋》，而非孔子追记的《春秋》。试想，《墨子•明鬼下》有“著在周之《春秋》”之言，《庄子•齐物论》有“《春秋》经世先王之志”，《庄子•天运》有“孔子谓老聃曰：‘丘治《诗》《书》《礼》《乐》《易》《春秋》六经……’”；《庄子•天下》也将此六经并举，《礼记•经解》《荀子•劝学》也将《春秋》与其余五经并举。如果这几个《春秋》都是孔子所作的《春秋》，即便有后人增补的可能，也很难如此一致地把孔子所作的《春秋》与周室

的王官学并列。况且，《齐物论》基本上可以肯定是庄子所作，《明鬼》也没有证明不是墨子所言，庄子与墨子会把孔子的东西与先王并列吗？所以，这几个《春秋》很可能乃是周之太史所作之《春秋》。在这个意义上，六艺都是王官学，不必将《春秋》另论。

[5]“易”“诗”等本来应该是类名，即一些知识的总称，而不是一本书的名称。《论语》所言：“不学‘诗’，无以言……不学‘礼’，无以立”，这里的‘诗’‘礼’都应该是一类知识的总称。这犹如我们今天说，不学数学就不能进行严密的计算一样。严格说来，这里的‘诗’‘礼’都不应该加书名号。

[6]其实，谁评论根本不重要，关键是评论者持有什么经典观。越是不同的人都持同一种经典观进行评论，越是说明该经典观的基础性。

[7]永镕等：《四库全书总目》卷一，经部易类小序，中华书局1965年，第1页。

[8]源出是指学术思想的来源，而不是直接的师承。一种学术源出于另一种学术，前者与后者的时间相距很可能很远。例如，韩愈认为他直接孟子。王官学并非限于周朝的官学，而是周朝及其以前的王官学。例如，阴阳家发源于羲和之官，而羲和之官的产生及其相关学问，远早于周朝。我们还可以这样理解，我们的思想总是源自我们的先辈。只不过诸子源出王官说，更具体了一些，指明了哪些后辈的思想主要源自哪些先辈的思想。我们的思想总是源自我们的先辈，这是笼统的说法，太空泛，乃是正确的废话。如果明确了哪些后辈的思想主要来自于哪些先辈的思想，这就有了谱系（跟族谱一样）。这样，道统（文化的谱系）以及更具体的学统、师承等等就可以建构了。如果没有这样的谱系建构，文化就根本无法积累。

[9]即便《天下》篇不是庄子本人所作，也不能证明《天下》篇对先秦学术的陈述是错误的。《天下》篇与《艺文志》的观点一致，不是偶然的。

[10]由此还可以纠正一个问题。冯友兰在其《中国哲学史》中把“中国哲学”分为子学时代与经学时代，并把汉代以前都归为子学时代。这个说法有问题。可以把汉代及其以后称为经学时代，也可以把春秋战国称为子学时代，但还需要补充一个时代，就是前春秋时期的王官学时代。王官学时代才是中国学术史上最最重要的时代，它也比经学时代更统一。这里说王官学更统一，只是就特征上说，而不论其利弊。

[11]焦循：《孟子正义•滕文公下》卷十三“乱臣贼子惧”下焦循语，北京：中华书局，1987年，第460页。甚至在今天，号称自由的美国也要以它的意识形态来统一世界，其理由跟李斯是一样的。

[12]胡安国：《春秋胡氏传》序，《四部丛刊续编》本经部。

[13]如果一个学者持有一种改造社会的非主流（即不被官方认可的）主张，他同时又是实践家，并鼓动群众、官员乃至军队来实施他的主张。我估计今天的任何一个国家都不可能容忍这种情况的放任自流。但是，如果他只是通过学术刊物这样的渠道表达自己非主流主张，则是很容易被容许的。由此可以明白，统治阶级最怕的不是异端的思想，而是持有异端思想的组织。所以，春秋时期的理论与实践不分的学术（指理论生产与对理论进行实施不分导致理论生产者同时也是理论实施者），恰恰可能是导致官方镇压学术的重要原因。因为在这种情况下，官方容易认为，消灭一种理论是消灭一种异己力量或反对力量的最简单直接有效的方式。同样，要消灭一种理论，直接消灭坚持该理论的那些人就行了。消灭一者就需要消灭另一者。于是，思想压制、焚书坑儒就是一个非常符合逻辑的行为（前提是理论与实践不分）。反之，如果理论与实践分离，则理论对社会的影响就会间接一些。这样的结果当然是两方面的。一方面，这使许多好的理论不能及时发挥效用。另一方，这也因减轻了理论对统治者的威胁而使理论获得了更大的发展空间，从而为人们提供了更多的选择，让人们择善而从。

[14]此期，还有《文心雕龙•宗经》的经典观，刘勰所持的也完全是“问题与方法”的经典观。

[15]关于古人持有“问题与方法”的经典观的例子，不胜枚举。小者，如何对某篇经典（或更宽泛的文献）的效用作评论，乃至对某句话进行评论。中者，如朱熹的《大学章句序》《中庸

章句序》对一部经典（或文献）的效用作评论。大者，如《资治通鉴》的序、《文献通考》的序、《通志》的序，对整个经典体系（或文献体系）的效用作评论。对于外国著作，也持如此经典观，例如《四库全书总目》在评价西洋著作《寰有诠》时就说："欧罗巴人天文推算之密，工匠制作之巧，实逾前古，其议论夸诈，以为异端之尤。国朝节取其技能，而禁传其学术，具存深意。"（参见永镕等：《四库全书总目》，北京：中华书局，1965年，第1081页。学术指基督教）完全可以肯定，这种经典观具有基础地位，因而普遍存在于各个文化体系。只不过各个文化体系关注的具体问题有所不同，寻找到的解决方法以及最终选择的解决方法有所不同，导致具体的经典体系的面貌不同。

[16]邓曦泽：《反古思潮的"反古逻辑"批判：附论经济决定论的"崇古逻辑"》，载《儒教文化研究》（国际版）第7辑，韩国：成均馆大学，2007年；删节稿（副标题系编辑所改）载《齐鲁学刊》2008年第2期。

[17]《中华人民共和国宪法》，中国法制出版社2007年第2版，第3—4页。

[18]《中国共产党党章》，人民出版社2007年版，第2—5页。

参考文献：

1. 司马迁：《史记》，北京：中华书局，1959年。

2. 班固：《汉书》，北京：中华书局，1962年。

3. 魏徵等：《隋书》第四册，北京：中华书局，1973年。

4. 阮元校勘：《十三经注疏》，北京：中华书局，1980年。

5. 范文澜：《文心雕龙注》，北京：人民文学出版社，1958年。

6. 段玉裁：《说文解字注》，杭州：浙江古籍出版社，1998年。

7. 王先谦：《荀子集解》，北京：中华书局，1988年。

8. 程树德：《论语集释》，北京：中华书局，1990年。

9. 郭庆藩：《庄子集释》，北京：中华书局，1961年。

10. 陈奇猷：《韩非子集释》，上海：上海人民出版社，1974年。

11. 焦循：《孟子正义》，北京：中华书局，1987年。

12. 刘昫等：《旧唐书》第六册，北京：中华书局，1975年。

13. 欧阳修、宋祁：《新唐书》第五册，北京：中华书局，1975年。

14. 脱脱等：《宋史》第十五册，北京：中华书局，1985年。

15. 胡安国：《春秋胡氏传》，四部丛刊续编本。

16. 永镕等：《四库全书总目》，北京：中华书局，1965年。

17. 冯友兰：《中国哲学史》，上海：华东师范大学出版社，2000年。

18. 邓曦泽：《反古思潮的"反古逻辑"批判：附论经济决定论的"崇古逻辑"》，载《儒教文化研究》（国际版）第7辑，韩国：成均馆大学，2007年；删节稿载《齐鲁学刊》2008年第2期。

19. 《中国共产党党章》，北京：人民出版社，2007年。

20. 《中华人民共和国宪法》，北京：中国法制出版社，2007年第2版。

21. 邓曦泽：《面对问题本身：问题、方法与效用——〈论六家要旨〉的启示之一》，见邓曦泽《文化复兴论——公共儒学的进路》，北京：人民出版社，2009年。

22. 邓曦泽：《问题、方法与经典——〈论六家要旨〉的启示之二》，见邓曦泽《文化复兴论——公共儒学的进路》，北京：人民出版社，2009年。

23. 邓曦泽：《问题、方法与文献——〈论六家要旨〉的启示之三》（未刊）。

(作者单位：四川大学政治学院)

方东美的中国哲学叙述中的几个基本概念

颜玉科

近代以来，在西方哲学话语影响下的中国哲学叙事形成了数个有影响的派别，因为西方哲学思想本身的复杂性以及在接受吸收西方思想上的复杂性，欲作截然的划分是有困难的。然而就中国哲学史写作范式而言，最有影响者当然是早期受到实用主义影响的胡适、受到新实在论影响的冯友兰。在派系上，新中国成立后的马克思主义学派一直到20世纪80年代，几乎占据了中国哲学叙述的整个领域。从整体上讲，马克思主义学派以世界观和方法论的模式，以两条路线为思路建构整个哲学史，因为更多地关注社会，走了社会批判的路子，并没有回归到马克思本人早年人类学思想的中心——人，全面发展的人，解放了的自由人。比较而言，新儒学对于传统思想的重塑最为显著。

近代以来，中国哲学的建构过程也是中国哲学现代化的过程。从胡适、冯友兰、张岱年等先生所奠定的中国哲学叙事模式的经验看，对于名学方法的偏爱，对于逻辑方法系统的有意识的贯彻，使得由此所成就的中国哲学的现代化实质上更偏重于中国哲学的形式系统化。就文化认同而言，这种形式上的解读固然为中国哲学找到了一个新的出口，但是由它所成立的中国哲学的价值意义恐怕无法超越西方哲学，充其量只是证明，西方有的，我固有之，心同理同。其实，冯友兰在《中国哲学史》之后提出的境界说、负的方法等富有创建性的思想（这些观念和方法已用于晚出的《中国哲学史新编》）远远地超出了他自己所认定的“中国哲学史”框架的束缚，展示了中国哲学自身的创见。中国哲学在世界哲学中的定位，中国哲学的未来出路的寻求正有赖于这类创造性的解读。在这方面，20世纪以来东方思想世界在有意识地回应现代西方思想的危机方面，包括日本的京都学派、现代新儒家、现代佛教徒等做了大量努力。方东美以极具创造性的热情阐发文化保守主义的理念，对于中国哲学精神及其发展的阐释在20世纪中国哲学叙述中很有代表性。其中，内在超越观以及生命律动说构成其叙述的纵横交错的基本框架。本文试图在中国现代哲学的叙述语境中对方东美关于中国哲学精神的论述的这几个主要概念作一分疏。

方东美（1899－1977），中国现代著名哲学家，一生献身于哲学研究与教学。他广泛吸纳生命哲学、文化哲学和机体主义哲学思想，设计了一套理想哲学的蓝图，建构了一套庞大的比较生命哲学体系，尤其对中国哲学进行了深入独到的诠释。方东美主张，哲学就是生命精神。他把中国哲学解读为一套机体主义的形上学，用“广大和谐”概括中国哲学的精神。“广大和谐哲学”（the Philosophy of Comprehensive Harmony）最早是作为*The Chinese View of Life*一书（香港友联公司，1956年）的副标题使用的，是书第一章的标题是Chinese Wisdom: a Vindication of Comprehensive Harmony，意味着中国人的智慧是广大和谐之合理性的印证。广大和谐精神的境界即是真善美圣的和谐统一的境界。方东美借鉴佛学中“双回向”的概念，在生命的诸般层次中提出层层超越的观念，借用佛学上“体”“相”“用”的解释模式（在老子“道”的诠释中又加上了“征”），统摄与贯通生命精神与文化面相，将关于广大和谐境界的种种描绘，借助于清晰的结构呈现出来，形成丰满的立体架构。双回向的模式与层层超越的模式架构起方氏中国哲学解释的框架。他关于中国哲学的代表性著作是他以英文写就的*The Chinese View of Life*，收在*Creativity in Man and Nature*中的几篇有关中国形上学的论文与*Chinese Philosophy: Its Spirit and Its Development*。尤其是最后这部著作，体系完整，建构了方氏独特的中国哲学叙事话语，是方东美的代表作，也是解读方东美中国哲学叙事的主要依据。后来一系列根据他的讲课整理出版的有关中国哲学的著作，包括《原始儒家道家哲学》《新儒家哲学十八讲》《中国大乘佛学》《华严宗哲学》等，是对此书更详细的阐释与发挥。在方东美建构起来的这一话语叙述中，内在超越、生命律动、创造与再生（创生）是其关键词。下文试图围绕这几个概念作一综述。

一、超越与内在

在《中国哲学之精神及其发展》的“献辞”中，方东美写到：“通中国哲学之道，盖亦多方矣。然余于是书则独采形上学途径，旨在直探主脑及其真精神所在。范围既定，余遂得于众多问题或径置而弗论，或姑及其梗概耳。”[1]方东美认为，中国哲学的主要趋势是形上学。至于这形上学途径以外的通达哲学的途径，方东美在《原始儒家道家哲学》中指出了另外两种，其一，逻辑与知识论的立场，由此可以了解刑名家或墨家（别墨）的思想。但是这些思想在汉代以后就式微了，未能一以贯之发展流传下来。其二，宗教的途径方法。方东美认为，这途径不合中国的国情；唯有形上学的途径也就是哲学的途径是最符合中国哲学发展的真情实况[2]。就哲学写作的范围对象而言，“著者本书《中国哲学之精神及其发展》赅综四大传统——（一）儒家（二）道家（三）中华各宗大乘佛学，以及（四）三派新儒家——之哲学体系。”[3]此外，则置之不论，比如对于名家、阴阳家、法家、杂家等。结合方东美的各种论述来看，这种取舍应该是其晚年定论[4]。那么，方东美所采取的形上学的途径是什么，在此形上学的话语观照下，中国哲学的一以贯之的精神是什么？

方东美认为，“形上学者，究极之本体论也，探讨有关实有、存在、生命、价值等，而可全部或部分为人类颖悟力所及者，且其说不一，容有种种殊异之诠释。”[5]在《黑格尔哲学之当前难题与历史背景》中，在科学与哲学关系的语境下，方东美对形上学的特征有更详尽的描述：

形上学实具备下列几个特点：（1）针对科学已有成就，更深一层予以穷根究底之探讨，故是批评的知识。（2）接受科学客观知识，而又回转头来，在人类心性上追求科学所由产生之理性作用的根源，故是反省的自觉的知识。（3）观照科学知识所由成立之现实条件，再集中心智为之确立间架，俾在结构原理上能融会贯通，成为统一的‘建筑系统’（这一层在近代康德的哲学中尤为重要）。（4）科学恪遵知识范围，往往定住一境而不敢逾越，所以它的知识是局部的；哲学玄览宇宙的大全，须经历各个分殊的境界而后综揽适合各个境界的局部知识以求其会通，所以是全体的知识。（5）科学企图将宇宙各境界的秘密一齐展布在逻辑的平面上，一有百有，此存彼存，所以采取中立态度而抹煞价值的区别，这在近代叫作伦理学的中立（ethical neutrality），引而申之，又成价值学的中立（axiological neutrality）；哲学之在西方，自希腊以来，直到近代，则认宇宙为层叠的构造，所以划分境界之后，即须鉴别各层价值，以求上达至于最高的价值理想。因此西方形上学的发展，最后总是与艺术和宗教联成一系，以窥测纯真性，完美性，与宇宙之神圣性。形上学第一原理之安立，实是柏拉图所谓一切知识系统盖顶的工作[6]。

概括地说，形上学是批评的、反省的、自觉的、统一的、系统的、全体的知识。它是一切知识系统盖顶的工作。方东美视形上学途径为方法学上的设想。就方法学而言，方东美由宇宙论、本体论、超本体论、价值论等观念而建构起来的中国哲学叙事与阐释则吸取了西方哲学的方法学。正如他对西方哲学正统的理解：

在西方讲哲学，从希腊到近代，都要讲方法学的程序、方法学的原理，一直要根据方法学的原理形成了完整的思想体系表现在宇宙论、本体论、超本体论以及价值论上面，这才是哲学的正统[7]。

方东美参照这个“哲学的正统”，观照东西哲学文化的根本差异，落实在根本的方法学的设想上，描述了中国哲学形上学的内在超越性与机体主义特质，梳理原始儒家道家、中国大乘佛学以及新儒家思想体系。为此方东美区分形上学为三种形态：（一）超自然（即超绝）型态（praeternatural）、（二）超越型态(transcendental)、（三）内在型态（immanent）。

方东美认为，西方哲学传统背后有个由二分法形成的截然二分的结构：

在世界哲学史上，古希腊、中世纪以及近代欧洲，在哲学上都与希伯来宗教有类似的作法，借用怀德海的名词说，就是运用对比原理的方法，由逻辑来看，这就是以二分法把完整的世界、完整的人划分为两截[8]。

“大体上说，西方希腊、中世一部分乃至近代，尤其自形上学方面看，总是透过二分法把完整的世界割裂成为两部分，产生其中严重的联系问题。”[9]在古希腊，二分法表现为形而下的物质世界与真善美的法相世界的分离；中世纪虽有“天国临于人间”的理想，根本上仍是天国人间世的对立；在近代，它除了上界与下界的对立，还有造成知识论上诸多困难的内界与外界，即客观与主观世界的对立。由此种种二分对立形成的形上学，方东美称之为超自然型态的形上学，或超绝型态的形上学。

“超越”与“超绝”概念是借自康德的哲学术语。方东美为此辨析其中的差异：

康德本人有时把“超越的”与“超绝的”二词互换使用。我却以为不可，所谓“超绝的”正具有前述“超自然的”意思。而“超越的”则是指它的哲学境界虽然由经验与现实出发，但却不为经验与现实所限制，还能突破一切现实的缺点，超脱到理想的境界。这种理想的境界并不是断线的风筝，由儒家、道家看来，一切理想的境界乃是高度真相含藏之高度价值，这种高度价值又可以回向到人间的现实世界中落实，逐渐使理想成为现实，现实成就之后又可以启发新的理想[10]。

方东美认为，超越性与超绝性的不同正是中国哲学与其他哲学的最大差异：“中国哲学一向不用二分法以形成对立矛盾，却总是要透视一切境界，求里面广大的纵之而通、横之而通，藉《周易》的名词，就是要造成一个‘旁通的系统’。”[11]因而，中国哲学是即内在即超越的哲学，其途径则表现为从超越向内在的转化。这种由超越向内在的转化就是内在超越型的形上学的途径。如其所言：“把一套超越形上学转变为内在于人类精神、人类生活的内在形上学，我所谓的形上学的途径就是采取此种观点。”[12]方东美认为，中国哲学形上学的传统正好可以印证这一途径。不过，方东美并没有否认西方思想中亦有内在超越的思想，只是认为以二分法的逻辑为主流的西方思想中，超自然的即超绝的形上学是其主流。

超越型坚持现实与理想的统贯，即现实

不与理想脱节，即理想即现实，即现实即理想。“一切价值理想都内在于世界的实现、人生的实现。”超越形上学又是内在形上学。所以，中国哲学形上学诸体系中的宇宙与个体有特别的含义：“第一，讨论世界或宇宙不可执著于其自然层面而立论，仅视之为实然状态，而应当不断地加以超化：对儒家言，超化之，成为道德宇宙；对道家言，超化之，成为艺术天地；对佛家言，超化之，成为宗教境界。自哲学之眼光观照宇宙，至少就其理想层面而言，宇宙应当是一个超化之世界。中国形上学之志业即在于通透种种事实，而蕴发对命运之了解与颖悟。超化之世界是深具价值意蕴之目的论系统。”[13]这是说，宇宙是一个目的论系统，它是深具价值意蕴的超化之世界。其二，作为极其复杂概念的个体，必然是无止境地追求自我超越与实现而上达圆满无缺境界者，从而成就理想人格。内在超越式的中国哲学形上学的途径决定了方东美对中国哲学史上不同思想价值的评判。

为了进一步阐明其内在性，方东美进而又借助机体主义而阐发此形上学。中国哲学的这个从超越形上学的立场贯通内在形上学，以宇宙真相、人生现实的总体为出发点，将人生提升到价值的理想境界，再回来施展到现实生活里，从出发到归宿构成一完整的体系。方东美揭示出这个过程并将这个过程称为“机体的程序”。中国的形上学因而也是机体主义形上学[14]。方东美论之曰：

就其消极面而言之，机体主义：一、否认可将人物互相对峙，视为绝对之孤立系统；二、否认可将宇宙大千世界之形形色色、化为意蕴贫乏之机械秩序，视为纯由诸种基本元素所辐凑拼列而成者；三、否认可将变动不居之宇宙本身压缩成为一套密不透风之封闭系统，视为羌无再可发展之余地，亦无创进不息生生不已之可能。就其积极面而言之，机体主义，旨在统摄万有，包举众类，而一以贯之；当其观照万物，无不自其丰富性与充实性之全貌著眼，故能“统之有宗，会之有元”，而不落于抽象与空疏。宇宙万象，赜然纷呈，然克就吾人体验所得，发现处处皆有机体统一之迹象可寻，诸如本体之统一，存在之统一，生命之统一，乃至价值之统一等。进而言之，此类纷披杂陈之统一体系，抑又感应交织，重重无尽，如光之相网，如水之浸润，相与洽而俱化，形成一在本质上彼是相因、交融互摄、旁通统贯、而广大和谐之系统。[15]

如果说哲学就是生命精神，那么这一精神最终还是要落实在主体上。人自是精神生命的承担者。方东美认为，此非西方式的精神心态所足以传达者。东方哲学首先当有内在精神，在这样一个宇宙人生统贯的形上学生命精神内，东方的智慧，用《楞伽经》的术语讲，是“内证圣智”。这个内证圣智，即是方东美所解释的：“中国四大思想传统：儒家、道家、佛学、新儒学，都有一个共同的预设，就是哲学的智慧是从伟大的精神人格中流露出来的。”[16]这个内证圣智的生成，即其所说的形上学途径。从超越形上学转化为内在形上学，实际上就是进入了内在形上世界。

于此哲学智慧中，方东美归结了各家之不同特点。方东美认为，中国思想中，主要是儒家指导中国人的生活。代表了圣贤人格。原始儒家精神在于“把握时间的秘密，把一切世间的真相、人生的真相在时间的历程中展现开来，使它成为一个创造过程。……儒家由孔子、孟子到荀子，都可称为‘时际人’（Time-man）。”[17]原始儒家所揭示的智慧，即方东美所诠释为“创造”的“生”，“生生之谓易”“天地之大德曰生”的“生生之德”，恰在说明时间即生命，生命即创造。道家则代表了诗人人格。从庄子的境界看道家，他是艺术幻想中的太空人（Space-man）。“佛家主要代表了先知人格。佛家的精神就大小乘合而言之，可以称为‘交替忘怀的时空人’（Space-time man with an alternative sense of forgetting）。”[18]“在小乘佛学讲是‘忘掉永恒’，只晓得生命在时间之流中轮回；等他超脱解放到大乘的领域时，他又‘忘掉变化’，把时间之流弹指间变成了永恒真理。”[19]宋明理学家承继三大传统，主张生命与宇宙配合，人与天地万物为一体的境界。具有“时空兼综的意义”，是“兼综的时空人”（Concurrent space-time man）[20]。方东美指出，由儒道释所表征的圣贤、诗人、先知之三重复合是中华民族慧命中不可分离的共命慧。从历史上儒道释冲突、融合与会通关系的演变史看，方东美对三家各自特质及其关系的分释可谓是对三家关系这个古老问题的一种最具哲学深度的新诠释。

内在超越说是现代中国哲学中一个颇引发争议的观点[21]。一方面，他涉及到中国哲学中到底有没有超越问题；其二，将西方传统指为外在超越或超绝型态是否确切。这个概念是怎么在现代中国哲学的话语中出现与形成的呢？我们现在所能知道的近代以来国人最早使用内在超越这个词语的是袁家骅。早在20世纪初叶，袁家骅深受生命哲学的启发，提出一套唯情哲学。在1924年出版的《唯情哲学》中，他写道：“真我生命，就是宇宙生命，为一内在的超越的不可分的实体。”[22]“（真情）本体的存在，是超越的也是含隐的。”[23]他用内在超越摹状真我生命、本体的存在。袁家骅认为，真我的超越性在于，“真我是纯一，就是全体，是无，就是无限，这正是我不堕入现实的宇宙当中，而和真情本体根本混同的缘故”[24]。而“现实的宇宙人生，都是从真情生命流出”[25]。不堕入现实而又注入到现实，体现了内在超越的辩证。袁家骅将唯情哲学解释为行为的哲学，活动的哲学，自我人格表现的哲学，新生命的哲学。这就自然而然地要落实在人身上，就是他的“情人论”，袁家骅指出，“情人就是真生命的活动个体，是自我生活中理想的人格亦即实践的人格。”[26]袁家骅认为，他的“情人”有别于尼采的“超人”：“他的超越，是本然的含在的，而超人的超越，却是意构的虚妄的。”[27]他更明确赋予“情人”以创造义：“超人是从进化产生，情人则能产生进化。”[28]从这里可以看出，内在超越性贯注在袁家骅真情本体形上学叙事的始终。从宇宙到人生，从真我生命到“情人”，它已经隐含了内在超越思想的较完整的系统。以内在超越的观念概括中国思想的特质的文献，则较早见于唐君毅与牟宗三的著作中，如1953年出版的唐君毅的《中国文化之精神价值》，牟宗三发表于1954年的《人文主义与宗教》以及其后于1960年出版的《中国哲学的特质》等著作。内在超越问题的争论主要来自新儒家尤其是牟宗三哲学。就中国形上学的整体看，牟宗三最强调中国哲学的内在超越性。他强调天命下贯而为性，天道性命的贯通，认为仁、智、圣可以超越性地与内在性地遥契性、天。牟宗三论曰：

超越性的遥契着重客体性，内在的遥契则重主体性。由客观性的着重过渡到主体性的着重，是人对天和合了解的一大转进。而且，经此一转进，主体性与客观性取得一个真实的统一，成为一个真实的统一体。[29]

从思路上看，这一讲法跟方东美所谓的中国形上学的内在超越型，宇宙人生的旁通统贯有异曲同工之妙。牟宗三站在儒家立场，从超越性的层面判释儒、基督教与佛教。他以外在超越说判定基督教的超越说引起教内人士的不满与批评。[30]很显然，西方文化中的神秘主义传统是信奉内在超越说的。而今日天主教的“生命观”也更接近内在说，天主教徒同样无法接受外在超越说。八九十年代，美国学者安乐哲、郝大维等撰写了一系列文章，针对儒家思想的内在超越说而提出迥然不同的观念，他们认为，中国式的超越是龟龟相驮以至无穷式的，并非西方宗教意义上的超越。他们把这两种不同的超越归因于基于两种不同思维类型。安乐哲、郝大维认为，中国的传统叙述是连续不断的历史叙事，而不同于西方主流的概念式的、理论学说：

与西方哲学传统主流相比，中国传统是

历史主义的，它呈现为系统。就此而言，它抵制以理论的和概念的语言来表达，这种语言预先假定了诸如客观性、严格的同一性等这样一些它不熟悉的观念。概念化需要原理、单一的意义、命题与事态的符合，以及参照意识，这些与由价值论聚合在一起的中国的伦理学、美学和宗教的传统毫不相干。汉人的故事是一个连续不断的文化叙述，而不是各种可孤立理解的学说和意识形态。[31]

他们由此断言："儒家传统基本上一直满足于这样一种形成中国民族性的叙述：它似乎不依赖任何一种关于世界根源的思辨。这就是说，儒家传统不需要从某种超越的根源寻找一种最初的开始。"[32]郝、安的观点引起一系列对超越与内在超越说的讨论与反思。从表象看，中国文化的确是一个绵延不绝的经验与体验的文化叙事整体。不过，这个连续不断的文化叙事不仅仅有其"内在逻辑"，而且有其超越的原理作为其前提。郝、安得出的不过是一个似是而非的结论。冯耀明也对内在超越说提出强力批评。他写了一系列文章，试图消解新儒家主要是熊十力与牟宗三的内在超越说。冯耀明是"从分析哲学观点看当代新儒学"，这种辩难本身其实就是基于分析哲学与形上学两种不同哲学立场的争论。然而，从形上学家的立场看，这一解构除了显示清晰的技术之外，丝毫无法抹煞形上学的意义。尤其是20世纪以来，自我超越已经成为哲学人类学的一个基本表述。比如，B•莫迪恩就把人的超越划分为两种主要的类型：水平的超越与垂直的超越。前者是一般意义上的向未来的前进，它仍然保持在历史的视野里，技保持在空间、时间的范围里，是历史性的自我超越。后者是向上的，超越时空的限制而指向无限的超越，是形上学的自我超越。[33]B•莫迪恩归纳了三种自我超越的解决方案，包括自我主义的方案、社会主义的方案和神本主义的方案。莫迪恩解释道：

根据自我主义的方案，自我超越活动以个人的人之存在的完善和实现为目的之一。根据社会主义的方案，自我实现不可能以个人、而只能以社会的完善和完全实现为目标，因此，自我实现的意义完全在于社会的福利，而这只有随着无阶级社会的到来才能实现。最后，根据神本主义的方案，自我超越的意义是由天主给予的，因为只有天主能够开启那个作为人的超越的标志的、能够使被称为人的伟大谋划实现的无限的大门。[34]

比照上述三种超越论，中国哲学中的人格超越论则是一种不同的类型。当代新儒学关于内在超越的诠释可以说是对哲学人类学内涵的丰富。方东美从本体论、超本体论以及价值论特征上对于中国哲学思想的宗教性诠释开启了一条回归生命精神之路。这既是自证慧，也是民族共命慧的回归，在华夏文明史上展开为生命精神的律动，其中也预示了中华慧命的重生。

二、律动与创生

本此中国哲学共命慧的四大传统，以一以贯之的生命精神为线索，方东美借用诗歌中的音步韵格的术语以及乐谱上的若干音节线的间隔长短容或错落参差来形容中国哲学上不同思想潮流之强弱消长与交替并进的状态，对于中国哲学发展演变的特征做出了独特分析。他把中国哲学分为三期。第一期（即第一音步）是型成期（formative period），是期从公元前1149年到公元前246年，长达九世纪之久。此前尚有一段起源与发展不可考的漫长时期，据传说历经四千余年（公元前5042年－公元前1142年），作者称之为洪荒时代。这一时期，中国形上学的基调表现为神话、宗教、诗歌的三重奏大合唱。第一音步属"扬抑抑"（"重轻轻"）格，其重轻部分分别代表儒道墨三家所发展之诸理论系统。方东美认为，这一时期是中国哲学上创造力最旺盛的时期，原始儒家、道家、墨家，一时争鸣，竞为显学。第二期（即第二音步）是再创期（absorbent-creative period），属"抑抑扬"（"轻轻重"）

格，从公元前246年到公元960年，表现传统儒道两家盈虚消长，经过漫长的酝酿、吸收，终于形成具有高度创发性的玄想系统于中国大乘佛学诸宗。第三期（即第三音步）是形上学的再生期（a period of metaphysical regeneration），为“抑扬抑”（“轻重轻”）格，从公元960年，直到今日，这个时期的儒家深受佛道思想的影响与启发，先后在新儒学（性、理、心、命之学）的形式中复苏了中国固有的形上学原创力。方东美将此期的新儒家分为三派，包括唯实主义类型的新儒学、唯心主义的新儒学与自然主义的新儒学。[35]

在如上的分期中，方东美抉取四大传统为主干展开哲学精神与发展的叙事，而把汉代哲学从精神历史的地图中给抹去了。方东美认为，中国的哲学智慧或者说哲学精神，如就其历史发展的时期来说，首先是春秋战国的精神，次为两汉精神，再次为魏晋至隋唐的佛学的精神，再次为宋明的理学精神。纯正的思想为春秋战国的思想，比于西洋的希腊；两汉的局面，一方面开辟行动的领域，再进一步转变为道德的世界，为中国的罗马时代；后汉到隋唐，可说是中国的中世纪。[36]方东美认为，从哲学的智慧来说，两汉的实践精神很高，但思想僵固，缺乏创造精神的发挥，哲学智慧则处在最低潮。这就是他不述两汉的原因。他在一种黑格尔式的时空完美统一体中讲述广大和谐的生命精神的演变，表现出严密的一体性。这必然会排斥掉甚至否定无法融入这个整体的哲学思想。

方东美以生命的自由之创造为浮标，描绘出中国哲学精神发展的图像。他认为，在这个民族共命慧的生命历程中，中国哲学的发展曾经三遭堕落。第一，即是上面提及的两汉思想。原始儒家衰退，汉儒讲的是经学。这时期的思想家尽是杂家而没有一位创造性的思想家。此后，魏晋到六朝末年，道家也衰退，道教起而代之。第二，是唐末五代十国时的大动乱时期。这时期政治黑暗，社会崩溃，原始儒道衰退，佛学不保，佛学衰退而产生宋明理学。到了清朝，因受异族压迫，哲学生机早衰，中国哲学到清初已经死了：

中国哲学的发展应当先把汉学的各门学问，包括文字、训诂、典章制度等分开，其生命精神才是哲学。如顾炎武、黄梨洲等人是学问家，但不是哲学家。中国哲学到清初已经死了。[37]

第三遭堕落是在鸦片战争以后。此时，中国遭受西方文化的冲击，文化慧命跌宕起伏，暂失根基。青年的文化意识、民族精神、人格尊严都丧失殆尽。

方东美试图透过类似挑战与应战的模式，以民族精神所本来具有的创造精神为契机，推演中国哲学的未来前景。方东美认为，这种创造契机，就是以春秋战国时代所表现的活泼泼的精神，吸收融会古希腊与近代欧洲文化的精神。方东美写道：

中国的前途，如不能包含希腊的精神及近代欧洲人的精神（案：指艺术与科学精神），则我认为相当的悲惨。但我认为中国文化尚没有结束，中国春秋战国时代所代表的活泼泼的精神，可以包括这两种精神在内。[38]

所以，方东美断言：“清代哲学表面上看来是死了，其实它是受到新刺激，在一两百年来，会再有新的高潮。”“外在的刺激使内在的创造冲动再生，所以中国一定会再有高度的哲学智慧。”[39]至于其方法途径，方东美认为，要想实现哲学创造冲动的重生，就必须自我还原，找到立脚点，回到原始儒家道家的活泼泼的精神中去：

不能停在宋儒的道德偏见中，我们要跳至春秋战国时代的活泼泼的精神中，自我还原，找到立脚点，然后自己已不是空口袋，再来接受西方的希腊精神，取来作自己的新的血液。这不是磕头主义，而是把新旧的血液凝聚起来，产生新的活力，重新建立国家，建立自己的命运。[40]

不仅如此，方东美更把中国哲学创造精神的重生提升到世界哲学复兴的高度，试图以中国哲学的创造为未来世界哲学开创道路，担当起未来世界哲学复兴的重任。方东美写道：

今天人类在精神的各方面无一不堕落，哲学上也尽是些肤浅的知识，面对这种时代精神，实在令人垂头丧气；所以我们今天必须重新开辟精神上的光明境界，透过哲学智慧重新创造一新的世界，形成统一的科学思想系统、统一的宇宙构造理论、完整的哲学思想体系，终至道德、艺术、宗教领域之次第完成。如此，黑暗时代才有可能重见光明，假使能到这一天，未始不是现代人之福。老子所谓“置之死地而后生，置之亡地而后存”。[41]

方东美的哲学发展观一方面是受到文化形态史观的影响。方东美在《人生哲学讲义》中指出，人生哲学须要“从人生主体之层面看‘生命精神’，并加以比较。……人生哲学则不抹煞个性的差别，时代的差别，民族的差别。若无差别，则变成无骨、无肉、无血的东西。”[42]为了彰显如上的性格，他采取纵贯的比较法，即longitudinal comparison。方东美认为，这个方法“与德国的斯宾格勒（Spengler）的‘文化形态学’的方法相接近，但要加以修正，称为‘文化生态学’，即不是静止的形态学，而是动的生态学。”[43]方东美把中国哲学的发展划分成三期，创生期、再创期与重生期，并预示中国哲学的四度重生。他对中国哲学精神发展的叙述也是在这样一个文化生态类型相对独立的潜在前提下展开的。

回溯历史，我们可以看到，文化形态史观对中国哲学与文化发展模式说的影响最突出表现于20世纪40年代的非常著名的一个文化派别战国策派。为了配合抗战，林同济、雷海宗、陈铨等人于1940年在昆明创办《战国策》，反对以欧洲为中心的欧洲一元论思想，宣传文化相对主义，声称抗战时期的中国与世界是战国的重演。他们藉着宣传中国文化的复兴，来鼓舞民族士气。为此，战国策派从历史哲学的高度为这种主张寻找理论依据。林同济率先推出文化相对主义的形态史观。林同济指出：

我以为中国学术界到了今天应当设法在五四以来二十年间所承受自欧洲的“经验事实”与“辩证革命”的两派圈套外，另谋开辟一条途径。憧憬展望之中，我把它名叫“文化统相法”……无妨且把它叫做形态历史观。[44]

他把世界历史演进的模式划分为封建、列国、大一统帝国三个阶段，为未来的历史发展张目。较之于林同济偏重于政治意味的文化观，雷海宗则从哲学与宗教的角度论述文化形态史观与中国文化生命的演进模式，更具有人类学的广度和哲学的深度。雷海宗首先把历史的定义限定在人类文化历史的时限内。他解释道：

所谓历史，有特殊哲学意义的历史，并不是由开天辟地以迄今日演变的种种。历史的时间以最近五千年为限。前此的发展是天文学，地质学，生物学与人类学的园地，与正当的历史学无关。[45]

这个“正当的历史学”的园地就是最近五千年人类的历史。而人类的历史学又表现为多元的历史观。雷海宗指出：

虽至今日，文化一元论说仍然相当的盛行……直到如今，在欧美各国，连许多以客观自诩的学者，有意无意间仍不免以欧西文化为起发点而衡量古往今来的一切。但交通的大开，与考古学的空前收获，使心胸宽大眼光锐利的一些学者，把前此的文化一元论完全放弃，认为历史是多元的，是在不同的时间与不同的地域各个独自产生与自由发展的。[46]

依据多元的历史观，雷海宗回顾与展望了中国文化的发展周期。他认为在世界文化发展史上，唯独中国文化经历了二个周期：

除欧美的历史尚未结束外，一切过去的伟大文化都曾经过一度的发展，兴盛，衰败，而最后灭亡。惟一的例外就是中国。中国的文化独具二周。由殷商西周至五胡乱华为第一周。由五胡乱华以至最近为第二周。[47]

雷海宗认为，第一周期包括：宗教时代、哲学时代、哲学派别化与开始退步时代、哲学消灭与学术化时代、文化破裂时代。第二周期包括：佛教之大盛、陆象山、程朱派与陆王派、汉学考证、思想学术并衰西洋文化东渐等阶段。雷海宗断言，“中国文化的第二周诚然是人类历史上的一个奇迹，但现在已发展到末期，它的前途是结束旧的局面，创造新的世界，实现一个第三周的中国文化。”[48]中国文化即将进入新生命周。

几乎在林、雷二人撰文宣传形态史观的同时，常乃德、朱谦之等人也提出大同小异的文化观。常乃德认为，文化乃是集体生命的一种产品，是集体生命力的反映。中国民族和中国文化之所以一再新生，正是民族混血和文化接枝的结果。他把中国文化划分三个周期，早在宋元之际已进入第三周期，每一周期都有一帝国时代。秦汉、隋唐和元明清各朝，分别为第一、二、三帝国。像雷海宗一样，他也认为，中国民族的古文化自西汉结束后已开始衰老，进取有为的兴旺文化，逐渐为和平保守苟安无为的萎缩文化所取代。常乃德认为，自抗战以来，第四帝国的春季已经开始，盛夏即将在今后一世纪中到来。当务之急，在文化接枝上，还应当加紧民族混血的工作。许冠三认为，常乃德的三周说更富本土色彩，更切历史真实，因为他的分期不似林同济那样简单以政治体制变革为准，也不像雷海宗那样特重宗教、哲学的演化，而是立足于民族活力的强弱，着眼于帝国的兴衰，以武功文治为主，兼采文艺、学术，最后才顾及宗教、哲学。[49]

朱谦之也把中国文化生命的延续划分为三周。第一周：BC3300－1300年，中国文化的独立发展期。后面的第二小周，是印度文化融入期。第三周：宋代直至抗战发端，前后约1100年。中以鸦片战争为界，前为独立发展期，后为西洋文明的传播期。他的周期表又以孔德和黑格尔的三分进化公式为据，定第一周为黄河流域的宗教文化期，第二周为长江流域的哲学文化期，第三周为珠江流域的科学文化期，而每一大周又分宗教、哲学和科学三阶段。[50]如前文所示，朱谦之认为，哲学是中国文化的特质。中国哲学是“唯情哲学”或“爱的哲学”。其形上学思想集中表述于《周易》，即宇宙本体就是到处皆有的“情”，本体就是存在于宇宙万物之间的“真情之流”。《周易》所揭示的这套形上学表现在人生哲学上，就是“爱的哲学”。情即是仁，是博爱，至乎其极就是《礼运》的大同理想。朱谦之断言，从中国哲学的这种特质看，中国文化至今仍然活跃存在，而且是二战后世界文化发展所追求的目标。[51]

20世纪40年代在中国形成的文化形态史观学派高扬民族精神，自成系统，契理契机，影响盛极一时。其共同的思想原型主要来自斯宾格勒与汤因比等人以及文化相对主义的思想。方东美与中国的文化形态学派不同于斯宾格勒与汤因比的是，他们基本上都认为中国文化正面临着新的复兴契机，而且中国哲学文化的方向就是未来世界的方向。

方东美以其对中国哲学精神的深刻理解与认同，对于中国哲学的重生做了比较详细的解说。然而，在这种美好的理想愿景中，仍然留下了逻辑上的矛盾。方东美一方面强调文化类型的不同精神气质，强调东方心态与西方心态的绝对差别。另一方面又站在中国哲学的立场（甚至他的世界哲学的立场也就是中国哲学的立场）寻求文化的交融，这种交融之后，所得到的仍然是中国哲学与文化。因为其潜在的文化相对主义前提，那么，从其特质上言，虽然东方文化可以救治西方文化之弊病，但是，因为东西文化的异质性前提，西方文化一旦放弃西方心态，也就不再是西方文化，因此，这种方案本身又是难以自圆的。从世界历史的整体看，文化形态学派自身的逻辑困境使得它自陷其中。

另一方面，方东美的历史观更深受黑格尔的影响。黑格尔建构了一套历史主义即思辩的历史哲学的观念，其目的论历史哲学依照辩证逻辑，将同一性与差异性结合起来，将人类历史的发展以绝对精神即自由的实现为目标，将逻辑与历史统一在一起，构造了一个宏大的世界历史的叙事。黑格尔的世界历史的实现就是日尔曼民族精神的实现。他的以东方世界为世界历史起点，而世界历史最终实现于西方的欧洲中心论观念受到强烈的批判。方东美的历史观可以说是对这一历史观的回应。方东美曾指出，“讲历史要如黑格尔一样，讲世界史，在广大的历史世界上，来确定自己的国家，决定自己民族的命运。”[52]我们看到，在黑格尔那里的绝对精神，在方东美这里变成了民族精神。同样是讲世界史，方东美与黑格尔有着根本的差异。如果说世界历史从整体上讲是一个前进的整体的话，那么从文化相对性而言，它也许可以是齐头并进，但是就不可能有一个合一的方向而进。这是文化相对主义无法克服的困境。虽然方东美以生命理想为最高统摄，摄受文化类型，但是他对于文化差异的强调，对于文化类型的强调，使他无法摆脱这种困境。然而，方东美所揭示的广大和谐的生命精神从某种意义上讲，又已经超越文化相对主义的界限，足以克服上述的困境，但是他无法在这上面一以贯之。

在东方思想回应西方思想的挑战，寻求文化认同，重新确立东方思想的世界史地位方面，日本京都学派很值得作为一个参照。京都学派在理论方面是更有影响的。在世界历史理论方面，以西谷启治、高山丸男（《世界史的哲学》）最具代表性。西谷启治的思想深受海德格尔的影响，他致力于从哲学的角度探讨与解答现代人的处境问题。科技与虚无是现代人无法逃避的现实。西谷启治把克服虚无主义作为他终生的哲学探究的根本课题。西谷启治在西方历史的脉络中辩证地考察表现于科技（机械化）、无神论、理性主义、世俗主义与人文主义等方面的现代世界的性格，从哲学的层面发掘深层的现代性。西谷启治在尼采与海德格尔等人思想的基础上再次反省了近代以来人之作为主体性的深层结构。他认为，在启蒙运动所谓的合理化与理性的另一面隐藏着意欲；欲望的追求与满足才是现代人主体性的深层结构；理性与欲望之一体两面是虚无主义的根本原因。“对西谷来说，现代西方的世界观主要是建立在以人为中心，以人为目的，以人为主体的人本主义与主体主义上，导致现代人沦入虚妄的处境，而宗教质疑人之自视为目的与中心的态度，正是对治现代情境的途径。”[53]这个宗教在京都学派那里就是禅佛教的“空”或者“绝对无”的观念。“西谷启治十分一致地以‘绝对无’的概念贯穿他对个人、国家与世界的了解，认为唯有‘绝对无’的实现才是现代性的真正超克。”[54]一如尼采与海德格尔从存有的历史的视野来面对虚无主义，西谷启治既然将空或者绝对无作为现代虚无主义的惟一出路，那么也就自然要从空或者绝对无与历史的关系来思考这个问题。于是他就走上了黑格尔式的世界史的理论或者说历史主义。这就是京都学派提出的以历史主义的进路超越欧洲的历史主义。黑格尔的世界历史的实现就是日尔曼精神的实现。然而，20世纪历史的发展表明，欧洲哲学与文化出现了前所未有的危机，即现代性的危机，其核心即是虚无主义。于是，在黑格尔那里成为顶点的目标，现在又成了要否定与超越的对象。京都学派正是在这个逻辑的顶点上更上一层，以禅佛教的绝对无的观念来超克现代性。于是，黑格尔式的世界史的实现从东方到西方之后又回到了东方。相对于黑格尔的世界历史的实现，西谷启治可谓是反其道而用之。然而，这个东方在这里指的却是自认为代表东方最高精神的日本，而且这种思想的政治企图在为日本军国主义侵略提供理论依据，它正好迎合了日本的军国主义的侵略的需要。一种灾难性的独断接替了另一种独断，世界史从召唤德意志转而“世界史正在召唤日本”。正如当代日本学者子安宣邦揭示的那样：

由黑格尔的历史哲学所构成的“专制、停滞王国”的东洋观，促使日本重划东亚的中国核心式文明论之政治版图。日本一心一意把中国冠上“东洋式专制”“东洋式停滞”之名，并将中国由东亚的文明核心位置拉下来。日本自认为是欧洲文明的嫡传子，主张唯有日本才能够成为东亚新的文明论地图的核心。[55]

子安宣邦指出：“‘世界史的哲学’所提出的论述，不外是帝国日本对世界秩序重组的要求，以历史哲学加以表述而已。”[56]京都学派提出的“世界史的哲学”同样有其无法自圆的矛盾。也正如子安宣邦所揭示的那样：

“世界史的哲学”虽然主张多元的世界史，也主张作为特殊世界的“东亚”的必要性，然而他们所谓的“东亚”之中，多元性的原理不但没有得到贯彻反而被抛弃了……这个多元性的观点，本身就和“文化一元论”的观点背道而驰。[57]

在回应西方思想方面，文化生态学与黑格尔式的思辨的历史哲学代表了两种不同的历史发展的叙述模式。这种从哲学的深度去挑战欧洲中心论，对于东方文化的认同与确立东方文化在世界哲学与文化中的地位有深远的意义。方东美式的把哲学视为生命精神，哲学史就是生命精神的不断创造的历史的观念代表了一种完整的机体型态。同那种在社会史或者政治史发展阶段模式下容纳哲学发展阶段的做法相比，固然同为哲学的表达方式，前者则更内在、更逼近存在或生命本身。从上面初步的比较看，在方东美的观念中，对二者的综合暴露出自身的逻辑困境。当以文化生态学的立场而强调文化相对性时，就无法真正走向未来统一的朝向一个方向发展的一元论的理想哲学；当从整体观念出发，强调一元论世界历史的实现时，就无法贯彻其多元性文化的主张。

注释：

[1]方东美：《中国哲学之精神及其发展》，孙智燊译，台北，成均出版社1984年版，第21页。

[2]这种关于研究哲学途径的划分，类似舍勒在《知识社会学》中的“知识之三型式”的划分。即解脱的知识（宗教）、本质知识（哲学）与实用的知识（科学）。朱谦之在20世纪30年代出版的《文化哲学》以及20世纪40年代出版的《中国文化之命运》中即引申使用这个划分来区分文化类型。他将印度列为宗教的文化区域，西洋为科学的文化区域，中国为哲学的文化区域，并视哲学为中国文化特质。

[3]方东美：《中国哲学精神及其发展》上册，第3页。

[4]最明显的是，方东美在文化类型的比较中，以儒道墨代表中国哲学的精神，而认为佛学思想的成就不足以代表中国本来的生命精神，这一观点尤其见之于其较早的论述中。参见《哲学三慧》的分类与《人生哲学讲义》第244－245页中的有关论述。对于墨家与中国大乘佛学的不同处理方式，Dale Maurice Riepe已经注意到，参见氏著：A NORTH AMERICAN LOOKS AT PROFESSOR THOME FANG’S PHILOSOPHY OF IMMANENT ORGANIC HARMONY。文载《方东美先生的哲学》。

[5]同上，第28页。

[6]方东美：《生生之德》，第218－219页。

[7]方东美：《新儒家哲学十八讲》，台北，黎明文化事业公司1993年版，第32页。

[8]方东美：《原始儒家道家哲学》，第20页。

[9]同上，第21页。

[10]同上，第16页。

[11]同上，第22页。

[12]同上，第18－19页。

[13]方东美：《中国哲学精神及其发展》上册，第49页。

[14]最早致力于中国哲学机体主义形上学建构的应该是熊十力。郑家栋对此有一段中肯的评论：“重建儒家机体主义的宇宙论。这是熊十力的努力方向，他要把宇宙描述为一个生命过程，与柏格森不同，此“生命”的特征不是“扩张”，而是“秩序”与“和谐”。熊的论证并不

成功，牟宗三等人不再取宇宙论的讲法。此问题的要害在于必须面对自然科学的挑战。”（郑家栋：《现代性视域中的“儒教”》）比较而言，方东美则在这条路上回应了自然科学的挑战。

[15]方东美：《中国哲学精神及其发展》上册，第104－105页。

[16]方东美：《原始儒家道家哲学》，第39页。

[17]同上，第42页。

[18]同上，第43页。

[19]同上，第44页。

[20]同上，参见第44页。

[21]关于这方面重要的讨论文献，可参见郑家栋《“超越”与“内在超越”——牟宗三与康德之间》，载氏著《断裂中的传统》，中国社会科学出版社2001年版，第202－232页。

[22]袁家骅：《唯情哲学》，上海泰东图书局1924年版，第16页。

[23]同上，第257页。

[24]同上，第22页。

[25]同上。第23页。

[26]同上，第212页。

[27]同上，第228页。

[28]同上，第227页。

[29]牟宗三：《中国哲学的特质》，第40页。

[30]参见郑家栋：《“超越”与“内在超越”——牟宗三与康德之间》，载氏著《断裂中的传统》，第206页。郑氏在是文中并没有评论牟宗三对基督教的批评。倒是在另外的文章中有个判断：“不是一个‘内在超越’与‘外在超越’”就足以划开儒家与基督教之间的界限，此方面新儒家有简单化和绝对化的趋向。”（郑家栋：《现代性视域中的“儒教”》，2003年在中国人民大学的演讲）

[31]〔美〕郝大维、安乐哲：《汉哲学思维的文化探源》，施忠连译，江苏人民出版社1999年版，第5页。

[32]同上，第1页。但是，郝、安二氏从“情境主义”、“特殊主义”、“过程哲学”的立场处理中国思想，视中国思想与西方哲学的主流传统格格不入，认为中国思想更具有后现代的敏感性和优位性。这些看法与方东美的观念颇为一致。

[33]参见B•莫迪恩：《哲学人类学》，李树琴、段素革译，黑龙江人民出版社2005年版，第157页。

[34]同上，第159－160页。

[35]参见方东美：《中国哲学精神及其发展》上册，第105－107页。

[36]参见方东美：《人生哲学讲义》，第243页。

[37]方东美：《原始儒家道家哲学》，第7页。

[38]方东美：《人生哲学讲义》，第244页。

[39]方东美：《原始儒家道家哲学》，第8页。

[40]方东美：《人生哲学讲义》，第247页。

[41]方东美：《原始儒家道家哲学》，第39页。

[42]方东美：《人生哲学讲义》，第3页。

[43]同上。

[44]林同济：《形态历史观》，载林同济、雷海宗：《文化形态史观》，大东书局1946年初版，第6－7页。

[45]雷海宗：《历史的形态与例证》，载林同济、雷海宗：《文化形态史观》，第18页。

[46]同上，第19页。

[47]同上，第37页。

[48]同上，第42页。

[49]参见许冠三：《新史学九十年》，香港中文大学出版社1988年版，第67页。

[50]参见同上。

[51]参见朱谦之：《朱谦之文集》，黎红雷编，中山大学出版社2004年版，第196－198页。

[52]方东美：《人生哲学讲义》，第246页。

[53]林镇国：《东方镜映中的现代性》，载氏著《空性与现代性》，台北，立绪文化事业公司，2004年，第143页。以上对于西谷启治的论述部分吸纳了林镇国的研究成果。

[54]同上。

[55]子安宣邦：《东亚儒学：批判与方法》，陈玮芬译，台北，喜马拉雅基金会发行2003年，第171页。

[56]同上，第14页。

[57]同上，第15页。

（作者单位：国家宗教事务管理局）

《古文辞类篹》解题及其读法

无锡 钱基博述

十年以来，桐城姚鼐《古文辞类篹》一书，时贤诟病，几等不足齿之伧！然余以为《姚篹》之病在取径太狭，既不如《曾钞》之博涉经子(曾国藩《经史百家杂钞》)；而择言偏洁，又不如《李钞》之足有才藻(李兆洛《骈体文钞》)；规模未宏，自是所短！至分类必溯其原而不为杜撰；选辞务择其雅而不为钩棘；荟斯文于简编，诏来者以途辙，近儒章炳麟曰："文足达意，远于鄙倍，可也。有物有则，雅训近古，是亦足矣！"(见《菿汉微言》)后之续者，有遵义黎庶昌、长沙王先谦两家。然黎氏之书，上采经史，品藻次第，壹准绳其师曾国藩之言，要为《曾钞》之别子，而非绳武于《姚篹》也。惟王氏之辑，志在续姚，采自乾隆、迄咸丰间，得三十九家，论其得失；区别义类，悉遵姚氏，斯可以窥见文章之流变，而觇当世得失之林焉！

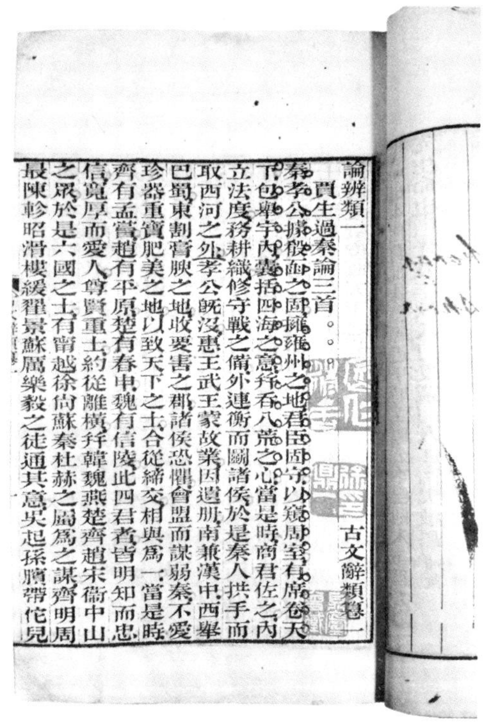

論辨類一
古文辭類纂卷一
賈生過秦論三首
秦孝公據殽函之固擁雍州之地君臣固守以窺周室有席卷天
下包舉宇內囊括四海之意并吞八荒之心當是時商君佐之內
立法度務耕織修守戰之備外連衡而鬬諸侯於是秦人拱手而
取西河之外孝公既沒惠王武王蒙故業因遺冊南兼漢中西舉
巴蜀東割膏腴之地收要害之郡諸侯恐懼會盟而謀弱秦不愛
珍器重寶肥美之地以致天下之士合從締交相與爲一當是時
齊有孟嘗趙有平原楚有春申魏有信陵此四君者皆明知而忠
信寬厚而愛人尊賢重士約從離橫并韓魏燕楚齊趙宋衛中山
之衆於是六國之士有甯越徐尚蘇秦杜赫之屬爲之謀齊明周
最陳軫昭滑樓緩翟景蘇厲樂毅之徒通其意吳起孫臏帶佗兒

《古文辞类篹》书影

解题及其篹例

文籍日兴，散无统纪；于是总集作焉。《古文辞类篹》者，盖桐城姚鼐分类篹辑古之文辞而为总集之一，篹之为言论篹也，盖本《汉书·艺文志序》论语称"门人相与辑而论篹，故谓之《论语》"一言，姚氏《序目》称"以所闻见编次论说为《古文辞类篹》"者是也。盖编次之际，姚氏曾以所闻见详经论说而不为苟然；如《序目》考论文体十三类之起原，及诸篇之注按，是也。故依《汉志》题"篹"，师古注："篹与撰同"；或题曰"纂"者讹也(姚氏之非题"纂"，本滁州李承渊校刊《古文辞类篹后序》而详加考证)。

惟总集之作。导源《诗》《书》。《诗三百》，周诗之总集也。《书》百篇，周以前文之总集也。考孔子观书周室，得虞、夏、商、周四代之典，乃删，其善者，定为《尚书》百篇，所以宣王道之正义，发话言于臣下；故其所载皆典、谟、训、诰、誓、命之文(见刘知几《史通·六家篇》)；厥为文之第一部总集。古者《诗》三千余篇，及至孔子去其重，取可施于义礼，上采契、后稷，中述殷、周之盛，至幽、厉之缺，始于衽席；故曰："《关雎》之乱，以为《风》始；《鹿鸣》为《小雅》始；《文王》为《大雅》始；《清庙》为《颂》

始。”三百五篇(见《史记·孔子世家》)厥为诗之第一部总集。惟《诗》者，《风》《雅》《颂》以类分。而《书》则虞、夏、商、周以代次。盖《诗》者，开后世总集类编之先河。而《书》则为后世总集代次之权舆者也。然《诗》《书》二者，崇入经部，不以隶集。

《晋书·挚虞传》载：“虞撰《文章志》四卷，又撰《古文章》类聚区分为三十卷，名之曰《流别集》，各为之论，辞理惬当。”论者胥推为总集之祖！其书佚不传；而体裁犹可悬想而知；盖《志》如《书》之按代次？而《流别》疑如《诗》之依类分者也？特后之辑者，鲜有按代。独明梅鼎祚之《文纪》，清严可均之《全上古三代秦汉三国六朝文》，起皇古迄隋，以时先后为次，是为总集家变例。而自梁太子《昭明文选》以下，亡虑分类者为多。《古文辞类篹》者，盖古文辞辑而论篹之按类者也；故题曰“类篹”。然总集之分类不一：《昭明文选》分“赋”“诗”“骚”“七”“诏”“册”“令”“教”“文”“表”“上书”“启”“弹事”“笺”“奏记”“书”“檄”“对问”“设论”“辞”“序”“颂”“赞”“符命”“史论”“史述赞”“论”“连珠”“箴”“铭”“诔”“哀”“碑文”“墓志”“行状”“吊文”“祭文”三十七类。而姚氏斥其“分类碎杂，立名可笑”；而以后来编集之相仍者为陋，故不之采；其类篹定为“论辨”“序跋”“奏议”“书说”“赠序”“诏令”“传状”“碑志”“杂记”“箴铭”“颂赞”“辞赋”“哀祭”十三类；而文之体类始明。盖以体势分也，此一法也。宋谢枋得《文章轨范》，分古今文为“放胆”“小心”二种。后来曾国藩本姚氏阴阳之说(见《续篹·姚姬传<复鲁絜非书>》)而衍之为《古文四象》，以“气势”为太阳之类；“趣味”为少阳之类；“识度”为太阴之类；“情韵”为少阴之类；或者暗觑谢氏之筋节而附之《姚说》？张其旗鼓，谓为前人所未发！自今观之：“气势”“趣味”，“放胆”文也。“识度”“情韵”，“小心”文也(此采予弟孙卿之说，见《文章举隅序》)。此以神理分也，盖又一法了。至真德秀之《文章正宗》，则以作用分，曰“辞令”、曰“议论”，曰“叙事”，而殿之以诗歌一体。后来曾国藩《经史百家杂钞》析体十一而综以三门：曰“著作”即真氏之议论；曰“告语”即真氏之辞令；而所谓“记载”者，则真氏之“叙事”也，盖异名而同用者尔？此又一法也。三者之中，厥以分体势者为夥。然总集分体之可考见者，莫古于《文选》三十七类。明而未融，姚氏不取，要为有见！今按其中如“骚”“七”之别类，“诏”“册”“令”“教”之分四类。“表”“上书”“弹事”之分三类，“启”“笺”“奏记”“书”之分四类，“颂”“赞”“符命”之分三类，“序”“史论”“史述赞”之分三类(史论、史述赞皆《史》《汉》纪传后论赞，要为序跋之类)，“诔”“哀”“吊文”“祭文”之分四类，及“碑文”“墓志”之别为二，如此之类，皆全不知体要；而因名立类，每类之文，或仅一两篇。姚氏所谓“立名碎杂”者也。至《七发》诸篇不并入“骚”而别题“七”；策秀才诸问不题“策问”而题曰“文”；班、范《前后汉书·纪传赞》不并入《史论》而别题“史述赞”；哀永逝诸文不并入“诔”或“吊文”而别题“哀”；如此之类，杜撰题目，展卷茫然，不得其解。姚氏所谓“立名可笑”者也。

姚氏以《文选》之“序”“史论”“史述赞”并入“序跋”；“表”“上书”“弹事”并入“奏议”；“启”“笺”“奏记”“书”并入“书说”；“诏”“册”“令”“教”“文”“檄”并入“诏令”；“赋”“骚”“七”“对问”“设论”“辞”“连珠”并入“辞赋”；“诔”“哀”“吊文”“祭文”并入“哀祭”；“碑文”“墓志”并为“碑志”；“箴”“铭”并为“箴铭”；“颂”“赞”“符命”并为“颂赞”；实较昭明为简当！而别增“传”与“状”为一类；“赠序”“杂记”，《昭明》所无，以拾其遗；篹古文辞，要为明其伦类！顾晚近以来，或以昭明总集之眉目而相震惊；又捶桐城已死之虎，寻响捕风，崇《萧选》而薄《姚篹》，以为不足与斯文，尚得为知其类也乎！或者又以《篹》不采《诗》为姚病！然韵散殊体，《诗》《书》

别经，自古已然，奚独以为《姚篹》病！余昔读《四库全书提要》撰录总集，论文论理，发其殊途；而于篹例，阙然未有论列，因泝源《诗》《书》而为《姚篹》疏通证明，发其大凡于此。

《古文辞类篹》之本子

此《篹》当为姚氏未及论定之书。而通常习见者三本：一嘉庆季年姚氏门人兴县康绍镛巡抚粤东得武进李兆洛所藏刊本，而李氏任雠校焉。一道光五年江宁吴启昌刊本；姚氏弟子管同梅曾亮刘钦任雠校焉。《康刻》据乾隆中叶姚氏主讲扬州梅花书院订本。而《吴刻》则据姚氏晚年主讲钟山书院所授本，与《康刻》本互有异同。盖《康刻》入方苞、刘大櫆之文；而授《吴本》无云，“以姚命”增入焉。意者姚氏亦知方、刘之不逮古作者，而阿好乡人之私，卒有不自克也耶？《康刻》有圈点而《吴刻》祛圈点者，据云：“姚氏晚年嫌‘圈点，近时艺’，未及刊落”，故以授吴而命去之也。然姚氏少子曰雉，藏父晚年订稿本，字里行间，圈点狼藉，又与《吴刻》之无圈点者不同；卒未闻末命刊去。可知姚氏此书毕生论篹，而未以为惬，《康刻》固早年手笔，《吴刻》亦不为定本矣！昔贤之竺老于学而不倦勤有如是者！迄光绪之世，滁州李承渊好姚氏书，参据康、吴两刻，而见《史记》《前后汉书》《文选》及司马光《资治通鉴》，宋元以后，康熙以前各家专集旧椠，有关姚氏篹录之文者，随时校勘字句，用朱墨笔注上下方。其圈点则过自《雉本》，而得之雉乡人兰陵逸叟转录者也。既，博考群书，正其句读，矻矻二十年，勒为定本，世传《滁州李氏求要堂刊本》是也，殆视康、吴两刻后来居上矣！《吴刻》之祛圈点，云“本姚意”，然事无左证，而圈点之于《姚篹》，实有不可祛者。考姚氏《答徐季疋书》称“圈点启发人意，愈解说。”及篹此书，圈点评注、厘订再三。桂林吕璜者，自宜兴吴德旋而私淑诸姚氏者也。尝称吴氏诰以读《姚篹》之法，曰：“《古文辞类篹》，启发后人，全在圈点。有连圈多而题下只一圈两圈者；有全无连圈而题下乃三圈者；正须从此领其妙处。末学不解此旨，好贪连圈，而不知文品之高，乃在通篇之古淡，而不必有可圈之句。知此则于文思过半矣！”语见《初月楼古文绪论》。而吴与姚氏同时交好，其言当有所本。今以吴氏之说，籀诵康、李两刻，而窥其圈点用意之所存，诚有在寻常笔墨蹊径之外者！知吴氏之言，不尽诬也！

晚近以来，徐州徐树铮尤喜谈姚氏之学，加墨此《篹》，且集上元梅曾亮、武昌张裕钊、桐城吴汝纶诸家批点，旁考诸集评识，标于《康刻》眉间，而折衷以己意，最为精审！桐城文章老宿马其昶、姚永概诸人，序而刻焉，所谓诸家评点《古文辞类篹》是也。则又于康、吴、李三家刻之外，别成一家矣！

《古文辞类篹》之前因后果

巴陵吴敏树曰：“今之所称桐城文派者，始自乾隆间姚郎中姬传称私淑于其乡先辈望溪方先生之门人刘海峰，又以望溪接续明人归震川而为《古文辞类篹》一书，直以归方续八家，刘氏嗣之，其意盖以古今文章之传系之已也。”（见王氏《续篹・吴〈与筱岑论文派书〉》）由是学者多归向桐城，号桐城派！犹前世所称江西诗派者也(参见王氏《续篹例略》、曾涤生《欧阳生文集序》)。晚近或以古典文学少桐城，未为知桐城也！不知桐城派之起，所以救古典文学之极敝也！自康熙朝，侍郎方苞以古文名海内，上接明之归有光；而有光之所以见重后世者，曾国藩《书归震川文集后》言之綦详；谓：“当时颇崇茁轧之习，假齐梁之雕琢，号为力追周秦者，往往而有！熙甫一切弃去，不事涂饰而选言有序，不刻画而足以昭物情，与古作者合符，而后来者取则焉！”(原文见王氏《续篹》)今考明自洪武而还，运当开国，其文章多昌明博大之音。永、宣以后，安享太平，多台阁雍容之作。作者递兴，皆冲融演迤，不事钩棘，而杨士奇文章特优，一时制诰碑版，出其手者为多！仁宗雅好欧阳修文，而士奇文得其仿佛，典则稳称；后来馆阁著作，沿为流派，所谓台阁体，是也！庙堂之上，郁郁乎文！弘正之间，茶陵李东阳出入元、明，沿流唐代，擅声馆阁，推一代文宗，而门下士北地李梦阳、信阳何景明异军突起，乃曰“文必秦汉，诗必盛唐，非是弗道。”曰：“古文之法亡于韩。”为文故作艰深，钩章棘句，至不可句读，持是以号于天下，而唐宋之文扫地以尽！既北地、信阳之派转相摹拟，流弊渐深，论者乃稍稍复理唐宋之坠绪以相撑拄！盖宋元以来，文以平正典雅为宗，其究渐流于庸肤；庸肤之极，不得不变而求奥衍。王李之起，文以沈博伟丽为宗，其极渐流于虚骄；虚骄之极，不得不返而求平实。一张一弛，两派迭为胜负，盖皆理势之必然！至嘉靖之际，历城李攀龙、太仓王世贞踵起，更衍何、李之绪论，谓“文自西京，诗至天宝而下，俱无足观！”而世贞才尤高，地望尤显，声华意气，笼盖四海。独归氏绍述欧、曾，矫以清真，至诋世贞为妄庸巨子。自明之季，学者知由韩、柳、欧、苏沿洄以溯秦汉，而不为钩章棘句者，归氏之力也！

苞学归氏而衍其旨，力崇雅澹而排涂饰，倡义法；谓：“自南宋以来，古文义法不讲久矣！吴越间遗老，尤放恣无一雅洁者。古文不可入语录中语、魏晋六朝人藻丽俳语，汉赋中板重字法，诗歌中隽语，南北史佻巧语。”(见沈延芳《方望溪先生传》书后)故曰：“桐城派之起，所以救古典文学之极敝”也！后之所以浸不厌人意而别出阳湖派、湘乡派者以此；然初之能风靡一世而莫之京者亦以此！其乡人刘大櫆继之，遗风遂畅。姚氏尝受古文法于刘氏，然自以所得为文，不尽用刘氏法。刘氏为文学庄子，尤喜摹昌黎，而气不足以举其辞！其篇法之洁，不如方氏；而意度之舂容，又视姚为逊。论者胥称三家，而刘氏有蜂腰之讥也！顾当刘氏之世，吾常州堠山钱氏有伯坰字鲁思者，尝亲受业刘氏之门，时时诵师说于其友阳湖恽敬、武进张惠言，州部士夫，素胜俪语，而张氏解赋能追司马相如、扬雄之所为，撰《七十家赋钞》，尤藉藉人口，厥后乃多治古文者。于是常州有桐城之学！此则著于阳湖陆祁孙《七家文钞序》者，可考按也！(文见王氏《续篹》)然在桐城士夫，方欲螟蛉我常州人而诏之曰“似我似我”。讵知州滨具区而处，山水明丽，风土所会，绮体为近；虽有大力者莫之能回！士之学为文章者，莫不取径汉魏六朝；晚乃效韩愈欧阳修为古文(恽敬《张皋文墓志铭》曰：“少为辞赋，尝拟司马相如、扬雄之言；及壮为古文，效韩氏愈、欧阳氏修。”文见王氏《续篹》)，其能者，实能属辞瑰伟，声情健茂；以视桐城之上承归氏，“修辞虽极雅洁，然行文不敢用一华丽非常字”者(曾国藩曰：“方望溪修辞极雅洁，无一俚语俚字，然其行文不敢用一华丽非常字。”见薛福成《论文集要·曾文正公论文》[上])，颇亦足救声味稀淡之病，学者稍稍好之。于是附庸蔚为大国，而有阳湖派之目！迨李兆洛起，则尤盛扬其波，纂录《骈体文钞》以与姚氏此《篹》作旗鼓之当，而崇汉魏六朝为不祧之祖；至谓学古文之文舍是末由！泾县包世臣作《李氏传》，所谓“时论方崇归、方，薄骈体而扬散行，而先生则谓‘唐、宋传作，无不导源汉魏；汉魏之骈体，即唐宋散行之祖’”者也！虽然，李氏自为文之“澄然而清”“秩然有序”，则固揆之陆氏序《七家文钞》所称“由望溪而上求之震川”，殊途而合辙者。顾王氏《续纂》，取恽敬、张惠言而不收李氏文者；倘谓恽、张之源出桐城，陆氏序明著之；而李氏《骈体文钞》之于姚氏此《篹》有违指也耶？抑何暖暖姝姝一先生之言而不自广也！

自李钞骈体，开设门牖，而阳湖古文之学，乃别出于桐城，然其流所衍，比之桐城为狭！而桐城派三字，始于题自姚氏，姚氏以前，罔有也！新安程晋芳、历城周永年与姚氏欢好，为之语曰：“天下之文章，其在桐城乎！”(见姚氏《刘海峰先生八十寿序》，文载王氏《续纂》。曾国藩《欧阳生文集序》只称周书昌语，而近来兴化李详《论桐城派》以为程语斥曾非是。然姚序并称程、周，语意甚明，曾特遗程耳。不必李之为是而曾之为非也。特以姚序为准而附辨其说于此。)隐若以姚氏承方、刘而相推肩斯文之统。姚氏亦曰：“经学之盛在新安，古文之盛在桐城。”(见吴定《金先生榜墓志铭》)一时之言文章者，翕然归服焉！然姚氏不敢以自承，其与王惕甫书，但自居于宋穆伯长、柳仲涂一流，为扬徽之首涂，声闻过情，姚氏若有慊然！徒以乾嘉诸老，姚氏最老寿，从容论说，深造而自有得。其文为世所称诵者，词旨渊雅，夐绝尘表。

姚氏既死，而门弟子播天下者，称述其术， 竺好而不厌。上元有管同、梅曾亮，桐城有方东树、姚莹，四人者称高第弟子；而梅曾亮名最高！然梅氏之文，浸淫六朝，（见梅氏《管异之文集书后》，载王氏《续纂》）意度萧闲，而辞句矜练，于阳湖诸老为近，而与姚氏不同。（吴敏树《记钞本震川文后》曰："梅先生为余言：'归氏学自桐城方灵皋氏后，姚姬传氏得之。'梅先生盖亲受学于姚氏而其为文之道亦各异。"见王氏《续纂》）顾同时喜宗姚氏者，群尊梅氏为魁，如孔门之有若焉！姚氏之薪火，于是为烈！复有朱琦、龙启瑞、王拯、曾国藩、冯志沂、邵懿辰之徒，相与附丽。于是桐城古文之学大张！

诸人者，即一时通儒硕望；而曾氏为《欧阳生文集序》，复条其流行，亟推姚氏，至列之《圣哲画像记》，以为"粗解文章，由姚先生启之也！"曾氏于咸、同之际，勋名莫二，又为文章领袖；其说一出，有违之者、惧为非圣无法，而姚氏之名益尊，昭昭然若揭日月！独吴敏树《与书欧阳筱岑》，以曾氏《欧阳生文集序》称引相及，力自剖别，谓："非素喜姚氏者。时论称刘、姚之学，习于名而未稽其实，譬之江西诗派，姚氏特吕居仁之比尔！刘氏更无所置。"而心折者在归、方；谓："归氏之文，高者在神境，而稍病虚，声几欲下。望溪之文，厚于理，深于法，而或未工于言。然此二家者皆断然自为一代之文，而莫能尚焉者也！"（原文载王氏《续纂》）顾曾氏则以为"姚氏突过归、方，吴氏比之吕居仁，讥评少过！刘氏诚非有过绝辈流之诣。姚氏则深造自得，其文为世称诵者，皆义精词俊，惜少雄直之气，驱迈之势！然姚氏固有偏于阴柔之说，又尝自谢为才弱矣！而其辨文章之源流，识古书之真伪，论文亦多诣极之语，有古人所未尝言，姚氏独抉其微而发其蕴者！惟极称海峰，不免阿私所好。要未可与海峰同类而并薄之也！"（见曾氏《复吴南屏书》载王氏《续纂》）斯为平情之论！然吴氏非素喜姚，而文之意境闲眇，神逸而韵流，乃与姚为不期之似！（王氏《续纂例略》曰："南屏沈思孤往、其适于道也，与姚氏无乎不合。"）曾氏论文从姚氏入而不必从姚出，其自为文以光气为主，以音响为辅；力矫桐城懦缓之失，探源扬、马，专宗退之，奇偶错綜，而偶多于奇，复字单谊，杂厕相间，厚集其气，使声采炳焕而戛焉有声。此又异军特起于桐城之外而自树一派，可名之曰湘江派。（王氏《续纂例略》曰："曾文正公亟许姬传，然寻其声貌，略不相袭，以雄直之气、宏通之识，发为文章，冠绝古今。"）流风所被，桐城而后，罕有抗颜行者！门弟子著籍甚众，其尤倬倬者，则有武昌张裕钊、桐城吴汝纶、遵义黎庶昌、无锡薛福成，亦如姚氏之四大弟子。薛氏致力事功，未遑殚精学问；而雄直之气，无忝于师门。（黎庶昌《庸庵文编序》曰："叔耘辞毕醇雅，有法度，不规规于桐城论文，而气息与子固、颖滨为近。"）黎氏入官虽早，然治文字颇劬，其持论大指以为"桐城宗派之说，流俗相沿以逾百岁，其敝至于浅弱不振；为有识者所讥！然本朝之文，其体实正自望溪方氏，至姚先生而词始雅洁。至曾文正公始变化以臻于大。循姚氏之说，屏弃六朝骈丽之习，以求所谓神理气味、格律、声色者，法愈严而体愈尊。循曾氏之说，将尽取儒者之多识、格物、博辨、训诂，一内诸雄奇万变之中，以矫桐城末流虚车之饰。其道相资，亡可偏废。"（见黎氏《续古文辞类纂序》）于是上赓《姚篹》以阐扬师法而救桐城之敝。此于湘乡之学，特究阃奥，如桐城之有《姚篹》，阳湖之有《李钞》矣！张氏于曾门四子才最高；而吴老寿，至清季犹存，屹然海内文伯，而独心折张氏，以为："桐城诸老，气清体洁，海内所宗，独雄奇瑰玮之境尚少！盖韩公得扬、马之长，字字造出奇崛。欧阳公变为平易，而奇崛乃在平易之中。后儒但能平易，不能奇崛，则才气弱薄，不能复振。此一失也！曾文正公出而矫之，以汉赋之气运之，而文体一变，故卓然为一代大家！近时张廉卿又独得于《史记》之谲怪，盖文气雄俊不及曾，而意思之恢诡，解句之廉劲，亦能自成一家。是皆由桐城而推广以自为开宗之一祖！所谓有所变而后大者也！”（见吴氏《与姚仲实论文书》）吴之才雄，而张则以意度胜。二人者，造诣不同，而祢曾（案：指曾国藩）则一。桐城已在祧列，而桐城之再盛，要以其县人马其昶为后劲！其昶少小耽文章，尝请古文义法于吴氏。吴氏则戒作宋、元人语曰：“是宜多读周、秦、两汉时古书。”此湘乡之师法，而非桐城家言也！又言：“今天下宿乎文者，无过张廉卿。子往问焉，吾为之介。赋诗一篇，谐庄杂出，谓‘得之桐城者宜还之桐城’。”（见马氏《书张廉卿先生手札后》）此特一时谑戏之言，而不必以为定论！顾马氏则自以守其邑先正之法，禅之后进，而义无所让，有《抱润轩集》。义宁陈三立跋其目曰：“曾、张而后，吴先生之文至矣！然过求壮观，称涉矜气。作者之不逮吴先生，而淡简天素，或反掩吴先生者以此也！”盖吴氏阏湘乡之师法；而马氏袭桐城之家风，故不同也。侯官林纾特与马氏友善，又自称“文章见赏吴氏”（见林氏《赠马通伯序》）依桐城之末光，清季之言文章者宗焉！顾其文气矜为隆，殆甚吴氏，匪马氏之体气闲适，上追姚氏者可比！马氏妻弟曰姚永概者，姚氏之从孙也，擅其家学，有《慎宜轩文集》；其为文章，遣言措意，切近的当，而自澹荡有致，可谓“聿修厥德，无忝尔祖”者！（林氏《慎宜轩文集序》曰：“叔节慎宜轩文，气专而寂，澹宕而有致，不矜奇立异，而言皆衷于名理；是固能称其祖矣。”）此与马氏皆足以殿桐城之后劲者矣！顾并马、姚之世，有生桐城之乡而不为桐城之文者，陈澹然也！兀傲自多，雅不喜桐城家言，自命能为太史公，下笔不能自休，其至者权奇动宕，恣肆自喜。马、姚二氏于其文不甚相合，而亦推其能自力也；（见陈衍《送陈剑潭南归序》）故以附于桐城之末。世之毁誉桐城者，徒为尚口之争，罕有条贯之纪！独念桐城者，让清一代文学之中坚也，不有所述，监观何从！近儒梁任公先生《清代学术概论》，叙以短论，特用以为汉学之衬笔。语言而不详，以其于文 学非专治也！余搜纂近代文学史料十余年，差有采猎，而董理未遑，谨纂桐城始末，以补梁氏书之阙！亦文章得失之林也！宁只以供读《姚纂》者之参考也哉！

《古文辞类纂》之读法

读书之法，贵能观其会通。而欲观其会通，必先分部互勘，非然，则以笼统为会通矣！余前论学江苏省立第三师范学校，尝拟《姚纂》之读法有二：

第一，分体分类读。学文之道，首在辨体。姚氏此纂，分十三体，王《续》因之。而其文章之得失，不可不依体为断。每体各有一定格律，凛然不可侵犯。宁都魏禧论苏明允《上田枢密书》，“首句‘天之所以与我者岂偶然哉’，便已无体！书以道情，开口一句挺然便出议论，直作论耳！书虽文，要与面谈相似。”（见张潮辑《日录论文》）皆实不易之论。虽老泉复起，不能以自解也！姚氏亦称“韩退之《伯夷颂》，似太史公论赞，非颂体”；而以入论辨类。至曾国藩论文章之美，分阳刚与阴柔，曰：“阳刚者气势浩荡。阴柔者韵味深美。浩瀚者喷薄而出之。深美者吞吐而出之。论辨、词赋、奏议、哀祭、传志、叙记宜喷薄。序跋、诏令、书牍、典志、杂记宜吞吐。其一类中微有区别者，如哀祭虽宜喷薄，而祭郊社祖宗则宜吞吐。诏令虽宜吞吐，而檄文则宜喷薄。书牍虽宜吞吐，而论事则宜喷薄。”（见《求阙斋日记》）亦各有所宜也。此外如曾氏评韩愈《殿中少监马君墓志铭》云：“志墓之文，惧千百年后，谷迁陵改，见者不知谁氏之墓，故刻石以文告之；语气须是对不知谁何之人说话；此文少乖，似哀诔文序。”（见薛福成《论文集要・曾文正公论文》［上］）须于此等处细意看，乃知一体有一体之格。然言文学而一以体格为主，似不免太落迹象，拘于形式而忽于内容；必以内容之分类辅之，而加以观察，则文之表里精粗无不到，全体大用无不明矣！若论文学之内容，不外三事：一曰记事，二曰说理，三曰表情。试以姚纂十三类为喻：曰“传状”“碑志”“杂记”，文体之适于记事者也。曰“论辨”“序跋”“奏议”“箴铭”，文体之宜于说理者也。曰“书说”“赠序”“诏令”“颂赞”“词赋”“哀祭”，文体之用以表情者也。然传状有系论赞以昭监戒；杂记或出议论以发慨叹；则记事也而说理表情寓焉。论辨著陈事由以立断案；序跋次第篇籍以见作意；则说理也而记事不废焉。奏议贵乎责难；赠序志于劝善；则表情也而说理丽焉。颂赞必系行实；哀诔首详履历；则表情也而记事先焉。大抵记事欲其实，不欲其夸。说理欲其显，不欲其奥。抒情欲其真，不欲其饰。记事宜于赋，说理贵用比，表情妙托兴。“赋”“比”“兴”者，《诗》六义之三。叙物以言情谓之赋；情尽物也。索物以托情谓之比；情附物也。触物以起情谓之兴；物动情也。赋直而兴微。比而显而隐。比之与兴，虽同是托外物，但比意虽切而却浅，兴意似阔而味长。人知诗之有赋、比、兴，而不知一切文学之不外于赋、比、兴。所谓记事宜于赋，说理贵用比，表情妙托兴者，特就其大概言之尔！若细论之，则一体文学自有一体文学之赋比兴。试以《姚篹》所录者为例：赋者如事直陈，则有如秦始皇《泰山刻文》、班孟坚《封燕然山铭》、韩退之《曹成王碑》、苏子瞻《表忠观碑》、晁无咎《新城游北山记》，记事文之出于赋者也。贾生《过秦论》、韩退之《原道》《原性》《师说》、柳子厚《封建论》、李习之《行己箴》、张子《西铭》，说理文出于赋者也。司马子长《报任安书》、刘子政《极谏外家封事》、韩退之《送董邵南序》、柳子厚《寄京兆许孟容书》《与萧翰林俛书》，表情文之出于赋者也。比者以彼喻此，则有如韩退之《毛颖传》、柳子厚《种树郭橐驼传》、苏明允《木假山记》、记事文之出于比者也。韩退之《守戒杂说》、苏明允《乐论》，说理文之出于比者也。韩退之《应科目时与人书》、《送杨少尹序》，表情文之出于比者也。兴者托物兴辞，则有如韩退之《圬者王承福传》、《蓝田县丞厅壁记》，柳子厚山水诸记，记事文之出于兴者也。扬子云《酒箴》、张梦阳《剑阁铭》、欧阳永叔《集古录自序》，说理文之出于兴者也。杨子幼《报孙会宗书》、韩退之《送孟东野序》，表情文之出于兴者也。即此可知一体文学有一体之赋、比、兴，固不限于记事宜于赋，说理贵用比，抒情妙托兴矣！明乎赋、比、兴之分类，而后言文学始造微也！

第二，分代分人读。文章一代有一代之风尚，一人有一人之面目。孟子论诵《诗》读书，必推及于知人论世，然不分代分人看，亦无以知人论世也。读《姚篹》《王续》二书，既分类看以明文之因体而殊，尤不可不分代看以知，文之代殊。而一代之中，风尚攸同；然作者性情不能无异，尤必分人看以体认各家面目。朱子云：“学文学诗，须看得一家文字熟，向后看他人亦易知。”(见《语录》)姚氏亦云：“凡学诗文，且当就此一家用功良久，尽其能，真有所得，然后舍而之他。不然，未有不失于孟浪者！”(见方东树《昭昧詹言》引)曾国藩曰：“初学揣摩古人文，惟须先认其貌，后观其神，久之自能分别蹊径。”(见《日记》)斯皆经验有得之谈。而读一家之文，能先检读《二十四史》本传以为知人论世之资，则体认亲切而益有味矣！今按《姚篹》、《王续》所录自晚周以下作者，凡晚周二十六人，曰楚莫敖、子华、赵良、陈轸、苏秦、苏代、苏厉、张仪、淳于髡、范雎、虞卿、乐毅、固欣、孙臣、鲁仲连、触詟、冯忌、蔡泽、中旗、信陵君、魏加、汗明、黄歇、屈原、宋玉、庄辛、景差。凡秦三人，曰秦始皇、李斯、陈余。凡前汉三十八人，曰汉高帝、汉文帝、汉景帝、汉武帝、汉昭帝、汉宣帝、汉元帝、贾山、贾生、晁错、邹阳、枚乘、太史公谈、东方曼倩、司马长卿、董子、淮南王安、淮南小山、严安、主父偃、吾丘子赣、司马子长、路长君、张子高、魏弱翁、赵翁孙、庶子王孙、杨子幼、萧长倩、贾君房、刘子政、匡稚圭、侯应、谷子云、耿育、贾让、扬子云、刘子骏。凡东汉七人，曰汉光武帝、班孟坚、傅武仲、张平子、崔子玉、王子山、诸葛孔明。凡魏一人，曰王仲宣。凡晋六人，曰张梦阳、张茂先、潘安仁、袁彦伯、刘伯伦、陶渊明。凡宋一人，曰鲍明远。凡唐四人，曰元次山、韩退之、柳子厚、李习之。凡宋八人，曰欧阳永叔、曾子固、苏明允、苏子瞻、苏子由、王介甫、张子、晁无咎。凡明一人，曰归熙甫。凡清四十一人，曰方灵皋、刘才甫（以上《姚篹》）、姚南菁、朱梅崖、彭秋士、彭尺木、罗台山、姚姬传、鲁絜非、吴殿麟、秦小岘、恽子居、王悔生、张皋文、陆祁孙、陈硕士、姚石甫、邓湘皋、周星叔、吕月沧、刘孟涂、姚春木、毛生甫、吴仲伦、管异之、梅伯言、方植之、张石州、朱伯韩、冯鲁川、曾涤笙、吴子序、龙翰臣、彭子穆、王定甫、邵位西、鲁通甫、戴存庄、孙子余、管小异、吴南屏（以上《王纂》）都一百三十六家。而桐城派之自衍者，厥惟四家，曰司马迁（子长）、韩愈（退之）、欧阳修（永叔）、归有光（熙甫）。盖司马迁之文所以卓绝千古，自成一家者，徒以叙事之中有唱叹而已。一推其原，盖本于《诗三百》，所谓“言之不能尽，而发于咨嗟咏叹之余”者是也。《国风》而后，屈原得之。《楚辞》而后，太史公得之。香草美人，灵均借以抒幽愤，《刺客》《滑稽》，史迁假以发牢骚，其所以抒发者不同，而所抒发之者则一。《太史公自序》称：“屈原放逐，著《离骚》。《诗三百》，大抵贤圣发愤之所为作。此人皆意有所郁结，不得通其意。故述往事，思来者。于是卒述陶唐以来，至于麟止。”然则《太史公百三十篇》，其文则《史记》也；其情则《诗》《骚》也。其情出于《诗》《骚》，故有唱叹；因有唱叹，故有不尽之意；因有不尽之意，故有神韵。后世得此神韵而发之于卓荦为杰者，韩愈也。其次才力稍逊，而蓄之似纡徐之妍者，欧阳修、归有光也。世称唐、宋八家，韩、柳弁首，而后学所宗，端在韩愈。然按韩愈《答尉迟生书》称：“所谓文者，行峻而言厉，心醇而气和，昭晰者无疑，优游者有余。”书载《姚篹》）其自为文，安雅而奇崛。厥后李翱（习之）学其安雅，庶几“优游者有余”、“心醇而气和”者乎！皇甫湜似其奇崛，倘云“昭晰者无疑”、“行峻而言厉”者乎！是皇甫湜、李翱皆有韩愈之一体。其衍李翱之“优游”一体者，至则为欧阳修（永叔）之神逸；不至则为曾巩（子固）、苏辙（子由）之清谨。其衍皇甫湜之“奇崛”一派者，至则为王安石（介甫）之峻奥，不至则为苏洵（明允）、苏轼（子瞻）之奔放。而欧阳修深远矣！兴化刘熙载曰：“太史公，韩得其雄，欧得其逸。雄者善用直捷，故发端便见出奇，逸者善用纡徐，故引端乃觇入妙。”又曰：“欧阳公文，几于史公之洁，而幽情雅韵，得骚人之指趣为多。”“屈子《卜居》，《史记·伯夷传》。妙在于所不疑事，参以活笔。欧文往往似此。”（见《文概》）魏禧曰：“欧文之妙，只是说而不说，说而又说，是以极吞吐往复参差离合之致。史迁加以超忽不羁，故其文特雄。”（见张潮辑《日录论文》）此欧阳修之出司马迁可征者也。方苞曰：“震川之文，发于亲旧及人微而语无忌者，盖多近古之文。至事关天属，其尤善者，不事修饰，而情辞并得，使览者恻然有隐，其气韵盖得之子长，故能取法欧、曾而少更其形貌耳！”（见方氏《书震川文集后》）姚鼐亦言：“归震川之文，于不要紧之题，说不要紧之话，却自风神疏淡，是于太史公深有会处。”此归有光之出司马迁可征者也。昔贤论江西诗派“一祖三宗”，祖者杜甫。三宗者，黄庭坚、陈师道、陈与义也。倘以桐城派为衡，曰韩愈、欧阳修、归有光，庶几桐城“三宗”也。所谓“一祖”者，惟司马迁足当其人耳！

第三，分学读。或者谓：“姚氏此《篹》文章虽美，聊无裨于学术”者。不知文章学术，本是两事。文章贵美，学术贵真。文章之美在情韵，而学术之真在智识；即不学，奚损于文章之美！况国人之“文以载道”，昔贤早垂明训；文章之事，亦未必绝无当于学。姑拟分学读一法以广其意。谓予不信，请陈其目：

（甲）通论

太史公谈《论六家指要》、欧阳永叔《唐书·艺文志序》、曾涤生《圣哲画像记》、曾涤生《致刘孟容书》、刘才甫《息争》。

（乙）道家文学

归熙甫《张雄字说》（论老之知雄守雌）、梅伯言《韩非论》（论非之不善用老）、姚姬传《庄子章义序》、梅伯言《书〈庄子〉后》、柳子厚《辨〈列子〉》、柳子厚《辨〈文子〉》、柳子厚《辨〈鹖冠子〉》、梅伯言《〈淮南子〉书后》、姚姬传《扬雄大元目录序》、吴仲伦《书〈抱朴子〉后》。

以上道家诸子考论。

屈原《远游》、司马长卿《大人赋》、张平子《思玄赋》、吴南屏《新修吕仙亭记》。

以上道家之游仙文学。

刘伯伶《酒德颂》、陶渊明《归去来辞》、苏子瞻《前赤壁赋》、苏子瞻《后赤壁赋》、苏子瞻《方山子传》、苏子瞻《超然亭台记》、苏子由《武昌九曲亭记》、归熙甫《筠溪翁传》、归熙甫《畏垒亭记》、刘才甫《樵髯传》(以上消摇游生活)、潘安仁《秋兴赋》、潘安仁《笙赋》、苏子瞻《游桓山记》(以上及时行乐)、扬子云《解嘲》、张茂先《鹪鹩赋》(以上知足不辱)。

以上道家之人生哲学。

（丙）儒家文学

王介甫《读〈孔子世家〉》、韩退之《送王秀才埙序》(说孔、庄、孟、荀之渊源)、欧阳永叔《郑荀改名序》(辨荀、老之异)、韩退之《读〈荀子〉》、曾子固《新序目录序》、方植之《书言后》、姚姬传《仪郑堂记》(论汉学)、姚姬传《赠钱献之序》(论汉以后儒学之变迁)、曾涤生《送唐先生南归序》(论汉以后儒学之变迁)、曾子固《徐干中论目录序》、吴南屏《书〈文中子〉说后》、朱梅崖《道南讲授序》(论宋五子)、吴殿麟《重建紫阳书院记》(论朱学)、彭尺木《〈南畇先生遗书〉序》(论朱之可通于王)、曾涤生《书〈学案小识〉后》(论陆王、颜李之蔽)、姚姬传《复蒋松如书》(论汉宋之得失)、邓湘皋《〈船山遗书〉序》(论汉宋之会通)、曾涤生《〈朱慎甫遗书〉序》(论清代汉学之末流)、曾涤生《复贺耦耕中丞书》(论清儒学风之极敝)。

以上历代儒学考论。

董仲舒《对贤良策三篇》、刘子政《条灾异封事》、刘子政《上星孛奏》(以上论天人相与之际)、韩退之《原性》、李习之《复性书》、王介甫《原过》、张子《西铭》、曾涤生《答刘孟蓉书》(论学以复性)、曾涤生《送刘淑云南归序》(论尽性践形)、曾涤生《复陈虎臣书》(论主静。以上论尽性)、崔子玉《座右铭》、韩退之《游言行好恶知名五箴》、李习之《行巳箴》、王悔生《座右箴》、曾涤生《立志居敬主静谨言有恒五箴》、朱伯韩《名实说》(以上论修身)、恽子居《先贤仲子立石文》(论春秋君父之义)、欧阳永叔《太常博士周君墓表》(孝)、王介甫《临川王君墓志铭》(孝)、归熙甫《归氏二孝子传》、刘才甫《胡孝子传》、朱梅崖《兰陔爱日图记》(孝)、姚姬传《萧孝子祠堂碑文》、姚姬传《赠文林郎镇安县知县婺源黄君墓志铭》(孝)、朱伯韩《北堂侍膳图记》(孝)、梅伯言《艾方来家传》、曾涤生《诰封光禄大夫曾府君墓志铭》(孝)、曾涤生《台洲墓表》(孝)、吴南屏《许孝子传》、管异之《孝史序》、韩退之《讳辨》、韩退之《复雠议》、柳子厚《驳复雠议》、王介甫《复雠解》、苏明允《族谱引》(论亲亲之原于孝)、梅伯言《家谱约书》、彭子穆《读〈蔡仲之命〉》(论周公之处兄弟)、姚姬传《亡弟君俞权厝铭》(弟)、吴南屏《亡弟云松事状》(弟)、姚姬传《翰林院庶吉士侍君权厝铭》(义夫。以上伦理观念)、龙翰臣《宋伯姬论》、宋玉《神女赋》、宋玉《登徒子好色赋》(两赋描写女子之发乎情、止乎礼义、皆儒家伦理也)、曾子固《列女传目录序》、匡稚圭《戒妃匹劝经学疏》、欧阳永叔《泷冈阡表》、欧阳永叔《南阳县君谢氏墓志铭》、王介甫《曾公夫人万年太君王氏墓志铭》、王介甫《仙居县太君魏氏墓志铭》、归熙甫《魏节妇传》、归熙甫《王烈妇传》、归熙甫《先妣事略》、方灵皋《二贞妇传》、方灵皋《书孝妇魏氏诗后》、朱梅崖《黄贞女传》、彭尺木《曾孝女传》、姚姬传《张贞女传》、姚姬传《记萧山汪氏两节妇事》、姚姬传《旌表贞节大姊六十寿序》、吴殿麟《王节母传》、张皋文《先妣事略》、姚石甫《来孝女传》、邓湘皋《黄虎痴继室陈氏墓志铭》、梅伯言《鲍母谢孺人家传》、梅伯言《朱孺人墓志铭》、梅伯言《倪孺人墓志铭》、梅伯言《书杨氏婢》、曾涤生《欧阳氏姑妇节孝家传》、陈岱云《妻易安人墓志铭》、曾涤生《丁烈妇墓表》(以上伦理妇女观念)。

以上儒家之人生哲学。

曾子固《宜黄县学记》、曾子固《筠州县学记》、王介甫《慈溪县学记》、曾涤生《江宁府学记》、曾涤生《送吕介存南游序》(以上论古代教学之法)、梅伯言《书〈后汉书〉后》、梅伯言《书复社人姓氏后》(以上论教学之敝)、韩退之《进学解》、曾子固《墨池记》、吴子序《城南书舍图序》(以上论自学之法)。

以上儒家之教学法。

韩退之《处州孔子庙碑》、欧阳永叔《襄州谷城县夫子庙碑记》、苏子由《东轩记》(论颜子之乐)、曾子固《徐孺子祠堂记》、韩退之《施先生墓志铭》、欧阳永叔《胡先生墓表》、欧阳永叔《徂徕石先生墓志铭》、欧阳永叔《孙明复先生墓志铭》、欧阳永叔《连处士墓表》、王介甫《王深甫墓志铭》、姚姬传《朱竹君先生传》、罗台山《邓先生墓表》、张皋文《祭金先生文》、恽子居《张皋文墓志铭》、邓湘皋《例授修职郎岁贡生候选训导邹君墓志铭》、梅伯言《户部郎中汤君墓志铭》、梅伯言《国子监学正刘君墓表》、曾涤生《罗忠节公神道碑铭》、曾涤生《仁和邵君墓志铭》、曾涤生《唐确慎公墓志铭》、曾涤生《苗先麓墓志铭》、曾涤生《翰林院侍读学士丁君墓志铭》、曾涤生《翰林院庶吉士遵义府学教授莫君墓表》、曾涤生《邓湘皋先生墓表》、曾涤生《祭汤海秋文》。

以上儒家之学者人格。

(丁)墨家文学

柳子厚《辨〈晏子春秋〉》、管异之《读〈晏子春秋〉》。

(戊)法家文学

苏子瞻《韩非论》(排道、法)、李斯《论督责书》、苏子瞻《论始皇扶苏》(论秦法治之敝)、萧长倩《入粟赎罪议》。

(己)兵家文学

姚姬传《读〈司马法〉〈六韬〉》、姚姬传《读〈孙子〉》、苏明允《孙武》。

以上兵家考论。

晁错《言兵事书》、晁错《论守边备塞书》、晁错《论募民徙塞下书》、赵翁孙《屯田奏》、苏明允《论项籍》、苏明允《论御将》、苏子瞻《练军实》、苏子瞻《论勇敢》、苏子瞻《论战守》、苏子瞻《策断中策断下》。

以上兵家权谋论。

(庚)农家文学

晁错《论贵粟疏》、贾生《论积贮疏》。

以上古农家言。

贾让《治河议》、曾子固《襄州宜城县长渠记》、曾子固《序越州鉴湖图》。

以上水利。

韩退之《潮州祭神文》、曾子固《越州赵公救灾记》。

以上荒政。

柳子厚《种树郭橐驼传》、归熙甫《归府君墓志铭》、归熙甫《守耕说》、曾涤生《大界墓表》。

以上农家生活。

(辛)纵横家文学

柳子厚《辨〈鬼谷子〉》、刘子政《战国策序》、曾子固《战国策目录序》。

以上纵横家考论。

苏季子《说燕文侯》、苏季子《说赵肃侯》、苏季子《说韩昭侯》、苏季子《说魏襄王》、苏季子《说齐宣王》、苏季子《说齐闵王》、苏代《约燕昭王》(以上言纵)、范雎《说秦昭王》、张仪《说魏哀王》、张仪《说楚怀王》、张仪《说韩襄王》、黄歇《说秦昭王》(以上言横)。

以上纵横之策。

此文之涉于诸子九流者也。

其涉于小学者则有:

曾涤生《钞朱子小学书后》、曾涤生《复李眉生书》(论古文家用字之法)、曾涤生《与朱仲我书》(论转注)。

其涉于经说者则有:

刘子骏《移让太常博士书》(西汉今古文之争)、苏明允《易论》、张皋文《丁小疋郑氏易注后序》、姚姬传《复休宁程南书》(论易之图书。以上易)、苏明允《书论》、王介甫《书义序》、姚姬传《辨〈逸周书〉》(以上书)、苏明允《论诗》王介甫《诗义序》、梅伯言《书毛郑异同》(考以上诗)、王介甫《周礼义序》、姚南青《复某公书》(论周礼非刘歆伪窜）、韩退之《读仪礼》、曾涤生《书仪礼释官后》、刘子骏《毁庙议》、韩退之《礼祫议》、苏子瞻《圜丘合祭六议札子》、姚姬传《复孔㧑约论禘祭书》韩退之《改葬服议》、吴殿麟《答金理函书》（论殇服）、曾涤生《复刘霞仙中丞书》、曾涤生《孙芝房侍讲刍论序》（以上论礼）、苏明允《乐论》、归熙甫《二石说》（以上论乐）、司马子《长十二诸侯年表序》（序《春秋左传》传授之源流）、姚姬传《左传补注序》、管异之《读三传》、龙翰臣《春秋王不称天辨》、龙翰臣《君氏卒》、龙翰臣《及晋处父盟》、龙翰臣《逆妇姜于齐》、龙翰臣《君弑贼不讨不书葬》、龙翰臣《论外臣书归书入例》（以上论《春秋》）、柳子厚《〈论语〉辨》、曾涤生《〈孟子〉要略序跋》（以上论《论》《孟》）。

其涉于论史者则有：

姚姬传《书〈货殖传〉后》、恽子居《读〈货殖列传〉》、恽子居《读〈张耳陈余列传〉》、毛生甫《练伯颖〈后汉书公卿表〉序》、梅伯言《十经斋文表序》（论《后汉书》儒林文苑分传）、恽子居《书〈三国志〉后》、鲁通甫《正统论》、周星叔《书苏文忠〈正统论〉后》、周星叔《再书〈正统论〉后》、苏明允《族谱后录》、曾涤生《衡阳彭氏谱序》（以上论史例、史意、附族谱）、恽子居《三代因革论》、苏明允《申法》、苏明允《田制》、苏子由《元祐会计录序》、苏子由《会计录民赋序》（以上历代经制因革）、韩退之《对禹问》、苏子由《商论》、柳子厚《封建论》、苏子瞻《论周平王》、司马子长《六国表序》、苏明允《论六国》、苏子由《六国论》、周星叔《赵孝成王论》、苏子瞻《战国任侠》、贾生《过秦论》、苏子瞻《始皇论》、鲁通甫《秦论》、严安言《世务书》（论周秦之得失）、司马子长《秦楚之际月表序》、恽子居《西楚都彭城论》、苏子由《汉文帝论》、贾生《陈政事疏》、贾生《论封建子弟疏》、司马子长《汉兴以来诸侯年表序》、司马子长《高祖功臣侯年表序》、班孟坚《汉诸侯王表序》、东方曼倩《答客难》（论士处势之异古今）、苏子由《三国论》、周星叔《书苏文定〈隋论〉后》、苏子由《唐论》、欧阳永叔《五代职方考序》、王介甫《上仁宗皇帝言事书》、苏子瞻《上皇帝书》（以上论历代事势推迁）。

其涉于论文者则有：

姚姬传《复鲁絜非书》（论文之阴阳）、曾涤生《送周荇农南归序》（论文之奇偶）、梅伯言《书〈管异之文集〉后》（论文之骈散）、曾涤生《〈湖南文征〉序》（论文有情、理之分）、曾涤生《经史百家简编序》（论章句校雠评点三学。以上通论）、韩退之《答李翊书》、韩退之《答刘正夫书》、韩退之《答尉迟生书》、韩退之《与冯宿论文书》、苏明允《仲兄文甫说》、朱梅崖《又答李礡玉书》、梅伯言《〈舒伯鲁集〉序》、梅伯言《答朱丹木书》、梅伯言《答吴子序书》、管异之《〈方植之文集〉序》、曾涤生《复陈右铭太守书》（以上论学古文之法）、韩退之《南阳樊绍述墓志铭》、韩退之《贞曜先生墓志铭》、李习之《祭韩侍郎文》、欧阳永叔《梅圣俞墓志铭》、苏明允《上欧阳内翰书》、苏子瞻《祭欧阳文忠公文》、王介甫《祭欧阳文忠公文》（以上论唐宋文学家）、曾涤生《书〈归震川文集〉后》、吴南屏《〈归震川文别钞〉序》、吴南屏《记钞本震川文后》、姚鼐《刘海峰先生八十寿序》、王悔生《祭海峰先生文》、陆祁孙《〈七家文钞〉序》、曾涤生《〈欧阳文集〉序》、吴南屏《与筱岑论文派书》、曾涤生《复吴南屏书》、邵位西《赠陈艺叔序》（以上论桐城文）。

由吾之法，可知姚、王篹辑之文，亦未必无当于学也。“文以载道”，古人自是如此。而今之学者，又或诟病，欺逝者之不作，肆笔舌以自豪？何裨文章，徒长浇薄！呜呼！余欲无言！余蚤承家学、服诵《萧选》，导以韩、柳，自以为壮彩烈词，风骨无惭于古；而揆之桐城义法，则或少乖！然性情之所偏至，不为意也！独于姚氏此《篹》，虽病其规模少隘，然窃以为有典有则，总集之类此者鲜！钻研不厌；而不欲轻附时贤，作应声之骂。昔孔文举论盛孝章云：“今之少年，喜谤前辈，或能讥评孝章。孝章要为有天下大名，九牧之人所共称叹。”吾于姚氏亦云！

读陶渊明《桃花源记并诗》札记

曾祥波

五柳先生作《桃花源记》，意想奇绝，涉笔瑰丽，且幻而不诡，虚而似实，故行世未久，即为人所乐道[1]。其文既多时人征引，其事复成后人谈资，而尤以桃源之仙俗为要。摩诘作《桃源行》，视成仙为题中应有之义[2]。东坡则以常情度之，称“渔人所见，似是其子孙，非秦人不死者也”[3]。持论平允，当推翁方纲《石洲诗话》卷一：

古今咏桃源事者，至右丞而造极，固不必言矣。然此题咏者，唐、宋诸贤，略有不同。右丞及韩文公、刘宾客之作，则直谓成仙，而苏文忠之论，则以为是其子孙，非即避秦之人至晋尚在也。此说似近理。盖唐人之诗，但取兴象超妙，至后人乃益研核情事耳，不必以此为分别也。

然所谓“但取兴象超妙”云云，恐未尽然。愚臆右丞之言，其来有自。按，唐时秦人避世得仙之说夥矣。如《太平广记》卷四十八引《逸史》之“李元”条：

李元谏议，尝隐于嵩山茅舍。冬寒当户炽火，有老人戴大帽子直入炙脚。良久，问李公曰：“颇能同去否？知君有志。”因自言某秦时阉人，避祸得道。乃去帽，须髯伟甚。曰：“此皆山中所长也。”李公思之良久，乃答曰：“家事未了，更数日得否。”老人揭然而起，曰：“公意如此。”遂出门径去，李公牵衣愧谢，不可暂止。明日寻访，悉无其迹。

又如《太平广记》卷六十二引《广异记》之“秦时妇人”条：

唐开元中，代州都督以五台多客僧，恐妖伪事起，非有住持者，悉逐之。客僧惧逐，多权窜山谷。有法朗者，深入雁门山，幽涧之中有石洞，容人出入。朗多赍干粮，欲住此山。遂寻洞入，数百步渐阔，至平地，涉流水，渡一岸。日月甚明。更行二里，至草屋中，有妇人并衣草叶，容色端丽。见僧惧愕，问云：“汝乃何人？”僧曰：“我人也。”妇人笑云：“宁有人形骸如此？”僧曰：“我事佛，佛须摈落形骸，故尔。”因问佛是何者。僧具言之。相顾笑曰：“语甚有理。”复问宗旨如何。僧为讲金刚经，称善数四。僧因问此处是何世界。妇人云：“我自秦人。随蒙恬筑长城，恬多使妇人。我等不胜其弊，逃窜至此。初食草根，得以不死。此来亦不知年岁，不复至人间。”遂留僧，以草根哺之，涩不可食。僧住此四十余日，暂辞出人间求食。及至代州，备粮更去，则迷不知其所矣。

其最著者，当属《太平广记》卷四十引《传奇》之“陶尹二君”条所载毛公毛女事，曼妙曲折，固是传奇之佳什，文繁不赘[4]。所谓山精毛人，世间往往言之，非惟唐世。旧题刘向著《列仙传》卷下之“毛女”条[5]，远如王士禛《池北偶谈》卷二十一[6]，皆是。

此类情事，真伪必不待言，可注意者，缁流羽士往往因事附会，神道设教。唐世三教并立，各较短长，故于兹为甚。如“秦时妇人”条称“僧为讲金刚经，称善数四”，“陶尹二君”条毛公言“善自导养，无令漏泄伐性，使神气暴露于窟舍耳”，而“云台观道士往往遇之，亦时细话得道之来由尔”云云，其用意昭然可见。

世传渊明著《续搜神记》[7]，其书最初往往为僧侣称引，虽见录于《隋书·经籍志》，而失之于宋元间书目，今存本既出明人，颇致诟鄙[8]。要之，谓其书必有晋宋间古本，论者皆无异议；然言及撰者，并未确然。——今摒去明本，径取唐宋类书所引，其中颇有似毛女事者，如《艺文类聚》卷八十二引《续搜神记》：

晋孝武帝世，宣城人秦精尝入武昌山中採茗，忽见一人身长一丈，通体皆毛。精见之大怖，毛人径牵其臂，将至山曲大丛茗处。放之便去。须臾复来，乃探怀中橘与精，精甚怖，负茗而归。

而述世外境事，亦复有之。《太平御览》卷五十四引《续搜神记》：

长沙醴陵县有小水。有二人乘舡取樵，见岸下土穴中水流出，有新斫木片。逐水流上，有深山，有人迹。异之，相谓曰："可试入水中看何由尔。"一人便以笠自鄣，入穴。穴才容人，行数十步，便开明朗然，不异世上。

《太平御览》卷四十一引《续搜神记》：

会稽剡县民袁柏 、根 硕二人猎，经深山重岭甚多，见一群山羊六七头，遂经一石桥，桥甚狭而峻，羊玄[按，此处疑有阙桕文]， 等亦随渡向绝崖，崖正赤壁立，名曰赤城。上有水流下，广狭如疋布，剡人谓之瀑布。羊径有山穴如门，豁然而过。既入内，甚平敞，草木皆香，有一小屋，二女子住中，年皆十五六，容色甚美，着青衣，一名莹珠。见二人至，忻然云："早望汝来。"遂为室家，忽二女出行，云复有得婿者，往庆之。曳履于绝岩上行，琅琅然。二人思归，潜去归路。二女已知，追还，乃谓曰："自可去。"乃以一腕囊与根，语曰："慎勿开也。"于是得归。后出行，家人开其囊，囊如莲花，一重去，复一重，至五尽。中有小青鸟飞去。根还知此，怅然而已。后根于田中耕，家依常饷之。见在田中不动，就视，但有皮壳如蝉蜕也。

《太平御览》卷五百七十四引《续搜神记》[9]：

荥阳人姓何，忘其名，有名闻士也。荆州辟为别驾，不就，隐遁养志。尝至田舍收获，在场上忽有一人，长一丈，黄疏单衣角巾来诣之。翩翻举其两手并舞而来，语何云："君尝见韶舞不？此是韶舞。"且舞且去，寻逐径向山，山有穴，裁容人。即入穴，何亦随之。见有良田数十顷，何遂垦作以为世业。子孙于今赖之。

寻绎《续搜神记》诸文，颇似时人杂糅诸说而成，如秦精之名，近乎"秦人"、"山精木魈（毛人）"之省合；袁栢、根硕事，直拟刘晨、阮肇之遇仙天台；荥阳何姓者事，其中所谓"荆州别驾""隐遁养志""收获田舍"云云，几为渊明写照。——渊明"心好异书"[10]，世所共知，释徒或盗名以作伪，观其书传承之迹，往往见僧侣称引，即可窥见个中消息[11]。——其文支离拼合之迹宛然，正所谓过巧反拙、似是而非者。宋元书目不录，固其宜也。

唐世盛传秦人避世成仙之说；而托名陶潜之《续搜神记》于唐世尚存，其于避世之境亦往往作仙迹之发挥。——此二者俱出于宗教之宣传，则《搜神后记》为淄流所撰而托名陶潜，其迹甚明。以此揆之，当日右丞所言"成仙"，理所固然[12]。而天水以降，诗风尚理[13]，宛陵以宋诗"开山"而作《桃花源诗》，于仙俗之义，已未置一辞[14]；至东坡而推以常情，事有必至。仁者见仁，智者见智，遂成一段读陶佳话。

注释：

[1]如，梁沈君攸《赋得临水诗》："开筵临桂水，携手望桃源。"庾信《拟咏怀诗二十七首》其二十五："由来千种意，并是桃花源。"（按：庾信集中言及桃源者凡四处，为先唐诗人之最。又如《奉报赵王惠酒诗》："行人忽枉道，直进桃花源。"余二处见《咏画屏风诗二十五首》其五、《徐报使来止得一相见诗》）徐陵《山斋诗》："桃源惊往客，鹤桥断来宾。"北周宗懔《和岁首寒望诗》："所言春不至。未有桃花源。"

[2]《桃源行》：“初因避地去人间，及至成仙遂不还。”

[3]《和桃花源诗》序：“世传桃源事多过其实，考渊明所记，止言先世避秦乱来此，则渔人所见，似是其子孙，非秦人不死者也。又云‘杀鸡作食’，岂有仙而杀者乎？”

[4]《太平广记》卷二十九引《逸史》“姚泓”条类此，其中泓自言“昔秦宫人遭乱避世，入太华之峰，饵其松柏。岁祀寖久，体生碧毛尺余。或逢世人，人自惊异。至今谓之毛女峰。且上人颇信古，岂不详信之乎？”云云，作者行文至此，索性自示其事（Motif-Genre），欲擒故纵（show the fiction factual），别添一层趣味。

[5]《列女传》虽属伪书，然确为魏晋间流行之作。其文曰：毛女者字玉姜，在华阴山中，猎师世世见之。形体生毛，自言秦始皇宫人也。秦坏，流亡入山避难，遇道士谷春教食松叶，遂不饥寒，身轻如飞，百七十余年，所止岩中，有鼓琴声云：婉娈玉姜，与时遁逸。真人授方，餐松秀实。因败获成，延命深吉。得意岩岫，寄欢琴瑟。

[6]其文曰：辽东医无闾山中有人斫参，见毛人长丈许，惊而却走。毛人招之曰：“吾非妖魅，乃秦时筑长城卒。昔同辈数万人，今仅七人在耳。”因问其饮食居处状。曰：“始饥，食松柏实；渴，饮溪水。久之不复饥渴矣。”言已，去如飞鸟。友人某亲闻之，操江宜中丞永贵云。又巴山中有白髯叟，采樵者尝见之，自云唐时人。岳仪部石斋贞说。

[7]唐宋类书如《艺文类聚》《太平御览》中，皆引作《续搜神记》，未言《搜神后记》。

[8]梁慧皎《高僧传》序称“陶渊明《搜神录》”，又，书末附王曼颖《致慧皎书》亦言“攙出君台之说，操在元亮之说”。唐释法琳《破邪论》卷下、道宣《三宝感通录》卷下皆著录“陶元亮《搜神录》”（按：此点李剑国《唐前志怪小说辑释》已详言之，不赘）。

[9]同书卷八百二十一亦引此事。

[10]《文选》卷五十七载颜延之《陶徵士诔》：“心好异书，性乐酒德。”

[11]类书之外，存《续搜神记》佚文最多者，为唐释道世之《法苑珠林》，是书“作于唐初，去古未远，在彼法之中，尤为引经据典”（《四库全书总目》卷一百四十五“子部五十五•释家类”），亦是一证。

[12]如，《河岳英灵集》卷上载常建诗《仙谷遇毛女意知是秦时宫人》：“溪口水石浅，泠泠明药丛。入溪双峰峻，松栝疏幽风。垂岭枝袅袅，翳泉花蒙蒙。寅缘霁人目，路尽心弥通。盘石横阳崖，前临殊未穷。回潭清云影，弥漫长天空。水边一神女，千岁为玉童。羽毛经汉代，珠翠逃秦宫。目觌神已寓，鹤飞言未终。祈君青云秘，愿谒黄仙翁。尝以耕玉田，龙鸣西顷中。金梯与天接，几日来相逢。” 又如，《唐诗纪事》卷六十五、第八十一载“毛仙翁”事，涉及诗人之多，实为历代所罕见。

[13]兹事体大，难以详论，姑以宋初《西昆酬唱集》试一言之，其书设题属辞，命意运事，鸾虬往来，人神交感，实为唐前文学想象世界之绝响。自后洛幕宛陵、永叔诸子绝地天通，殊判仙俗，反道之动，遂启天水以降文学之端。愚尝戏言曰，其间诗运转关之草蛇灰线，拟以昆体自家丽句“嫦娥应悔偷灵药，碧海青天夜夜心”，庶可象之。

[14]《梅尧臣集编年校注》卷二十六《桃花源诗并序》序云：“嘉祐元年，予在京师，邂逅与都官员外郎张侯颙遇于书肆中。张语往时相识于唐俞家，今二十三年矣。因各言出处。张曰：‘实居武陵，武陵旧迹可具道。始时陶潜为记与诗，其后往往赋咏不绝。君之仲父昔尝有作。闻君能诗，多为公卿大夫讽诵，愿得一章夸咤远土。亦当买石刊置岩下。’既重其意，许其录幼时所为五言。归阅故稿，则颇不惬心，遂别为一章，以塞张侯之请。”诗云：“鹿为马，龙为蛇，凤皇避罗麟避罟。天下逃难不知数，入海居岩皆是家。武陵源中深隐人，共将鸡犬栽桃花。花开记春不记岁，金椎自劫博浪沙。亦殊商颜采芝草，唯与少长亲胡麻。岂意异时渔者入，各各因问人闲赊。秦已非秦孰为汉，奚论魏晋如割瓜。英雄灭尽有石阙，智慧屏去无年华。俗骨思归一相送，慎勿与世言云霞。出洞沿溪梦寐觉，物景都失同回槎。心寄草树欲复往，山幽水乱寻无涯。”

（作者单位：中国青年政治学院）

【经 苑】

诸儒论读经

程子曰：

凡看书各有门庭。《诗》《易》《春秋》，不可逐句看；《尚书》《论语》，可以逐句看。

苏季明尝以治经为传道居业之实，居常讲习，只是空言无益。质之两先生，伯淳先生曰：修辞立其诚，不可不仔细理会。言能修省言辞，便是要立诚；若只是修饰言辞为心，只是为伪也。若修其言辞，正为立己之诚意，乃是体当自家，敬以直内，义以方外之实事。道之浩浩，何处下手，惟立诚，才有可居之处。有可居之处，则可以修业也。终日乾乾，大事小事，却只是忠信。所以进德为实下手处，修辞立其诚，为实修业处。正叔先生曰：治经，实学也。譬诸草木，区以别矣。道之在经，大小远近，高下精粗，森列于其中。譬如日月在上，有人不见者，一人指之，不如众人指之自见也。如《中庸》一卷书，自至理便推之于事。如国家有九经，及历代圣人之迹，莫非实学也。如登九层之台，自下而上者为是，人患居常讲习空言无实者，盖不自得也。为学治经最好。苟不自得，则尽治五经，亦是空也。今有人心得识达，所得多矣，虽亦好读书，却患在空虚者，未免此弊。

张子曰：

经籍亦须记得，虽有舜禹之智，吟而不言，不如聋盲之指麾。故记得，便说得，便行得。故始学亦不可无诵数。

朱子曰：

看经书与看史书不同。史是皮外物事，没紧要，可以劄记问人。若是经书有疑，这个是切己病痛，如人负痛在身，欲斯须忘去而不可得，岂可比之看史，遇有疑则记之纸耶！

问：为学只是看六经、《语》《孟》，其他史书杂学，皆不必看，如何？曰：如此即不见古今成败，便是荆公之学。书那有不读者，只怕无许多心力读得。六经是三代以上之书，曾经圣人手，全是天理。三代以下，文字有得失，然而天理却在这边自若。也要有主，觑得破，皆是学。

看经传有不可晓处，且要旁通，待其浃洽，则当触类而可通矣。

治经者，必因先儒已成之说而推之，借曰未必尽是，亦当究其所以得失之故，而后可反求诸心而正其缪。此汉之诸儒，所以专门名家，各守师说，而不敢轻有变焉者也。但其守之太拘，而不能精思明辨，以示真是，则为病耳。然以此之故，当时风俗，终是淳厚。近年以来，习俗苟偷，学无宗主。治经者，不复读其经之本文与夫先儒之传注，但取近时科举中选之文，讽诵摹仿，择取经中可为题目之句，以意扭捏，妄作主张，明知不是经意，但取便于行文，不暇恤也。

大抵所读经史，切要反复精详，方能渐见旨趣。诵之宜舒缓不迫，令字字分明，更须端庄正坐，如对圣贤，则心定而义理易究。不可贪多务广，涉猎卤莽，才看过了，便为已通。小有疑处，即便思索思索不通，即置小册子，逐日抄记，以时省阅，俟后日逐一理会。切不可含糊护短，耻于资问，而终身受此黯暗以自欺也。今之谈经者，往往有四者之病，本卑也而抗之使高，本浅也而凿之使深，本近也而推之使远，本明也而必使至于晦。此今日谈经之大患也。

六经浩渺，乍难尽晓，且见得路径后，各自立得一个门庭。问如何是门庭？曰：是读书之法。如读此一书，须知此书当如何读。伊川教人看《易》，以王辅嗣、胡翼之、王介父三人易解，看此便是读书之门庭。缘当时诸经，都未有成说，学者乍难捉摸，故教人如此。或问：如《诗》是吟咏情性，读《诗》者便当以此求之否？曰：然。

读书只就一直道理看剖析自分晓，不必去偏曲处看。《易》有个阴阳，《诗》有个邪正，《书》有个治乱，皆是一直路径，可见别无峣崎。

学者只是要熟，工夫纯一而已。读时熟，看时熟，玩味时熟。如《孟子》《诗经》，全在读时工夫。《孟子》每章，说了，又自解了，盖他直要说得尽方住，其言一大片。故后来老苏，亦拖他来做文章说。须熟读之，便得其味。今观《诗》既未写得传，且除了小序而读之，亦不要将做好底看，亦不要将做恶底看，只认本文语意，亦须得八九。

圣人作经，以诏后世，将使读者诵其文、思其义，有以知事理之当然，见道义之全体，而身力行之，以入圣贤之域也。其言虽约，而天下之故，幽明巨细，靡不该焉。欲求道以入德者，舍此为无所用其心矣。然去圣既远，讲诵失传，自其象数名物训诂凡例之间，老师宿儒，尚有不能知者，况于新学小生，骤而读之，是亦安能遽有以得其大指要归也哉？故河南程夫子之教人，必先使之用力乎《大学》《论语》《中庸》《孟子》之书，然后及乎六经。盖其难易远近大小之序，固如此而不可乱也。

问看《易》。曰：未好看，《易》自难看。《易》本因卜筮而设，推原阴阳消长之理，吉凶悔吝之道。先儒讲解，失圣人意处，多待用心力去求，是费多少时光，不如且先读《论语》。又问读《诗》。曰：《诗》固可以兴，然亦自难，先儒之说亦多失之。某枉费许多年工夫，近来于《诗》《易》，略得圣人之意。今学者不如且看《大学》《语》《孟》《中庸》四书，且就见成道理，精心细求，自应有得。待读此四书精透，然后去读他经，却易为力。

问：近看胡氏《春秋》，初无定例，止说归忠孝处，便为经义，不知果得孔子意否？曰：某尝说《诗》《书》，是隔一重两重；说《易》《春秋》，是隔三重四重；说《春秋》义例、《易》爻象，虽是圣人立下，今说者用之各信己见，然于人伦大纲皆通，但未知曾得圣人当初本意否？且不如让渠如此说，且存取大意，得三纲五常，不至废坠，足矣。今欲直得圣人本意不差，未须理会经，先须于《论语》《孟子》中，专意看他，切不可忙。虚心观之，不须先自立见

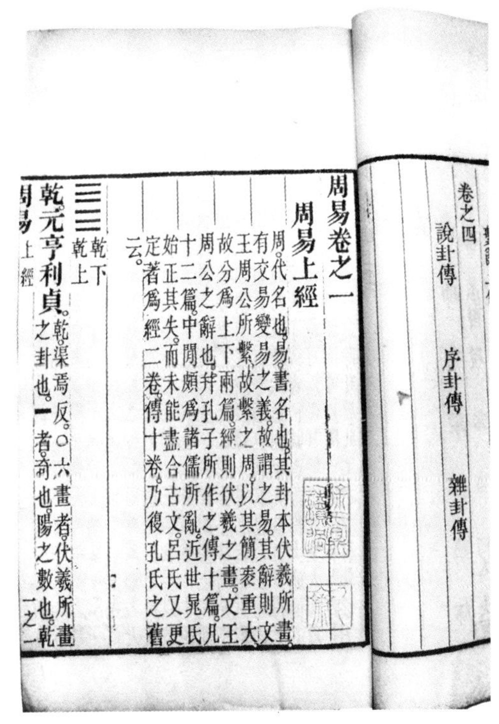
清同治山东书局刻本《周易》书影

识，徐徐以俟之，莫立课程。

问《左传》疑义。曰：公不求之于六经、《语》《孟》之中，而用功于《左传》，且《左传》有甚么道理。只看圣人所说，无不是这个大本。如云“天地高下，万物散殊，而礼制行矣。流而不息，合同而化，而乐兴焉”。不然子思何故说个“天命之谓性，率性之谓道，修道之谓教”。此三句，是怎如此说？是乃天地万物之大本大根，万化皆从此出。人若能体察得，方见得圣贤所说道理，皆从自己胸襟流出，不假他求。又曰：人须是于大原本上看得透，自然心胸开阔，见世间事皆琐琐不足道矣。又曰：每日开眼，便见这四个字在面前，“仁义礼智”四个字，若看得熟，于世间道理，沛然若决江河而下，莫之能御矣。若看得道理透，方见得每日所看经书，无一句一字一点一画，不是此理之流行。见天下事，无大无小，无一名一件不是此理之发见，如此方见得这个道理。浑沦周遍不偏枯，方见得所谓“天命之谓性”底全体。今人只是随所见而言，或见得一二分，或见得二三分，都不曾见那全体，不曾到那极处，所以不济事。

学者观书，先须读得正文，记得注解，成诵精熟。注中训释文意，事物名义，发明经旨，相穿纽处，一一认得，如自己做出来底一般，方能玩味反复，向上有透处。若不如此，只是虚设议论，如举业一般，非为己之学也。曾见汪端明说：沈元用问和靖，伊川易传何处是切要。尹云：体用一源，显微无间，此是切要处。后举似李先生。先生曰：尹说固好，然须是看得六十四卦三百八十四爻，都有下落，方始说得此话。若学者未曾子细理会，便与他如此说，岂不误他?某闻之悚然，始知前日空言无实，不济事。自此读书，益加详细云。

鲁斋许氏曰：

讲究经旨，须是且将正本反复诵读，求圣人立言指意，务于经内自有所得。若反复读诵，至于二三十遍，以至五六十遍，求其意义不得，然后以古注证之，古注训释不明，未

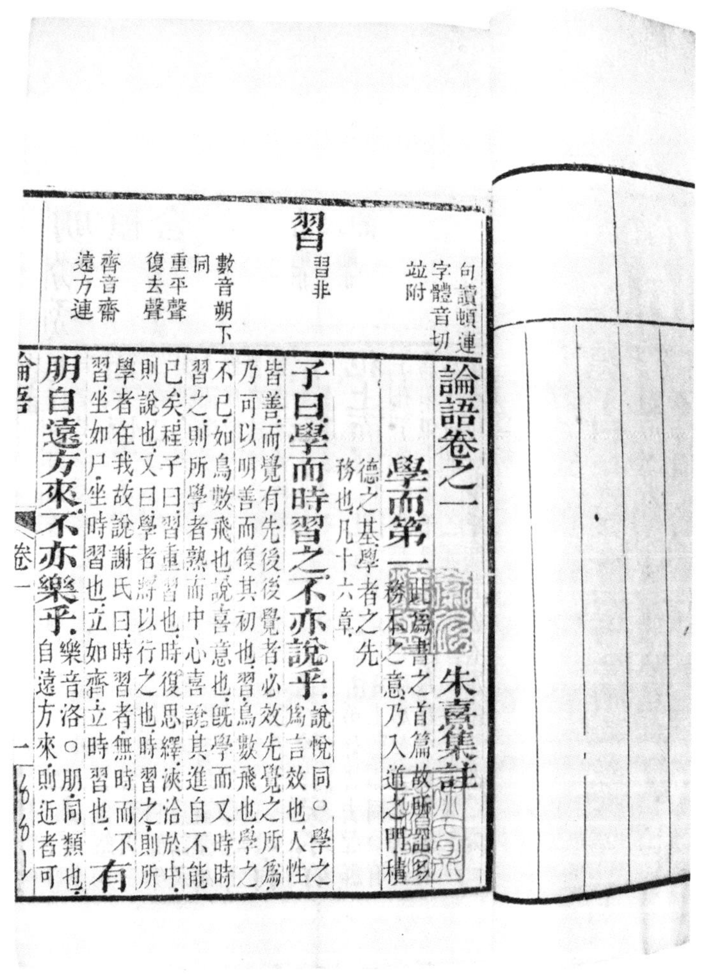
句讀頓連
字體音切
竝附
習
習非
數音朔下同
重平聲
復去聲
齊音齋
遠方連
論語卷之一　　朱熹集註
學而第一　此爲書之首篇故所記多務本之意乃入道之門積德之基學者之先務也凡十六章
子曰學而時習之不亦說乎　說悅同○學之爲言效也人性皆善而覺有先後後覺者必效先覺之所爲乃可以明善而復其初也習鳥數飛也學之不已如鳥數飛也說喜意也既學而又時時習之則所學者熟而中心喜說其進自不能已矣程子曰習重習也時復思繹浹洽於中則說也又曰學者將以行之也時習之則所學者在我故說謝氏曰時習者無時而不習坐如尸坐時習也立如齊立時習也
有朋自遠方來不亦樂乎　樂音洛○朋同類也自遠方來則近者可
論語　卷一　一

清光绪桂垣书局刻本 《四书集注·论语》书影

可通晓，方考诸家解义，择其当者，取一家之说以为定论。不可汎汎，莫知所适从也。

诵经习史，须是专志，屏弃外物，非有父母师长之命，不得因地而辍。

薛文清曰：

人之所从，不可不慎。观诸卦爻，或吉或凶，多系于所从。

《易》之为教，大概欲人敬慎，虽吉事亦不敢易而为之。如“大壮”乃阳壮之事，占者吉亨，不言可知。而必曰“利贞”，是即敬慎之意。

《周书》曰：“惟天地，万物父母；惟人，万物之灵。亶聪明作元后，元后作民父母。”此言理一分殊，《西铭》之原出于此。

谢氏曰：

明道先生善言《诗》，未尝章解句释，但优游玩味，吟哦上下，便使人有得处。又曰：明道先生谈《诗》，并不曾下一字训诂，只转却一两字点缀，念过便教人省悟。朱子《诗传》，盖得明道谈《诗》意也。

《春秋》最重民力，凡有兴作，大小必书，圣人仁民之意深矣。

《春秋》词虽谨严，而意实忠厚。

《春秋》不言事应，而事应具存。天道真可畏，未有虚发于前而不应于后者。

天命甚微，圣人所罕言，春秋多言之，皆微其辞。

《礼》曰：君子不尽人之懽，不竭人之忠，以全交也。此言有易道存焉。

《礼运》曰：“人者，其天地之德，阴阳之交，鬼神之会，五行之秀气也。”此言与太极图颇相合。

胡敬斋曰：

太极，理也。道理最大，无以复加，故曰太极。凡事到理上，便是极了，再改移不得。太，是尊大之意；极，是至当无以加也。

君相之职，最难者是知人。四凶在尧时，尧照见他心术毫发不隐，如共工则曰静言庸违，象共滔天。于鲧，则曰吁哉。方命圮族，但当时舜禹稷契等未出，鲧之才高可用，故只得用之，曰往钦哉。戒之甚切，驭之甚严，然亦用之治外事而已，不使之预朝政也。非圣人不能如此处置，非圣人照临在上，亦用四凶不得。如荀彧不识曹操，孔明误信马谡，温公不知邢恕，刘元城不知程子定夫，胡文定不知秦桧，皆是大本有欠，烛理不明故也。是以君子大居敬而贵穷理。

《诗》所以能兴起人心之善者，以人情事理所在，又有音韵以便人之歌咏吟哦，吟咏之久，人心自然歆动和畅。

人才一半是天生出来，一半是圣人作兴出来。如伊、傅、周、召，是天生出来。如曰“岂第君子，遐不作人，济济多士，文王以宁”，是圣人在位作兴出来。

读《春秋》，使人自然戒惧，不敢萌一毫私意。

读《春秋》，便见得君是君，臣是臣，父是父，子是子，长是长，幼是幼，夫妇朋友，截然分明，而各止其所。其于天道人事，分殊理一，无不明备，此圣人手段。

《春秋》，天理之准的，使孔子得行其道，必参酌百王之法，大行典制，为万世准则。道既不行，故寓二百四十二年行事于鲁史中，乃天理之准的也。

《记》曰：“君子庄敬日强，安肆日偷。”学者脚步正在此立。

罗整庵曰：

《虞书》之所谓“道心”，即《乐记》所谓“人生而静”。“天之性也”，即《中庸》所谓“未发之中”。天下之大本也，决不可作已发看。若认道心为已发，则将何者以为大本乎！

《乐记》所言欲与好恶，与《中庸》喜怒哀乐，同谓之七情，其理皆根于性者也。七情之中，欲较重。盖惟天生民有欲，顺之则喜，逆之则怒，得之则乐，失之则哀，故《乐记》独以性之欲为言。欲未可谓之恶，其为善为恶，系于有节无节尔！

（节选自《学规类编》卷之六，中华书局1985年北京新一版）

经学概论讲义

王国维 著
童 岭 整理

整理者案语：

《经学概论讲义》，海宁王国维先生撰。此书版次不明，唯封面题“商务印书馆函授学校国文科”数字。就予所知，此套文科教材尚有《字原学讲义》（胡韫玉）、《史学概论讲义》（柳诒徵）、《诗学概论讲义》（陈衍）、《集部概论讲义》（谢无量）、《读书法讲义》（梁启超）等若干种。陈平原先生曾于哈佛大学图书馆访得梁启超《读书法讲义》一种，惊呼“艳遇”（文载《读书》2005年第三期）。乙酉年春，予幸得上举六种于京口旧书肆。尝以之呈与张师伯伟先生，张师亦惊此套讲义水平极高，绝非“函授教材”所能匡衡之。以王国维先生《经学概论讲义》为例，乃《遗书》本未收、赵万里《目录》不载。罗继祖《观堂书札三跋》则云此书成于“广仓讲学”之时。民国丙辰年间（1916），观堂先生自日本归上海，卜居松江之侧。拒蔡元培北大教授之聘，而潜学于哈同花园。所与谈论学问者，除一二老辈如沈乙庵外，同辈仅得数人（如张采田、孙德谦等）。观堂先生名著《殷卜辞中所见先公先王考》《殷周制度论》亦成于此时。仪征阮芸台尝言清儒之可畏，在其专不可及。观堂先生深谙斯道，故废此书而不传。观堂先生之学，举世推崇，兹敬录其文，庶几明所向往。睹乔木而思故家，考文献而爱旧邦。有读观堂先生此书，而仰其拳拳于诸夏文脉者，亦当有感于斯言。童岭记于观堂先生自沉后七十九年。

第一章 总论

孔子以前，有《易》《书》《诗》《礼》《乐》《春秋》诸书，而未有经名。《礼记》有《经解篇》，其所举之经凡六，曰：“温柔敦厚，《诗》教也；疏通知远，《书》教也；广博易良，《乐》教也；絜静精微，《易》教也；恭俭庄敬，《礼》教也；属辞比事，《春秋》教也。”此篇《记》以为孔子之言，虽未必然，要不失为七十子后学之说。《庄子•天下篇》亦云：“《诗》以道志，《书》以道事，《礼》以道行，《乐》以道和，《易》以道阴阳，《春秋》以道名分。”其所述者，盖儒家之恒言；是战国时，六经之名，固已确立矣。此六经中，《诗》《书》《礼》《乐》，皆古代之遗文。百家诸子，多称《诗》《书》；《礼》《乐》独为儒家所传。《荀子》屡云：“隆《礼》《乐》而杀《诗》《书》。”《庄子》云：“其在《诗》《书》《礼》《乐》者，邹鲁之士，缙绅先生，多能明之。”《易》为卜筮之书，《春秋》为鲁国史，孔子以前，其行世不及《诗》《书》《礼》《乐》之广。儒家以孔子赞《易》，修《春秋》，遂尊之为经。故

《诗》《书》《礼》《乐》者，古代之公学，亦儒家之外学也。《易》《春秋》者，儒家之专学，亦其内学也。其尊之为经者，以皆孔子手定之故。儒家谓孔子删《诗》《书》，定《礼》《乐》，赞《周易》，修《春秋》。以经圣人手定，故谓之经。六经亦谓之六艺。汉初，《乐经》先亡，故又称五经。古所谓经，皆不出此六者。其余孔子之言，为门人所记者，如《论语》《孝经》，均不在六经数。二书汉人皆谓之传。《尔雅》为释经之书，亦传之一也。《孟子》则与《荀子》并在诸子之列。其后《周官》《礼记》，以附于《礼》而称经。《左传》《公羊》《穀梁传》，以附于《春秋》而称经。唐以后，遂有九经之目。而《论语》《孝经》《尔雅》，则谓之三传，盖犹承汉人之旧。宋儒自《礼记》中别出《大学》《中庸》，与《论语》《孟子》，并称四书；亦犹汉人呼《论语》《孝经》为传之意。然汉人于石经末刊《论语》。唐石经中并刊《论语》《孝经》《尔雅》。宋人补刊蜀石经，并及《孟子》。宋元以后，又有十四经兼《大戴礼》、十三经之目。于是古人所谓传，皆得经名。然其初，本谓孔子手定之书，不可不知也。其所谓之经者，经者，常也，谓可为后世常法者也。故诸子百家目其先师之书，亦谓之经。如墨家有《墨经》，道家谓老子之书为《道德经》，医家谓神农本草为《本草经》，黄帝《素问》为《内经》。其余小小方技，如相牛、相马之属，亦各有经。甚至茶谱谓之《茶经》，酒谱谓之《酒经》，皆谓其先师之书，足以常为后世程式者。其与儒家称孔子之书为经之意，固不相远。故今可得下经之定义，曰：“经者，孔子手定之书，足为后世常法也。”今当就经之次序，分别论之。

第二章　周易

《易》之为书，自古有之。初伏羲氏画八卦，文王重之，为六十四卦。卦积六画而成，故每卦有六爻。卦有卦辞，爻有爻辞，相传亦文王所作也或云爻辞周公作，故谓之《周易》。《易》之书，古代但以供卜筮之用。孔子晚而学《易》，乃作《彖》上下《传》，以释卦辞；《象》上下《传》，以释爻辞；又作《系辞》上下《传》《文言》《说卦》《序卦》《杂卦》诸传，以释其大义，谓之《十翼》。其书，说阴阳消长之理。《系辞传》云：“易穷则变，变则通，通则久。”郑玄赞《易》，以“变易，不易”二语释之。变易者，传之所谓穷则变也；不易者，传所谓通则久也。天地如是，人事亦然。圣人推天道以明人事，而作此书，以为人事之准绳；占筮之用，其一端也。孔子《易》学，传之弟子商瞿。汉初传《易》者，有施、孟、梁邱三家。又有京氏、费氏，多以象数为说。魏王弼出，始纯以义理说之，然颇杂以老庄之说。唐以后，诸家说渐亡，而王弼注立于学官，流传至今。宋时程子颐作《程氏传》，亦说义理。朱子复参以象数，作

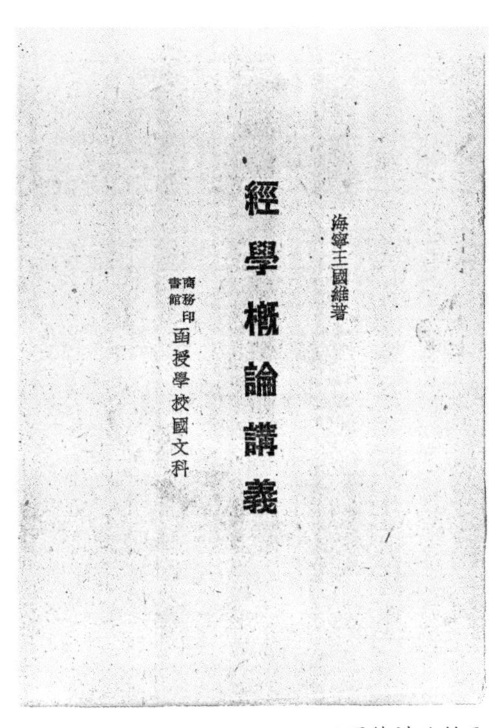

王国维讲义封面

《周易本义》。宋元以后，并立于学官，要皆得《易》之一端云。

第三章　尚书

《书》谓之《尚书》者，以其为上古之书也。《书》始尧、舜，终秦穆公。相传孔子删《书》，定为百篇。至秦焚书，亡其七十二篇。伏生以所存二十八篇，教于齐鲁之间。其篇名为：《尧典》兼今之《舜典》、《皋陶谟》兼今之《益稷》、《禹贡》《甘誓》《汤誓》《盘庚》兼今三篇、《高宗肜日》《西伯戡黎》《微子》《牧誓》《洪范》《金縢》《大诰》《康诰》《酒诰》《梓材》《召诰》《洛诰》《多士》《无逸》《君奭》《多方》《立政》《顾命》兼今《康王之诰》、《费誓》《吕刑》《文侯之命》《秦誓》，其后又益以《太誓》非今之《泰誓》为二十九篇。伏生之传，为欧阳大小夏侯三家，所谓《今文尚书》也。汉景帝时，鲁共王发孔子宅，于其壁中得《古文尚书》四十五篇，多于今文者十六篇。孔安国以今文读之，通其二十九篇，其十六篇无说，谓之《逸书》，遂亡于汉魏之间。时今古文二学皆微，晋初乃有伪造孔安国《尚书传》者，析旧有之二十八篇为三十一篇欧阳今文及马融郑玄注古文已如此，又易《泰誓》以《伪泰誓》三篇，又增出伪书二十四篇，共五十八篇，今所传本是也。唐时立于学官。宋时朱子弟子蔡沈作《尚书集传》，亦据伪孔安国本。元明以后，亦立于学官。自宋以来，儒者已疑《泰誓》及二十四篇之伪。历元明至清四代，遂为定论。然伪书亦魏晋间人搜辑古逸书所成，其言多有裨于政治道德，不可废也。其真者多纪帝王行事及君臣论治之语，实中国三千年来政治道德之渊源，亦中国最古之史也。

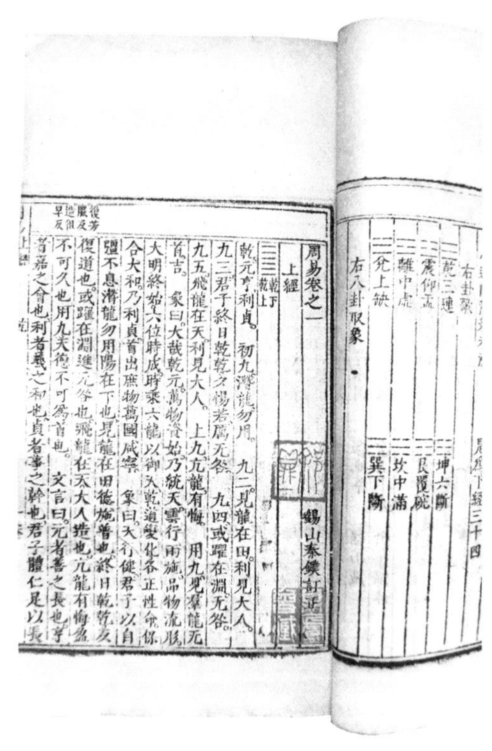
右卦歌
乾三連　坤六斷
震仰盂　艮覆碗
離中虛　坎中滿
兌上缺　巽下斷
右八卦取象

周易卷之一　錫山秦鏷訂正
上經
乾下乾上
乾元亨利貞。初九潛龍勿用。九二見龍在田利見大人。九三君子終日乾乾夕惕若厲无咎。九四或躍在淵无咎。九五飛龍在天利見大人。上九亢龍有悔。用九見羣龍无首吉。彖曰大哉乾元萬物資始乃統天雲行雨施品物流形大明終始六位時成時乘六龍以御天乾道變化各正性命保合大和乃利貞首出庶物萬國咸寧。象曰天行健君子以自彊不息潛龍勿用陽在下也見龍在田德施普也終日乾乾反復道也或躍在淵進无咎也飛龍在天大人造也亢龍有悔盈不可久也用九天德不可爲首也。文言曰元者善之長也亨者嘉之會也利者義之和也貞者事之幹也君子體仁足以長

明末清初秦镤刻本《九经白文》

第四章　诗

《诗》，大都周世之所作也。其采诸各国者，谓之风：有《周南》《召南》《邶风》《鄘风》《卫风》三者皆卫诗、《王风》周东都之诗、《郑风》《齐风》《魏风》《唐风》晋诗、《秦风》《陈风》《桧风》《曹风》《豳风》，凡十五国。其工朝所作，以美刺政事者谓之《雅》；以祭先王及百神者，谓之《颂》。《雅》有《小雅》《大雅》。《颂》有《周颂》。又鲁为周公之后，宋为先代之后，皆得用天子礼乐；故其诗亦谓之《颂》焉。《国风》之诗，多民间歌谣，古人采之，以观风俗及政治之美恶。至于《雅》《颂》，则多出于士大夫之手，或咏歌先王之德，或陈古以刺今，其言均可讽诵，而道德政治上之教训，亦多寓其中。其使人感发兴起，较《易》《书》为深。故孔子屡令弟子学《诗》，以为教育之方术。《诗》出于孔氏者，三百十一篇；其六篇无辞，故为三百五篇。汉兴，传《诗》者有鲁、齐、韩三家，至后世俱亡；《毛诗》稍后出而独存。今之《毛诗故训传》，汉毛苌

所作也，汉末郑玄复为之笺。六朝以后，《毛诗》孤行。宋人始舍旧注而以新意说《诗》，朱子《诗集传》，其一也。朱子既殁，其书立于学官，人皆宗之。二者各有得失，未可偏废。

第五章　礼

一、《仪礼》　六经中之《礼经》，谓今之《仪礼》也。六朝以前，无《仪礼》之名，其书但谓之《礼》。或据其首数篇，谓之《士礼》，或谓之《礼经》，或谓之《礼记》非今之《礼记》。汉初，高堂生所传者，凡十七篇：曰《士冠礼》，曰《士昏礼》，曰《士相见礼》，曰《乡饮酒礼》，曰《乡射礼》，曰《燕礼》，曰《大射仪》，曰《聘礼》，曰《公食大夫礼》，曰《觐礼》，曰《丧服》，曰《士丧礼》，曰《既夕礼》即《士丧礼》之下篇，曰《士虞礼》，曰《特牲馈食礼》，曰《少牢馈食礼》，曰《有司彻》即《少牢馈食礼》下篇。其中惟士礼稍备，天子诸侯大夫之礼多不具。盖孔子之时，已无完书。就其存者观之，其记诸礼节目，至纤至悉。经后往往有记，以补经之所未备。《丧服》一篇复有传，则为释经而作也。又汉时，鲁淹中得古文《礼》五十六卷，比高堂生所传，增多三十九篇。然所增如《中霤礼》等，皆琐碎非十七篇之比，又无师说，故书亦不传。高堂生之传，其后为大小戴氏及庆氏。及后汉郑玄，以古文校十七篇，择其是者从之，并为之注，通行至今。宋儒于他经皆有注，独于此经，则全用郑氏之说也。

二、《礼记》　汉初有记百三十一篇，戴德所传八十五篇，戴圣传四十九篇。今之《礼记》，即戴圣之本。其书多七十子后学所记，亦有秦汉人作，皆《礼经》之支流也。如《冠义》《昏义》《乡饮酒义》《射义》《燕义》《聘义》《大传》《祭义》，皆释《礼经》之大义；如《奔丧》《投壶》，说者以为《礼经》之逸篇；又如《曾子问》《丧服小记》《杂记》《丧大记》《问丧》《服问》《间传》《三年问》《丧服四制》九篇，皆属丧服；《郊特牲》《祭法》《祭统》诸篇，皆属祭祀：皆《礼经》之附庸。其余有属通论者，有属制度者，有属明堂阴阳者，有属子法者：皆足补《礼经》之不备。而《曲礼》《内则》《少仪》诸篇，又切于日用。故六朝以后，《礼经》学微，而《礼记》遂昌。汉末，郑玄作《礼记注》；唐初，孔颖达等定《五经正义》，有《礼记》而无《礼经》，遂取《仪礼》而代之。宋朱子特取其中《大学》《中庸》二篇，为之章句，与《论语》《孟子》并称《四书》。元陈澔作《礼记集说》，明初立于学官，然不及郑注远甚也。

三、《周礼》　《周礼》载周之官制，凡分六官：天官冢宰，地官司徒，春官宗伯，夏官司马，秋官司寇，冬官司空。冬官篇亡，以《考工记》补之。六官官属共三百六十，其制与《诗》《书》所载，不尽相合。其书亦最晚出。汉刘歆始笃好之，于《七略》载其书，谓之《周官经》。王莽时立于学官。后汉初废，然民间颇有传习者。刘歆弟子杜子春，始通其训诂。郑兴、郑众父子，亦治此经。郑玄校以旧本，合三家说为之注。当时遂与《仪礼》《礼记》，并称《三礼》。实则为周时制度之书，与《礼经》固无涉也。

第六章　春秋

《春秋》本鲁史记之书，孔子修之，自鲁隐元年，历桓、庄、闵、僖、文、宣、成、襄、昭、定凡十公，讫于哀公十四年。凡十二公二百四十二年，以事系日，以日系月，以月系时，以时系年：盖本鲁史之旧，孔子加以笔削，以见一王之法，以寓褒贬。传《春秋》者五家，今存者三家，左氏、公羊、穀梁是也。

一、《左氏传》　《春秋左氏传》者，

左邱明之所作也。昔人谓孔子将作《春秋》，与左邱明观其史记，为有所褒讳贬损，不可书见，口授弟子，弟子退而异言。邱明恐弟子各安其意以失其真，故论本事而作传。故其书以史事为详，后世知春秋时事迹者，全赖此书。汉兴，张苍献之。司马迁作《史记》，多采其书。然汉人皆以为史书，不以为经说。后汉初立于学官，未几而废；然民间颇传习之。贾逵、服虔等并为之注。今所传者，晋杜预注也。魏晋以后，说《春秋》者，皆以左氏为宗。

二、《公羊传》　初，齐人公羊高受《春秋》于子夏，五世相传，其说皆口授。至汉景帝时，公羊寿始与其弟子胡母子都，着于竹帛。同时董仲舒亦治《公羊春秋》，作《春秋繁露》以辅之；于是公羊之学大显。其传有严氏、颜氏，二家之学，其书皆不传；传者后汉何休注也。公羊家说《春秋》，以为《春秋》非纪事之书，重义而不重事。《春秋》书法，字字皆有义例。凡时月日名字之异，皆求其所以然。于是设为科旨条例，至为烦赜；亦颇有非常异义可怪之论。何休之注，虽成于后汉之季，然用胡母生条例，及公羊先师之说。前汉《春秋》之学，惟此尚为全书。此学在两汉最显，至魏晋以后，左氏盛行，而公羊遂微。

三、《穀梁传》　《穀梁传》出于鲁人穀梁赤，比二传为晚出。汉时曾立于学官，然未几而废。旧注皆不传，传者惟晋范宁注。六朝以后，其学亦微。

第七章　论语

《论语》者，孔子弟子记孔子言行之书，弟子之言合于孔子者，亦附见焉。孔子生时，弟子已各有所记。既卒，门人相与辑而论纂，故谓之《论语》。汉兴，传者有三家。《鲁论语》二十篇；《齐论语》二十二篇；《古论语》出孔子壁中，凡二十一篇。张禹初受《鲁论》，又受《齐论》，择善而从，别为《张侯论》，其书盛行于后汉。郑玄以《古论》校《张侯论》，用《鲁论》之篇次，采《古论》之文字，复为之注，顾其书（今敦煌所出，有唐人写郑注《论语》，《述而》《子罕》《乡党》三篇）不传。魏时何晏作《集解》，其本亦与郑校本同，其注则兼采古今之说，六朝时立于学官。宋朱子出，复为《论语集注》，宋以后立于学官。《论语》多言立身行己之事，较六经之言经世者，尤于人为切近，故历代皆以为通经之门户。汉人受经者，必先通《论语》《孝经》；宋以后读五经者，必先受《四书》：皆以此也。

第八章　孝经

《孝经》者，孔子为曾子陈孝道之书。汉时，亦有今文古文，今文十八章，古文二十二章。六朝时，今文《孝经》有郑氏注或云郑玄所作，后有伪为古文孔安国传者；二书世多疑之。唐明皇因采旧说，自为之注用今文本，唐时立于学官。宋朱子作《孝经刊误》，用古文本，然其书不行。

第九章　尔雅

《尔雅》者，昔人荟萃训诂之书，其中以释《诗》《书》为多。孔子之时，已有此书，后人又有附益。汉时与《孝经》《论语》并为初学之书。故刘向父子校书，列之经类中。汉人注者数家，后世皆亡。今唯晋郭璞注存。世以其为释经之书，故亦附之经后焉。

第十章　孟子

《孟子》，本诸子之书。然汉文帝已立孟子博士，后乃罢之。后汉赵岐为之注。北宋末，席益补刻蜀石经，附《孟子》于后，为《十三经》。南宋初，邵武士人假孙奭之名，为赵注作疏。越州刊诸经疏，亦刊此疏：盖已跻于诸经之列。朱子复为之集注，列于《四书》；于是《十三经》之名，遂一定而不可易矣。

第十一章　历代之经学

《史记》称孔子弟子身通六艺者七十二人，六艺即六经，是孔子之门，未有分经之事也。然商瞿传《易》，子夏传《诗》，曾子、子游特善于《礼》：是孔子门人，于经既各有专长。其后如孟子通五经，尤长于《诗》《书》；荀子特隆于《礼》《乐》。汉初诸儒，皆以一经名家。其设教也，先授《尔雅》及诸字书，次授《论语》《孝经》，最后乃授一经。然其时诸大儒，无不兼通五经者。其后乃有今古学之分：今学者，乃先秦以来师师相传之学，汉初皆立于学官，是为官学；古学则后出之古书，民间创通传习者也。二者各有家法，本不相谋。后汉以后，古学渐盛。后有郑玄者，博通五经，兼综今古；于《易》《书》《诗》《三礼》《论语》皆为之注，学者宗之。于是两汉今古二家之学，渐微而亡。同时王弼之《易注》，伪托之孔安国《尚书传》，杜预之《左传集解》，亦与郑氏之书，并行于世。至南北朝学者，乃复为此种经注作释，谓之义疏，亦谓之正义。唐有天下，令孔颖达等撰《五经正义》。于《易》，用王弼注；《书》，用孔安国传；《诗》，用郑氏《毛诗笺》；《礼记》，用郑氏注；《春秋左氏传》，用杜预注：均采前人旧疏，为之正义。于是此五注者，遂为官学正本。其后贾公彦撰《周礼》《仪礼》二疏皆用郑注，杨士勋撰《穀梁传疏》用范宁集解，徐彦撰《公羊疏》用何休注，于是九经皆有正义。而《论语》有梁皇侃旧疏用何晏集解，《孝经》有元行冲疏用明皇御注，《尔雅》有孙炎、高琏二疏皆用郭璞注。至宋真宗时，命邢昺校定《论语》《孝经》《尔雅》三疏；合贾氏《周礼》《仪礼》二疏；杨氏《穀梁疏》；徐氏《公羊疏》刊布之：谓之《七经正义》，以继孔颖达《五经正义》之后。于是亦为官学正本。唐时学者，皆谨守旧注，无敢出入。宋刘敞、欧阳修、苏轼、王安石等，始以新意说经，同时周郭颐，程颢颐兄弟，张载，邵雍等，复为心性之学，至朱子而集其大成。朱子于《易》作《本义》；于《诗》作《集传》；唯《尚书》注未成，以授其门人蔡沈，沈作《集传》。朱子又作《四书集注》，皆与汉魏以来旧注不同；其说义理，或校旧注为长。其后朱子之书，尽立于学官。明以后，《春秋》亦用胡安国传，《礼记》用陈澔集说。于是五经旧注，皆遏而不行。明永乐中，作《五经大全》，为宋元经注之义疏。犹唐宋之《五经正义》《七经正义》，为汉魏经注之义疏也。元明二代，笃守朱注，与唐人之笃守旧注无异。有清一代，其取士虽仍用宋注，然亦兼采旧说；学者著书，尤多发明汉学。其于诸经各有专家：于《易》，则由虞翻以上溯孟氏；于《书》，则古学求诸马、郑，今学求之欧阳、大小夏侯；于《诗》，兼采齐、鲁、韩。而陈氏奂之《毛诗传疏》，孙氏诒让之《周礼正义》，胡氏培翚之《仪礼正义》，陈氏立之《公羊义疏》，其精博均在六朝唐人义疏之上。至郝氏懿行之《尔雅义疏》，虽释郭注，其识并驾郭氏而上之。缘有清一代，考证之风大盛，穷经之方法既定，又得小学史学之助，故其于经学之成功，实非元明之所能及也。

补记：此稿整理完毕后，清华大学张涛学兄告予台湾《经学研究论丛》曾有点校稿。案，台湾整理稿底本获自东北，然未审何故，仅题以《经学概论》四字，且台版去王国维先生着重号不录，有失吕思勉《章句论》所谓古人经传之妙义也。南京大学徐雁平副教授亦告予二十年代东北师大孙晓野为《经学概论》做笺证，以经学教材而行于东北。世运苍黄，有怀哲人而不得见，辄以是抚其遗卷而太息，相与欷歔不能已也。2007年5月9日童岭补记于京都南禅寺永观堂。

马国翰辑郑玄《孟子注》疏误举正

李峻岫

郑玄，字康成，东汉末年著名经学家。他遍注群经，学通今古，集汉代经学之大成。《隋书•经籍志》及两唐《志》皆著录郑玄注《孟子》七卷，已佚。其注文几无留存者。清洪颐煊《读书丛录》云："《史记•五帝本纪》'尧知子丹朱之不肖'，《索隐》引郑玄曰：'肖，似也。不似言不如人也。'疑即《孟子》注。"郑珍《郑学录》亦曰："《孟子注》《隋志》七卷，唐后亡。惟《史记•五帝本纪》《索隐》引郑玄曰一条，是其遗文仅见者。"[1]其中"丹朱之不肖"句见《孟子•万章上》，故洪、郑二人以为此或为郑玄《孟子》注文。[2]因《后汉书•郑玄传》详列玄之著述而未及《孟子注》一书，后世亦少有征引者，所以有学者怀疑郑玄《孟子注》为后学者依托之作。[3]此或可备一说，但仍系推测。

虽然今日已无由得见郑玄《孟子注》之真貌，但从郑玄的博学通识、兼采百家来看，他对《孟子》一书必定是十分熟稔的。清末学者马国翰将郑玄"注诸书中所引《孟子》及隐括《孟子》义者"辑录成一卷，题为《孟子郑氏注》，收入其《玉函山房辑佚书》。马氏所辑共有三十条，多见于郑玄《三礼》注，另有《尚书大传》注、《毛诗》笺等。其中包括《孟子外书》两条，为郑玄所引不见于今本《孟子》者。马氏辑本为后世研究者提供了便利，但仔细检核，其中亦多有不审慎之处，今人在利用其辑佚成果时应注意甄别。笔者不揣浅陋，试将其中疏误之处略陈一二。

一、将郑玄《周礼》注所引郑司农（即郑众）注误以为郑玄注

郑众，东汉前期著名学者，因仕至大司农，故后人称其为郑司农。郑众《周礼》注中亦常引《孟子》，马国翰误以为郑玄注，凡五条：

1.《梁惠王上》："五亩之宅，树之以桑。"《周礼·地官·遂人》注引《孟子》，"桑"下有"麻"字。又《载师》疏引注同。[4]

按：此条《周礼•地官•遂人》注确系郑玄注引《孟子》，《载师》疏所引注则非。考《周礼•地官•载师》"凡宅不毛者有里布，凡田不耕者出屋粟，凡民无职事者出夫家之征"，郑玄注曰："郑司农云：宅不毛者，谓不树桑麻也。里布者，布参印书，广二寸，长二尺……《孟子》曰：'廛无夫里之布，则天下之民皆说而愿为其民矣。'故曰宅不毛者有里布。民无职事，出夫家之征，欲令宅树桑麻，民就四业，则无税赋以劝之也。故《孟子》曰：'五亩之宅，树之以桑，则五十者可以衣帛。'不知言布参印书者何？见旧时说也。玄谓宅不毛者，罚以一里二十五家之泉。……"其中"玄谓"以下为郑玄自注，前文两引《孟子》，包括"五亩之宅，树之以桑"句，皆当为郑司农注。

2.《公孙丑上》："廛无夫里之布，则天下之民皆说而愿为其民矣。"《周礼·地官·载师》注引《孟子》。

"宅不毛者有里布。民无职事，出夫家

之征，欲令宅树桑麻，民就四业，而无税赋以劝之也。”同上

按：此条所辑《周礼•地官•载师》注引《孟子》文及释文皆为郑玄注引郑司农语，出处详见上条。

3.《公孙丑上》：“市廛而不征，法而不廛，则天下之商皆说而愿藏于其市矣。”《周礼·地官·廛人》注引《孟子》。

“谓货物贮藏于市中而不租税也，故曰廛而不征。其有货物久滞于廛而不售者，官以法为居取之，故曰法而不廛。”同上

按：《周礼•地官•廛人》“凡珍异之有滞者，敛而入于膳府”，郑玄注曰：“郑司农云：谓滞货不售者，官为居之。货物沈滞于廛中不决，民待其直，以给丧疾，而不可售贾贱者也。廛谓市中之地，未有肆而可居，以畜藏货物者也。《孟子》曰：‘市廛而不征，法而不廛，则天下之商，皆说而愿藏于其市矣。’谓货物贮藏于市中而不租税也，故曰廛而不征。其有货物久滞于廛而不售者，官以法为居取之，故曰法而不廛。玄谓滞读如沉滞之滞……”“玄谓”以下为郑玄自注。“《孟子》曰”一段引文及其后“谓货物”一段释文均为郑玄引郑司农语，非玄注。

4.《公孙丑上》：“关几而不征，则天下之行旅皆说而愿出于其涂。”《周礼·地官·司关》注引《孟子》。

按：《周礼•地官•司关》“国凶札，则无关门之征，犹几”，郑玄注曰：“郑司农云：凶谓凶年饥荒也。札谓疾疫死亡也。越人谓死为札。《春秋传》曰‘札瘥夭昏’。无关门之征者，出入关门无租税。犹几，谓无租税犹苛察，不得令奸人出入。《孟子》曰：‘关几而不征，则天下之行旅皆说而愿出于其涂。’”此处引《孟子》文亦为郑司农注，非玄自注。

5.《公孙丑上》：孟子曰：“矢人岂不仁于函人哉？矢人唯恐不伤人，函人唯恐伤人。”《周礼·考工记》注引《孟子》。

按：《周礼•冬官•考工记》“粤无镈，燕无函，秦无庐，胡无弓车”，郑玄注曰：“郑司农云：函读如国君含垢之含。函，铠也。孟子曰：‘矢人岂不仁于函人哉，矢人唯恐不伤人，函人唯恐伤人。’庐，读为纑……”可知此条亦为郑司农注所引，非玄自注。

二、郑玄他书注文所涉词句若见于《孟子》，马国翰即将其视为《孟子》注而辑入，此则失之滥谬

如《周礼•秋官•薙氏》“薙氏，掌杀草。春始生而萌之”，郑注：“萌之者，以兹其斫其生者。”兹其，即锄头，《孟子•公孙丑上》有“虽有镃基，不如待时”句。又，《礼记•檀弓》“子张病，召申祥而语之曰：‘君子曰终，小人曰死。’”郑注：“申祥，子张子。……太史公《传》曰：‘子张姓颛孙。’今曰申祥，周秦之声二者相近，未闻孰是。”申祥，《孟子•公孙丑下》有“泄柳、申详无人乎缪公之侧”句。

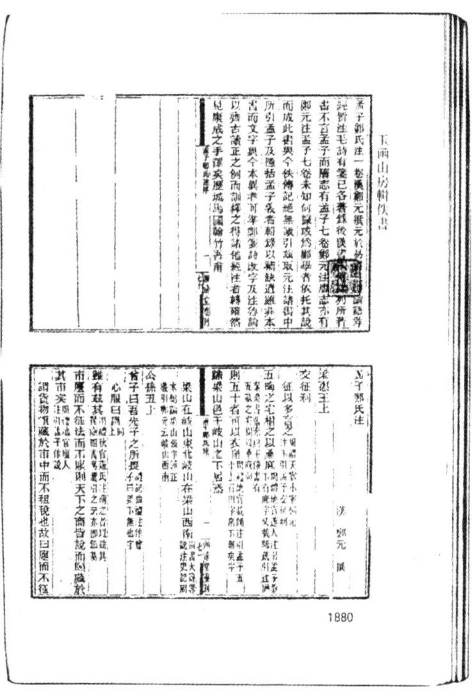
玉函山房輯佚書

孟子鄭氏注一卷漢鄭元撰元於易[illegible]論語尊經皆注毛詩有箋已各著録後漢書[illegible]列所著書不言孟子而隋志有孟子七卷鄭元注唐志亦有鄭元注孟子七卷未知何據或爲鄭學者依托其說而成此書與今佚傳記絶無徵引姑取元注諸書中所引孟子及隱括孟子義者輯録以補缺遺雖非本書而文字與今本異者[illegible]以[illegible]古讀正之例而訓釋之得諸他經注者[illegible]見康成之手澤矣歷城馬國翰竹吾甫

孟子鄭氏注

漢 鄭元 撰

梁惠王上

交征利

征以多賦之[illegible]

五畝之宅樹之以桑麻[illegible]

則五十者可以衣帛[illegible]

踰梁山邑于岐山之下居焉

梁山在岐山東北岐山在梁山西南[illegible]

公孫丑上

管子曰吾先子之所畏[illegible]

心服曰服[illegible]

雖有兹基[illegible]

市廛而不征法而不廛則天下之商皆說而願藏於其市矣[illegible]

謂貨物貯藏於市中而不租稅也故曰廛而不征

1880

《孟子郑氏注》书影

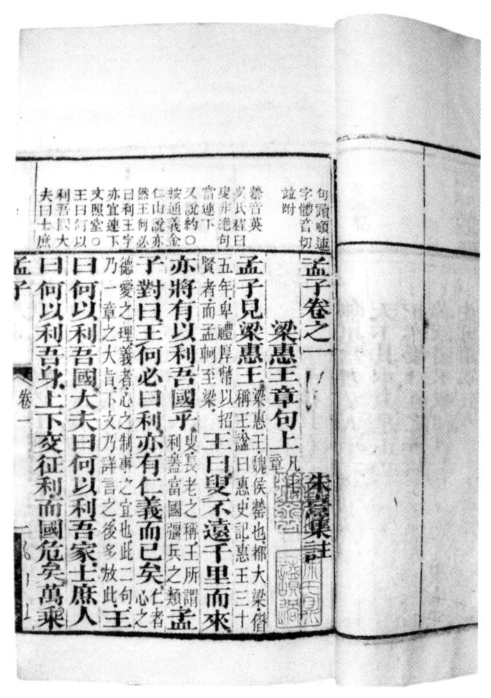
孟子卷之一　朱熹集註

梁惠王章句上　凡七章

孟子見梁惠王。梁惠王魏侯罃也都大梁僭稱王謚曰惠史記惠王三十五年卑禮厚幣以招賢者而孟軻至梁

王曰叟不遠千里而來亦將有以利吾國乎。叟長老之稱王所謂利蓋富國彊兵之類

孟子對曰王何必曰利亦有仁義而已矣。仁者心之德愛之理義者心之制事之宜也此二句乃一章之大旨下文乃詳言之後多放此

王曰何以利吾國大夫曰何以利吾家士庶人曰何以利吾身上下交征利而國危矣萬乘

清光绪桂垣书局刻本 《四书集注·孟子》

马氏即将两处郑注均视为《孟子》注而辑入，实则二注均与《孟子》无甚关联。另外，马氏所辑入的《尚书大传•略说》注一条，《毛诗》笺两条亦属此种情况。

三、辑本中尚有漏收者

就笔者所见，马氏漏收郑玄注引《孟子》文两条：

1．《礼记•王制》“古者公田藉而不税”，郑注曰：“藉之言借也。借民力治公田，美恶取于此，不税民之所自治也。《孟子》曰：‘夏后氏五十而贡，殷人七十而助，周人百亩而彻’，则所云古者谓殷时。”

2．《周礼•天官•冢宰下》“医师掌医之政令，聚毒药以共医事”，郑注：“药之物，恒多毒。《孟子》曰：‘药不瞑眩，厥疾无瘳。’”

以上两条引文均出于《孟子•滕文公上》。

在此基础上，笔者重新统计郑玄注引《孟子》文，计有《周礼》十二条，《仪礼》两条，《礼记》六条。另，郑玄《发公羊墨守》、《答临孝存周礼难》亦各涉《孟子》一条。[5]其中，郑玄较多地引用了《孟子》中有关田制的论述，有的甚至是在《周礼》《礼记》注中再三征引。可见郑玄认为三礼的制度与《孟子》多有相通之处，故其注中常常引以为证。从郑玄之前的注家郑众多次引《孟》注《礼》来看，郑玄引《孟子》以明礼也是对前人治经成果的继承和发展，东汉赵岐所说的“迄今诸经通义，得引《孟子》以明事，谓之博文”[6]，由此亦可见一斑。

注释：

[1]以上洪、郑二说引据姚振宗：《隋书经籍志考证》卷二四，上海：上海古籍出版社《续修四库全书》影印浙江图书馆藏开明书局铅印《师石山房丛书》本。

[2]王利器先生则认为此当为郑玄《礼记•杂记下》注。见王利器：《郑康成年谱》，齐鲁书社1983年版，第266页。

[3]见周广业：《孟子四考》三《孟子古注考》，《皇清经解续编》本；马国翰：《孟子郑氏注序》，《玉函山房辑佚书•经编•孟子类》，上海：上海古籍出版社1990年版。王利器复申马说，见其《郑康成年谱》，第265—266页。

[4]马国翰辑本体例为先列郑玄注中所涉《孟子》原文，随后小字注明郑注出处，并与《孟子》原文相校。有的此下又进而列出郑注之原文。下同，不再说明。与《孟子》原文相校之注文文繁不录。

[5]马国翰辑本中若三礼注同引《孟子》某文则列为一条，笔者的统计方法是将其析而计之。

[6]赵岐：《孟子题辞》，焦循：《孟子正义》卷一，中华书局《新编诸子集成》本。

(作者单位：北京大学《儒藏》编纂中心)

《五经正义撰定答问》疏证

[日本]铃木虎雄 撰
童 岭 疏证

铃木虎雄（1878-1963），号豹轩。日本新潟人，京都（帝国）大学文学部教授。考京都学派特色之一即是努力秉承清儒家法。清儒对于《五经正义》的答问课艺体文章，最有名者莫若阮元在诂经精舍以“唐孔颖达五经义疏得失论”为题考查诸生[1]。京都诸学者如内藤湖南、吉川幸次郎等人亦有踵事增华之作。其中尤当翘楚者，当为铃木虎雄《五经正义撰定答问》。此文原载《桑原博士还历记念东洋史论丛》（弘文堂1930年少量印行），然未收入铃木虎雄《支那文学研究》《业间录》诸论文集中。予感铃木虎雄与吾校程千帆先生早岁即定文字之交，故将此文董理并略附疏证于后。意存遗墨，兼表先贤。戊子年夏童岭记于京都大学文学部L711室。

客问：唐有《五经正义》，学子治经，奉为津梁。敢问撰定之详，可得而知乎？答曰：详我不知，略则可得而言。但《正义》之成，非一日之故。子亦知夫武德贞观崇文之盛乎！高祖武德四年，置修文馆于门下省。九年改曰弘文馆《新唐书·百官志》。武德九年九月，太宗于弘文殿内，聚四库书二十余万卷。置弘文馆于殿侧，精选天下文学之士虞世南、褚亮、姚思廉、欧阳询、蔡允恭、萧德言等，以本官兼学士，令更日宿直《资治通鉴》。武德七年二月丁巳，高祖幸国子学，亲临释奠《旧唐书·高祖纪》。太宗贞观二年，诏停周公为先圣，始立孔子庙堂于国学。稽式旧典，以仲尼为先圣，颜子为先师。两边俎豆干戚之容，始备于兹矣。是岁，大收天下儒士，赐帛给传，令诣京师，擢以不次，布在廊庙者甚众《贞观政要》卷七“崇儒学”。贞观四年，诏州县，皆作孔子庙《新唐书·礼志》。此其尊圣兴学崇儒之迹，显然可见者也。兴学之实，由乎治经。治经之方，以正定文字，疏通义理为急务。考订五经之事，于是乎起。

【疏证】“擢以不次”，元刻（日藏）、明初刊本（国图藏）《贞观政要》等作“优以吏职”[2]。“不次”一词，语出《汉书·东方朔传》：“武帝初即位，征天下举方正贤良文学材力之士，待以不次之位。”颜师古注云：“不拘常次，言擢也。”所谓“令诣京师，擢以不次”意当出于《汉书》。与铃木虎雄同辈的内藤湖南，著有《影印秘府尊藏宋椠单本尚书正义解题》一文，对于《五经正义》的成书也有详细考证。内藤此文中并附《孔冲远祭酒年谱》[3]。此后福岛吉彦著《唐五经正义撰定考》[4]，在铃木虎雄和内藤湖南的基础上有更详尽的考述。张宝三《五经正义研究》第二章《五经正义之修撰与版本》[5]综合了诸多大陆港台及日本的学说，可参看。

问：考定五经，任之者为何人？曰：颜师古是也。贞观四年，诏前中书侍郎颜师古，于秘书省，考定五经。《贞观政要》卷七“崇儒学”曰：“贞观四年，太宗以经籍去

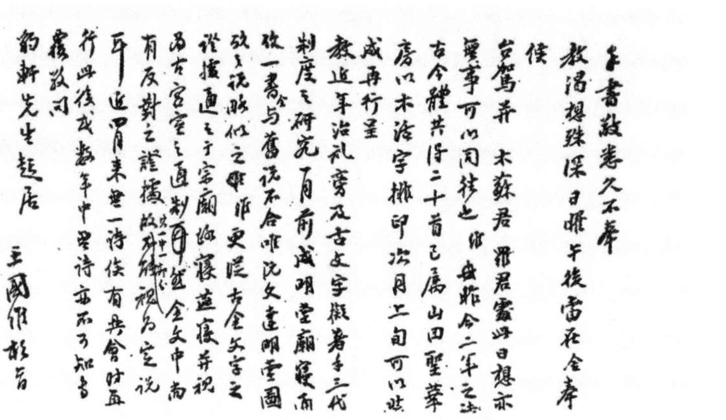

王国维致铃木虎雄信件

圣久远，文字讹谬。诏前中书侍郎颜师古，于秘书省，考定五经。及功毕，复诏尚书左仆射房玄龄，集诸儒，重加详议。时诸儒传习师说，舛谬已久，皆共非之，异端蜂起。而师古辄引晋宋已来古本，随方晓答，援据详明，皆出其意表。诸儒莫不叹服。太宗称善者久之，赐帛五百匹，加授通直散骑常侍。”以上文，〇案《新唐书•颜籀传》文略相同。《旧唐书》颜传曰：“贞观七年，拜秘书少监，专典刊正。所有奇书难字，众所共惑者，随宜剖析，曲尽其源。是时多引后进之士，为雠校。（师古抑素流，先贵势。虽富商大贾亦引进之）物论称其纳贿，由是出为郴州刺史。未行，（太宗惜其才，谓之曰：‘卿之学识，良有可称。但事亲居官，未为清论所许。今之此授，卿自取之。朕以卿曩日任使，不忍遐弃，宜深自诫励也。’于是）复以为秘书少监。”以上文。由是观之，师古考定经文，又专典刊正。至七年十一月，遂能颁之。《旧唐书•太宗纪》曰：“贞观七年，十一月丁丑，颁新定五经”以上文是也。盖师古四年受诏，考定五经，至是颁行，凡费三年矣。今本《五经正义》中，每引定本，即其时所颁之本也。

【疏证】《贞观政要》“赐帛五百匹”日藏钞本作“五百段”[6]。案顾炎武《日知录》卷十一云：“唐时权量，是古今、小大并行”[7]。日本汉学家狩谷棭斋《本朝度量权衡考》“唐大小尺”条亦有考证[8]。又，铃木虎雄此处所引《旧唐书•颜师古传》与通行本出入颇多，括号内为据中华书局点校本所补文字。案，颜师古先后任“中书侍郎”两次，考铃木虎雄所谓颜师古“前中书侍郎”者，事见《旧唐书•颜师古传》：“太宗践祚，擢拜中书侍郎，封琅邪县男。以母忧去职。服阕，复为中书侍郎。岁余，坐事免。”本传又云：“时薛道衡为襄州总管，与高祖有旧。又悦其才，有所缀文，尝使其掎摭利[9]病，甚亲昵之。”是为颜师古入唐发迹之始。铃木虎雄引《贞观政要》“通直散骑常侍”，所谓“通直”者，吕思勉《两晋南北朝史》谓其魏晋之时，设置通直散骑常侍，后世因循之[10]。《玉海》卷四十二云“唐五经正义•五经义训•义赞”条云：“旧史贞观七年十一月丁丑，颁新定五经于天下。永徽四年三月壬子朔，颁孔颖达《五经正义》于天下，每年明经依此考试。”[11]朱彝尊《经义考》卷二百九十五“通说•说经上”[12]亦有论及考定五经之事，可参之。马宗霍《中国经学史》云：“师古承其家学，故新定五经，亦断从南本。”[13]

曰：颜师古之定本，既闻名矣，文字已定。敢问所以疏通义理者如何？曰：继颜师古者为孔颖达。师古既为秘书少监，俄又奉诏，与博士等撰定五经。贞观十一年礼成，进爵为子《旧唐书》本传。贞观十二年，诏国子祭酒孔颖达等颜师古亦预焉，见下撰《五经义训》。义训者正义之别名。曰义疏、曰疏义、曰义赞，亦皆其别称也。

【疏证】杜预《春秋经传集解序》："曲从义训，以示大顺"。俞正燮《癸巳存稿》卷二"五经正义"条云："唐《五经正义》，本名义赞，止百余篇，后刊定，乃诏名正义。"[14]惠栋《松崖笔记》卷一"唐人正义"条云："《汉书•律历志》曰：删其伪辞，取正义著于篇。唐孔氏《五经义疏》名'正义'，盖取著此。"[15]关于《五经正义》的"定本"考证，清儒如段玉裁《经韵楼集•十三经注疏释文校勘记序》云："颜师古奉敕考定五经，凡《正义》中所云今定本者是也。"[16]刘文淇《左传旧疏考正》对于《五经正义》定本为颜师古之说持反对意见，认为《五经正义》的定本并非颜师古的"考定本"，而是成于隋代之前。今日本学者野间文史《五经正义所引定本考》从刘文淇之说[17]。

曰：贞观十二年诏孔颖达，出于何书？《五经义训》之等，其名称亦出何书？曰：十二年诏孔颖达，出于《唐会要》。《会要》曰："贞观十二年，国子祭酒孔颖达撰《五经义疏》一百七十卷，名曰《义赞》。有诏，改为《五经正义》。太学博士马嘉运每掎摭之。有诏，更令详定。未就而卒。"以上文《贞观政要》崇儒学曰："太宗又以文学多门，章句繁杂。诏师古与国子祭酒孔颖达等诸儒，撰定五经疏义，凡一百八十卷，名曰《五经正义》。付国学施行。"以上文《旧唐书•孔颖达传》曰："贞观十一年，又与朝贤修定五礼。所有疑滞，咸咨决之。书成，进爵为子。""十二年，拜国子祭酒，仍侍讲东宫。十四年，太宗幸国学，观释奠。命颖达讲《孝经》，既毕，颖达上释奠颂，手诏褒美。""先是，与颜师古、司马才章、王恭、王琰等诸儒，受诏撰定五经义训，凡一百八十卷，名曰《五经正义》。"以上文《册府元龟》卷六〇六曰："孔颖达为国子祭酒，太宗以儒学多门，章句繁杂，令颖达与诸儒撰正《五经义疏》一百七十卷。数年乃成，名曰《义赞》。有诏，改为《五经正义》云。虽复包括众家，稍为详悉，然亦有纰缪。"以上文于志宁所撰《孔颖达碑》曰："奉敕□撰《五经义疏》。公博极群书，游□众艺。削前□之纰缪，□往哲之萧稂。谅万古之仪刑，寔一代之□的。□□敕□名《五经正义》，付国子监施行。"以上文据此，十二年之受诏，书之更改，可以按知也。

【疏证】此段所引《贞观政要》句下戈直注云："旧本五经疏义另为一章，今合为一章。"[18]唐人于志宁者，据姜亮夫《历代人物年里碑传综表》云生卒年为隋高祖开皇八年至唐高宗麟德二年。[19]又据《新唐书宰相世系表集校》卷二"于氏"可知三原于氏为初唐之大族[20]。于志宁所作《孔颖达碑》载于王昶《金石萃编》卷四十七中。然王昶所辑碑文与铃木虎雄所录者略有不同："奉敕□撰《五经义疏》。公博极群书，游□众艺。削前□之纰缪，□往哲之□□。□万□之仪刑，□一代之标的。□勅□名《□经□义》，□国子监施行。"[21]莫非东瀛有此碑之早期拓本？此存疑也。钱大昕《潜研堂金石文跋尾》云："右《曲阜宪公孔颖达碑》。新旧《书》本传并云'字仲达'，《宰相世系表》则云'字冲达'。《碑》虽漫漶，而'冲达'字特分明。《表》所书三代名讳官阶，尽与《碑》合。汲古阁本脱'颖达'一格，监本初不误也。颖达长子名志元，《碑》与《表》同，而传但作'志'，盖宋人避讳，去下一字。然传讳而《表》不讳，它传于'元'字亦多不避，当时史官非一手，无素定之例也。"[22]

问《五经正义》之目。曰：《易》《书》《诗》《礼记》《春秋》《左氏传》是也。

【疏证】黄季刚先生云："五经应分二类，《易》《礼》《春秋》为一类，《诗》《书》为一类。《诗》《书》用字及文法之构造，与他经不同，《易》《礼》《春秋》

则字字有义。《诗》《书》以训诂为先，《易》《礼》《春秋》以义理为要。《诗》《书》之训诂明，即知其义。《易》《礼》《春秋》之训诂明，犹未能即知其义也。”[23]

问：孔颖达十二年拜诏，与颜师古、司马才章、王恭、王琰等撰定义疏。义疏诸人之所作乎？曰：《正义》孔序，列其同撰义疏人姓名。《易》疏，为朝散大夫行大学博士马嘉运，守大学助教赵乾叶；《书》疏，为朝散大夫行大学博士王德韶，前四门助教李子云；《诗》疏，为朝散大夫太学博士王德韶，征事郎守四门博士齐威；《礼记》疏，为中散大夫守国子司业朱子奢，国子助教李善信，守太学博士贾公彦，行太常博士柳士宣，魏王东阁祭酒范义頵，魏王参军张权；《春秋左氏传》疏，为朝请大夫国子博士谷那律，故四门博士杨士勋，四门博士朱长才。《正义》成，太宗下诏曰，卿等博综古今，义理该洽。考前儒之异说，符圣人之幽旨。实为不朽，付国子监施行《旧唐书•孔颖达传》。

【疏证】铃木虎雄所引《五经正义序》中官职后“臣”字皆省略。如“守大学助教”原作“守大学助教臣”[24]，“前四门助教”原作“前四门助教臣”[25]等等。王鸣盛《蛾术编》卷一“同修疏人”云：“与孔颖达、贾公彦共撰《正义》者，马嘉运、赵乾叶、苏德融、赵弘智、王德韶、李子云、朱长才、随德素、王士雄、齐威、贾善曜、朱子奢、李善信、柳士宣、范义頵、张权、周元达、赵君赞、谷那律、李元植，并见孔贾《序》。《新唐书志》于《易》多颜师古、司马才章、王恭、王谈、于志宁五人；于《书》多刊定一条，凡若干人。颖达《礼记疏》与公彦共定。新旧《唐书志》别裁公彦《礼记正义》，恐是今颖达本，《左传疏》与杨士勋共定，若《公羊》则必徐遵明。”[26]陈延杰《经学概论》云：“标题孔颖达者，盖以名位重也。”[27]

问：十六年更定之详。曰：十六年更定，孔氏称之曰详审也。十六年敕赵弘智与孔颖达覆更详审《五经正义》，事见《正义》孔序。序言，十六年奉敕，与前修疏人谓十二年修疏诸人及给事郎守四门博士上骑都尉苏德融，为《易正义》十四卷；通直郎行四门博士骁骑尉朱长才、给事郎守四门博士上骑都尉苏德融、登仕郎守太学助教云骑尉随德素、儒林郎守四门助教云骑尉王士雄，为《书正义》二十卷；给事郎守太学助教云骑尉赵乾叶、登仕郎守四门助教云骑尉贾普耀，为《诗正义》四十卷；儒林郎守太学助教云骑尉周玄达、儒林郎守四门助教云骑尉赵君赞、儒林郎守四门助教云骑尉王士雄，为《礼记正义》七十卷；朝散大夫行太学博士上骑都尉马嘉运、朝散大夫行太学博士上骑都尉王德韶、给事郎守四门博士上骑都尉苏德融、登仕郎守太学助教云骑尉随德素，为《春秋左氏传正义》三十六卷。

【疏证】案《新唐书•艺文志》云《周易正义》“十六卷”，而孔颖达《周易正义序》云“十四卷”，铃木虎雄认为十六卷乃《正义序》之说，误。安井小太郎等《经学史》曰：“贞观七年颜师古考定五经正文为第一步，从贞观十二年到十五年，孔颖达撰定《义疏》为第二步，这是《正义》最初的成立。贞观十六年马嘉运的详定及永徽二年至四年长孙无忌等的更定作为第三步、第四步，该书也完成。”[28]予认为安井氏说较铃木氏公允。

问：贞观十六年，详审《正义》，《正义》定于是乎？曰：永徽又有刊正。曰：永徽之刊正如何？曰：永徽二年辛亥三月十四日，诏太尉赵国公长孙无忌及中书门下国子三馆博士、弘文学士，故国子祭酒孔颖达所撰《五经正义》孔颖达已卒于贞观二十二年事有遗谬，仰即刊正《唐会要》。永徽四年癸丑二月二十四日，太尉长孙无忌等表上《五经正义》，其辞曰：“臣无忌等言，臣闻混元初辟，三极之道分焉。醇德既醨，六籍之文著矣。于是龟书浮于温洛，爰演九畴。龙图出于荣河，以彰八卦。故能范围天地，埏埴阴阳，道济四溟，知周万物。所以七教八政，垂炯戒于百王。五始六虚，贻徽范于千古。咏歌明得失之迹，雅颂表兴废之由。寔刑政之纪纲，乃人伦之隐括。昔云官司契之后，火纪建极之君。虽步骤不同，质文有异。莫不开兹胶序，乐以典坟。敦稽古以弘风，阐儒雅以立训。启含灵之耳目，赞神化之丹青。姬孔发挥于前，荀孟抑扬于后。马郑迭进，成均之望郁兴。萧戴同升，石渠之业愈峻。历夷险其教不坠，经隆替其道弥尊。斯乃邦家之基，王化之本者也。伏惟皇帝陛下。得一继明，通三抚运。乘天地之正，齐日月之晖。敷四术而纬俗经邦，蕴九德而辩方轨物。御紫宸而访道，坐玄扈以裁仁。化被丹泽，政洽幽陵。三秀六穗之祥，府无虚月。集囿巢阁之瑞，史不绝书。照金镜而泰阶平，运玉衡而景宿丽。可谓鸿名轶于轩昊，茂绩冠于勋华。而垂拱无为，游心经典。以为圣教幽赜，妙理深玄。训诂纷纶，文疏踳驳。先儒竞生别见，后进争出异端。未辨三豕之疑，莫祛五日之惑。故祭酒上护军曲阜县开国子孔颖达，宏才硕学，名振当时。贞观年中，奉敕修撰。虽加讨核，尚有未周。爰降丝纶，更令刊定。敕太尉扬州都督监修国史上柱国赵国公臣无忌、司空上柱国英国公臣绩、尚书右仆射兼太子少师监修国史上柱国燕国公臣志宁、尚书右仆射兼太子少傅监修国史上护军曲阜县开国公臣行成、光禄大大侍中兼太子少保监修国史上护军蓨县开国国公臣季辅、光禄大夫吏部尚书监修国史上柱国河南郡开国公臣褚遂良、银青光禄人夫守中书令监修国史上骑都尉臣柳奭、前谏议大夫弘文馆学士臣谷那律、国子博士弘文馆学士臣刘伯庄、朝议大夫国子博士臣王德韶、朝散大夫行大学博士臣贾公彦、朝散大夫行大学博士弘文馆直学士臣范义頵、朝散大夫行太常博士臣柳宣、通直郎守大学博士臣齐威、宣德郎守国子助教臣史士弘、宣德郎守太常博士臣孔志约、右内率府长史弘文馆直学士臣薛伯珍、大学助教臣郑祖玄、征事郎守大学助教臣随德素、征事郎守四门博士臣赵君赞、承务郎守大学助教臣周玄达、承务郎守四门助教臣李玄植、儒林郎守四门助教臣王真儒等，上禀宸旨，傍摭群书。释左氏之膏肓，翦古文之烦乱。探曲台之奥趣，索连山之玄言。囊括百家，森罗万有。比之天象，与七政而长悬。方之地轴，将五岳而永久。笔削已了，缮写如前。臣等学谢伏恭，业惭张禹。虽罄庸浅，惧乖典正。谨以上闻，伏增战越。谨言。永徽四年二月二十四日。太尉扬州都督上柱国赵国公臣无忌等上。”文见北宋《周易》单疏本，今自抱经堂丛书《群书拾补》初编录出。刊正诸人，具见于此。永徽四年三月壬子朔，颁孔颖达《五经正义》于天下。每年明经，令依此考试《旧唐书·高宗本纪》。《唐会要》云，永徽四年三月一日，进之，颁于天下，以为定式。凡《书》二十卷、《诗》四十卷、《易》十六卷、《春秋》三十六卷、二《礼》共百二十卷以上文。案二《礼》共百二十卷，文字必有误谬。《五经正义》至此而成，凡蹑三阶。贞观四年至七年，颜师古之定本一也；贞观十二年至十五年若十六年，孔颖达之义疏二也；永徽二年至四年长孙无忌等刊之三也。自贞观四年至永徽四年，凡二十又四年矣。

【疏证】皮锡瑞《经学历史》云：“唐太宗以儒学多门，章句繁杂，诏国子祭酒孔颖达与诸儒撰定五经义疏，凡一百七十卷，名曰《五经正义》。颖达既卒，博士马嘉运驳其所定义疏之失，有诏更定，未就。永徽二年，诏诸臣复考证之，就加赠损。永徽四年，颁孔颖达《五经正义》于天下，每年明经依此考试。”[29]铃木虎雄所引《五经正义表》见卢文弨《群书拾补》。此表后有卢文弨识语云：“此表《文苑英华》不载，见明钱孙保求赤影钞宋本《周易注疏》首，今所传梓本皆无之故，备载于此。元本半叶九行，每行十七字。其‘敕’字唐人皆作‘勅’。今并提行，皆仍之以不失其旧。唯宋人避讳缺笔之处，今皆改写正字。”[30]

注释：

[1]应题作者有胡敬、赵坦、陶定山、钱福林、周中孚五人，文载《诂经精舍文集》卷六，中华书局《丛书集成初编》，1985年版。

[2]吴竞撰、谢保成集校，《贞观政要集校》，中华书局2003年版，376页。

[3]内藤湖南此文原载《支那学》第五期，后收入《内藤湖南全集》（第七卷），筑摩书房1970年版。

[4]福岛吉彦，《唐五经正义撰定考——毛诗正义研究之一》，文载《山口大学文学会志》第24卷，1973年刊。

[5]张宝三，《五经正义研究》，台湾大学中国文学研究所博士论文，1992年刊。

[6]上揭本《贞观政要集校》，384页。

[7]顾炎武著，黄汝成集释，《日知录集释》卷十一“大斗大量”条，岳麓书社1994年版，383页。

[8]狩谷棭斋著，冨谷至校注，《本朝度量权衡考》上册，平凡舍东洋文库1991年版，220页。

[9]“利”原作“疵”，龚向农据宋本改订。参其著《旧唐书札迻》，四川大学出版社1990年版，85页。

[10]吕思勉谓：“魏末又有在员外者，曰员外散骑常侍。晋武帝使二人与散骑常侍通员直，谓之通直散骑常侍。”说见其著《两晋南北朝史》第二十二章《晋南北朝政治制度》，上海古籍出版社1983年版，1231页。

[11]王应麟辑，《玉海》，广陵书社2003年影印版，799页。

[12]朱彝尊《经义考》，中华书局1998年版，1513页。

[13]马宗霍《中国经学史》第九篇《隋唐之经学》，上海书店1984年版，94页。

[14]俞正燮《癸巳存稿》，参于石等标点《俞正燮全集》第二册，黄山书社2005年版，83页。

[15]惠栋，《松崖笔记•九曜斋笔记》（“国立中央图书馆”藏本），台湾学生书局《杂著秘笈丛刊》1971年影印版，4页。

[16]文载《段玉裁遗书》，台湾大化书局1986年版，867页。

[17]刘文淇的这一观点见其《左传旧疏考正•序》，载《清经解续编》，上海书店，1988年版，页881－882；野间文史《五经正义所引定本考》，原载《日本中国学会报》（第三七集），后收入其着《五经正义の研究——その成立と展开》，研文出版1998年版。

[18]上揭本《贞观政要集校》，385页。

[19]姜亮夫纂定，陶秋英校，《历代人物年里碑传综表》，文史哲出版社1985年版，126页。

[20]赵超编著，《新唐书宰相世系表集校》上册卷二，中华书局1998年版，422页。

[21]王昶辑，《金石萃编》卷四十七之“唐七”，中国书店1985年版。

[22]钱大昕《潜研堂金石文跋尾》卷四，载《嘉定钱大昕全集》第六册，江苏古籍出版社1997年版，105－106页。

[23]黄侃、黄焯撰，《蕲春黄氏文存》，武汉大学出版社1993年版，227页。

[24]孔颖达等著，《周易正义》（十三经注疏整理本），北京大学出版社2000年繁体字版，4页。

[25]孔颖达等著，《尚书正义》（十三经注疏整理本），北京大学出版社2000年繁体字版，4页。

[26]王鸣盛，《蛾术编》卷一，日本京都中文出版社1979年版，25页。

[27]陈延杰，《经学概论》，商务印书馆1930年版，105页。

[28]安井小太郎等讲述、林庆彰等译，《经学史》，万卷楼图书有限公司1997年版，103页。

[29]皮锡瑞著、周予同注《经学历史》，中华书局2004年版，139页。

[30]卢文弨《群书拾补》，收载《清人校勘史藉两种》，北京图书馆出版社2004年影印版，25页。

(作者单位：南京大学文学院)

南湖藏书楼记

龙协涛

读书难，藏书亦难，藏书楼建而迁、迁而再建、矢志不移者尤难。余君三定，湖湘学人。潜心翰藻，耕耘教苑。桃李满天下，著述传寰中。是君嗜书，读书、购书、淘书、著书、教书、评书，以书为友，以书为乐，以书为生，真书癖书痴也。平生不藏富、不藏娇，情所独钟惟藏书。日就月将，积册盈箱；几案罗列，床头摊放。相对展玩，情往似赠，会心如答，乐在声色禄位之上。是君藏书，尤为一般藏家所不同者有二：一设北大版典藏室，足证洞庭通未名，大师著述，创学建派震古，道德文章铄今；二设题签本珍藏室，再现墨缘加情缘，一款一式，翰墨芬芳犹存，勉励嘱望在耳。斯楼得山水之灵气，以南湖冠名。南湖者，洞庭子湖也。一则烟波浩渺，一则水柔浪轻；一则朝晖夕阴，一则澄澈如镜。概言之，洞庭阔而莽，势观风涛之壮；南湖幽而秀，韵赏水波之明。伫立斯楼，可游目骋怀。峰峦叠翠，橘柚流金；长堤闻莺，港汊跃鲤。三眼桥长虹卧波，永志尚书苦行[1]；赊月亭清辉把盏，尽享诗仙浪漫[2]。一龙赶九龟[3]，山川形胜，天开画图；百舟竞头标[4]，节庆风俗，民祭忠魂。嗟夫！纵然风景别具，毕竟有大洞庭小南湖之谓也。然则湖南理工学院环湖而建，文脉水脉汇聚，人文自然和谐，如同剑桥之拥有剑河。图书馆立于芷岸，藏书楼起于湾畔，学子莘莘，游人熙熙。书声和答渔歌，橘香伴随墨馨。会当登楼览书，缥帙满架，典籍充栋。国学西学比肩，旧章新知兼备，文史哲，政经法，马列毛邓，经史子集。览者胸罗宇宙，思接千古。此非学术之渊薮、知识之海洋耶？真可谓洞庭为洞庭，南湖亦洞庭也。予本鄂人，应邀欣然撰文，备述藏书楼盛事，亦叙湘鄂情也。

注释：

[1]三眼桥是古代岳阳城通往东乡的桥梁，为明代户部尚书方钝主持所修，传说他“吃苦荞，苦修桥”。

[2]李白诗：“南湖秋水夜无烟，耐可乘流直上天？且就洞庭赊月色，将船买酒白云边。”因此诗现南湖畔建有“赊月亭”。

[3]南湖南岸有龙山，连绵起伏，宛如一条巨龙飞腾水面。湖面上有九个小岛，形似浮在水面上的九只乌龟被巨龙追赶。

[4]从唐代起，岳阳一直盛行龙舟竞渡纪念屈原。到20世纪80年代，岳阳市人民政府定每年端午节（五月初五）为国际龙舟节。在南湖举行。

（本文作者系《北京大学学报》原主编）

《惕斋诗存》序

张宏生

昔先师千帆先生授徒，颇拈能为之旨，冀以明古人之甘苦，得治学之进境。余虽不敏，遵循此道，轨辙无二，与诸生游，每讨论切磋之。诸生亦深明其理，高唱低吟，兴会不浅，就中大丰冯君干，尤为翘楚。

冯君夙有诗癖，追拟古人体要，殆同诗课，十数年如一日，未尝稍辍。今秋，裒其所著诗若词，属余序之。余讽诵数过，有难已于言者。夫诗，吟咏性情者也。采乐府之声，歌生民之病，以仁心而淑世，并立言而为功。即友朋晤坐，江山游观，亦莫不有动于中，其兴发感动，触类引伸，乃与天地万物相通。冯君固深于情者！西蜀地动，南国雪灾，有长歌当哭之篇；北望京华，东念金马，发香草美人之思。登衡岳，观沧海，得泱莽而增其气；辨物理，纪人伦，会胞与而崇其先。至于师道之渊源，友朋之交谊，传杯之趣尚，怀古之幽眇，胥以发之于诗。诗之为用也大，冯君盖深得之者。

冯君治学自清人入，然颇知由近及远，因流追源，故博观而约取，慎思而明辨，日进之不已。至其为诗，则于宋人峭刻之中，时见唐人风华。古风排宕而深沈，近体清丽而闲远。语老成而情深挚，辞激越而意柔厚，又不仅拘于字面而已。余平昔论学，颇以清人为深知宋人之妙为说，进且不已，乃能上窥唐人，追踪汉魏。今于冯君，信然也欤？

先是，冯君以治生故，溷于书肆，而向学之心不泯。既问学南雍，复以声气之求，入余门下。岁月不居，已逾十年。由硕而博，学问益进，近又以清词之纂共事，其缘可谓不浅。君天性恬淡，而律己甚严。《易》曰："君子终日干干，夕惕若。"冯君盖有以也。余因其人其学，复论其诗，乃拉杂书之于右。读冯君诗者，以世度之，以意逆之，以情拟之，则思过半也。是为序。

（本文作者系南京大学文学院教授）

送成田君燕行序

陆胤

昔尝怪曼珠一朝，文治武功，度越前古，世人厚古薄近，或不知之；或知之矣，牵于种族之义，不屑言之；又或言之矣，则详其宫闱秘闻，而昧于典章制度、学术流变。法后王，尊客帝，如是其难乎。甚者偏信文运南徙之说，视五朝定鼎、王气蔚郁之燕都，若沦陷膻腥、文化荒芜之边地。呜呼，今之人陋清世，以为积弊之末，而奉唐宋若三代，岂但愚氓不省因革而已，亦且学者逃难趋易、画鬼虩人之良薮也。窃闻有清学术，继轨天水。治经以考据，程朱即物穷理之说也；究诗以学问，苏黄去俗生新之传也；论词则尊体，一本清真雅正；撰文则存诚，不问骈散古今。下至百工技艺，坊曲俚俗，具有汴梁武林气象。而集其大成者，厥惟燕京。夫燕，古称慷慨悲歌之地，衡以汉唐之关中，齐梁之金陵，诚或不及；明世迁都，犹有天子守边之叹。惟清崛起东方，控蒙古，服朝鲜，怀卫藏，平金川，俨然混一东亚矣，其都燕也，盖地轴北转，欲经略腹地，有不可不然之势。且三百年间，贵戚达官学士骚客所寄居，科考朝考京察大计所汇聚，五方杂处，八面来风，西山云鹤，南城诗酒，花市斜街，朱履纷然，自渔洋、竹垞以来，学术特盛，又非韩公送董生序所能尽也。举其荦荦大者，则首推金石书画之学。夫金石学渊源两宋，而大昌于清。其于清也，复分三关。乾隆中，开四库馆，海内学人，云集辇下，钱晓徵、桂未谷、孙渊如辈，以汉唐经师一字不移之家法，治两宋名贤余暇优游之吉金，裒然有得，斐然成章，裨斯学跻身儒林，而与经史同光。此其第一关也。大兴翁氏，于乾嘉之际，主持都下风教数十年，遍考两汉金石、唐碑宋椠，一时海王村中，片揭百金。苏斋好苏，眷眷天际乌云之奇遇，书字一遵帖法，谨严楷体，不脱馆阁习气。至阮文达掌教东南，发为北碑南帖、方圆正变之新说，金石之学，始被及艺林。安吴包氏，会稽赵氏，前后映照，流风波及京师，则同光间翁、潘、盛、王，于论政之余，相与讲究金石款识、六朝书法，此其第二关之盛况也。后虽有张文襄掊击六朝，然其幕下若沈乙盦、杨惺吾等，莫不严守碑体。乙盦居京最久，治学一本大兴、仪征之遗教，贯通六朝两宋，诗标雅人深致，学启文身法身，无所不窥，无所不到，腹中楂枒，吐之纸上，芒角森然，令观者如入武库。方此时也，金石之学骤与西学交接，益以安阳塞上之发掘，京中学人，或与乙盦同学，或承学于乙盦，若缪艺风、罗叔蕴、端午桥辈，始与法儒伯希和、东儒林泰辅、狩野君山、铃木豹轩相通问，上下其议论，互济其有无，东西名流之履迹，杂沓于斜街老屋间，有清金石学再变，而为中外竞称之科学，此其第三关也。何其始之默默，而终之赫赫哉。学友成田健太郎君，日本出云国松江人也，博学艰思，而特工书。余来东，未见其书，先识其人，恂恂便便，侃侃誾誾，盖时中之君子也。岁己丑之新秋，将翔而之燕，余亦将西还，后君行数日耳。君前此流落吴越，爱吾乡佳山水，而心忧京洛之风尘。窃以为士志于道，游学四方，将以有为也。亲远人，就有道，察性情之所趋，识风土之所宜，访书厂肆，娱情金石，曩日狩野、吉川、仓石诸先生之所乐为，区区素衣，何足惜哉。余茫然乎书道，而蓄此意久矣，因托于有清一代碑学发祥之迹，略陈燕地近世学脉深广之由，以为成田君祝。若夫追踪覃溪、乙盦之绝学，以诗与书相互证，发艺林文苑千载垂绝之玄机，君自具心得，岂待余之剩言。

（本文作者系北京大学中文系2005级博士生）

南轩文选

柳春蕊

送毛静归丰城序

天下之才，挹之而日出，蕴之而日深，与世为无穷也。世运之隆者，友仁以进益，利器而善事，励精图治以求运会之久长；其污之者，在上或激或劝，草野奇杰之士自相争奋其间，效绩驱驰，推拓万古胸襟，德日以新，业日以广，复始之象，纷然油然。虽然，一二负节之士，独处观变，不干荣进，亦往往有之。

世之居高位者，知质行表襮于外者以为用，而不知负节草野之士可为天下用，所蓄甚奇而有不可测者也。尸居而龙见，渊默而雷声，爵禄不必以为劝，戮耻不足以为辱，抱经纬之器，志在天下万世，固非沾沾于一时之功名也。此古豪杰所以汲汲于人才，惟恐不一得之，而得之又惟恐其有不尽也。今之操衡者志或于是，罕能躬其劳；劳其志，常不令终；其终未济，辄遭抑制而无自适，故复归于势利苟且。至若淤塞江河之道而私一身一群体之利者，固守门域之谊而为一先生一学说之暖姝者，又何足辨！是故人才之难得，才士之难进矣。

三十年国家经济猛进发展，惟乡村建设，荒芜凋蔽，其草野奇杰之士生产亦难矣。以吾国三千年文化实情论之，其生生不息之共相，洵地域文化之发达，乡村乃坚实后盾。源源本本，渊演蕴蓄，然后振高华以遗响，衍万汇为波涛，彬蔚四出，泉涌云兴，有古文明，是以乡村建设为国家发展之基石。然则，欲兴乡村，必兴一乡之人才，故草野之士其用尤以为急，而世之处高位者其责望尤以为切也。

丰城毛静君，其人坦以闳，其言曲以达，古之谓有恒心者。后相造访，多闻直谅之言，相期为一二人风俗转移之事，默然呼息，盖有月矣。先是丙子春，余慕梁漱溟、毛泽东之为人，断然谓乡村可堪寄托者，许为终身之事。然向之所植，风雨贫瘠，无复郁郁之观，十有三年，情境如是，望之泫然。以故，余于毛静君尝有十年故旧乡思之感。昔之志趣，今可豁然无疑滞矣。用是贤其人，而乐与之交焉。

雍乾时，新城陈凝斋先生念江西前辈遗书多散佚，网罗旧闻，为《江西文统》，而后新城经世之风起。咸同之际，湘潭罗研生祖述元明以来楚南能文之士，裒而辑之，为《楚南文徵》，彰前贤而诏后进。桐城马其昶述先正遗事，为《桐城耆旧集》，毛庆藩谓三百年先辈英灵所式凭，而海内学者所共愉快者。毛庆藩，毛静君族之高太祖也。毛静踵武前贤，蠹然访书江南北，征辑考辨，为《剑邑文库》若干卷。曩者郭嵩焘谓楚南人物之盛衰系之于罗研生一身之任者。今之毛静，其亦然耶？盖天下之事，成之艰，而其流常高明广博以悠远。吾敬告江西居高位者，苟无摧阻遏抑焉，其可也。

毛静君高中辍学，自修进德，啸然以为儒素，负节草野之士也。不得已访学北大中文系。今归丰城，亦不得已矣。嗟乎！世之人，于人才之所察荐，仁义之所当为，逡巡不欲前，顾旁征曲引，以求逭于清议而为谨厚廉明者，众矣。才士之独进，亦难矣。

行之日，同乡十馀人都门饯别。余爰以所闻人才之要及乡村之义，掇而序之。质诸同志，为勉励云。

吉阳小学重修记

古之教者，因其所固有而已矣。人之固有者，童心而已。彼童山莽原，始有树木植被其上，使民不加伐，天不予夺，祟条而千寻，崄崄而愈密。十百年后，蔚然成林，树质修美，而为民生器物之须。人之成材亦如是。使童孩之心，择善而从，游艺而群，慕学而日进，向上而弥深，勤愍之习萌生，弦诵之声不绝，诚心明智，应对庭扫，一一持之而不苟。然后养其敬畏之心，浩然之气，民胞物与之情，概然经济天下之怀。十百年后，郁乎其有文，而为乡邑社稷之用，达于高明博厚之区，进乎广生悠远之境，其人之德不亦大乎？

虽然，古之去今远甚，圣贤节文之详，诚有不可得而为者。然而正心修身，为天下之大务，则在其进之不已。夫俗有升降，性无古今；时有消息，道无损益。假使童龄之行修，移之于一身；一身之行修，移之于一家；一家之行修，移之于一村；一村之行修，移之一党，则一乡之风俗成焉，人材出焉。既而移之于一县，移之于一省，移之于九州，风云影响，而一国之教化成焉，国民兴焉。以故，小学之教其慎矣。

彭蠡之滨，与匡庐遥相应者，吾乡阳储山也。山南十余里，有吉阳岭，乡之小学，座落其下。三山映翠，一水东流。稻田鱼池，村民其乐也；登山吟咏，童子其乐也。呜呼！吾乡自南宋江万里而后，二三百年间，贤士鹊起，振学兴民之风益炽。逮及近世，斯风不存，可叹息者哉！吾尝怪乎其道之不传、文之不周、事功之不继，比闾渊薮，何至于此耶？又闻山川秀而才蕴蓄，风俗美而文化成。向使吾乡童子相与乎其中，诵先贤之遗文，以慧其仁，以迪其智，情势自有不然者。而后吾邑之士翘然奋起，超乎时俗之上，亢立青云冥会之表，自信而独立，命世而不移，是当天下之雄才也。

今年春，上海浦东区政府嘉惠吾乡，投资巨款，徽乎其德馨。村民时贤，同襄斯举。于此旧址，增其广制，休宿之庐，诵讲之堂，器用咸备，各以序列。经始于春，而落成于八月之望。既而宾客、村民及乡学生三百余人，熙熙然，喜相而告曰。乡人以书走京师，嘱记于余。余怍然感慨，略论乡校遗法，鉴乎古乡党之教，而推诸贤之志，慕其孔德之风，岂非一乡之盛事，百世而难遇者哉？爰以歌辞，勒以碑铭，曰：

赣水之北，气节之邦。阳储千年，郁乎苍苍。童子其乐兮，涣然其文章。

河东柳氏二十五辑宗谱序

周礼太宰之职，以九两系邦国之民，五曰宗，以族得民。民之生也，纷纷籍籍，无所属系则散，散则离，离则攘夺争斗，靡所不有，故圣人立法以系属之。然宗法之起，原于封建，故九两先牧、长、师、儒，而后及宗。盖有国而后有家，有家而后有宗。宗之所系者，其族也。族者，类也。以宗系族，族系于宗，如丝之联，如绳之贯，井井乎其不可绲也，缅缅乎其不可离而析也。《易》曰“君子以类族辨物”，《传》曰“神不歆非类，民不祀非族”，言各有所系也。

自封建废，宗法不立，而氏族绲。民几于无所系，恃有世谱以纪之。故唐宋以来，世之大夫尤重门弟，夫亦古者宗法之遗也。盖古者受氏别族，其先类必贤达之人，有功德于斯世。迨其后也，或不传而始微，或历久而益显。大抵视其功德之大小为世之久近。而其功德之尤大者，虽历世久远，其宗已坠而其清明之气绵绵延延，未尝止息。其支庶犹能继起而特以贤著，然虽以贤著，而各以其氏为族，且各以所居之地为族，亦古者小宗不敢祖大宗之遗意也。故宋苏洵氏论族谱，谓后世惟小宗可以通行于士大夫，亲亲之义以明，律令服制之等易见，盖深于礼意者也。

吾又闻为谱者，笃亲劝善，述往事，勖来者，于先人之善，表崇而策励。序昭穆，敦教化，有派有源，衔华而佩实，自为文化建设之本义。乡村建设者，穷人伦而道德不坠于千年之脉绪，振兴经济而藉以科学之发展，蕲望未来之事业，复兴古村落文明，又岂在今之谓乡里旧习之者耶？乌乎，谱之义其亦大矣。

我柳氏得姓自惠公，食邑柳下，因以柳为姓。我祖勅公，字公涣，自河东迁于信州玉山蛇子港。徽宗时以进士第，官至参军，迨后挂冠归里，舟次浔阳，访陶元亮之故址，得彭泽之梅埠而居焉。其后，英贤代有其人。今眺浔阳之区，其著居于湖邑中者有五十余族，其迁居于都昌、湖口、德化、宿松、潜山、安庆、蕲春、黄梅、抚州、馀干等地者则共有百余族。由勅公祖以下，世居都昌者，又我祖方伯公也。公名芳，字墀茂，幼而歧嶷，迈俗轶常，明永乐甲辰科刑宽榜进士第，授北直隶刑部主司。威镇一方，名播宫墙，以孝思笃亲于乡党，咸无间言，可谓学行皆优者也；抗志从亡，历沙漠之地，双明俱丧，更能保君卫国，所谓其愚不可及之者也；既而护驾归国，公遂居里，无羁靡之念，所谓葆光完真，则可卷而怀之者也。此二公者，德泽一方，根深实邃，积厚流光，子孙日盛，支派渐繁，迁居者不一，务其业者虽异方，然择地以蓄德、启后昆而效者一也。

今年秋，我柳姓邑都昌者有二十五修宗谱之役，族人谘于家祖父行鑑先生，先生年老，命余记之。余不敏，因举昔之所闻缀记于此。

学思之辨

孔子曰：“学而不思则罔，思而不学则殆。”学与思相为用。又曰：“吾尝思而无益，不如学也。”是学固贵于思也欤？孟子曰：“仁义礼知，非由外铄我，我固有之，弗思耳矣。”思则得之，不思则不得也。其后学而不思，或思而不学者，各趋其涂，分司其职，而辩生焉。

盖学者，教之始也。生而能之者，性也。生而不能，已而渐能者，学也。先有能之者，吾学焉。如羿之徒学射于羿，为匠者学工于公输子，学而终不及其师。然则其师又将谁学乎？岂性之得者为贵，而学次之乎？曰始为学者，非学于师也，学于天地万物。故始为射者学于飞走之属，前后相逐。始为工师者，学于天地之方圆，以为规矩。古之学者如是而已。

痀偻之承蜩，宜僚之弄丸，非性也，学也。学之至，与性无异矣。七十子之徒，仲尼独荐颜渊为好学。夫颜氏之学，与七十子之学亦同耳；岂惟七十子同，其与后之学仲尼者，亦无不同也。然而有不同者，众人学于师，颜氏子学于己。学于师者，服师之服，诵师之言，行师之行。学于己者，知己之耳目口味，无以异乎师之耳目口味也，则知师之心亦无以异乎己之心也。故学以求己之心。

仲尼荐颜氏子之好学，曰：“不迁怒，不贰过。”夫心得主则有常，虽怒之时，而己之常者不为物迁也。心贵与道为一，一之未至，虽有过亦不远而复不可得其迹之贰也。颜氏之学，盖与性无异者乎？

孔子曰：“十室之邑，必有忠信如丘者焉，不如丘之好学也。”子贡曰：“学不厌，知也。”夫惟知性，故乐于学，学亦无时不在。后世疑学之非性，性之可以无学，此不知性，亦不知学也。鸟之始飞，学于其母，其性能飞也；鸡之始鸣，学于其类，其性能鸣也。夫天下事，未有非其性而可能者，况学孔子也邪？

夫古今为学者未绝，然卒能思而得之者几人？人所得于天者，曰五事，而学兼之。有以视听为学者，有以貌言为学者，此皆外铄我而已。思者由内而出，不思则何所用学？《易》曰：“天下同归而殊涂，一致而百虑。天下何思何虑？”嗟乎！言岂一端而已。子路问：“闻斯行诸？”子曰：“有父兄在。”冉有问：“闻斯行诸？”子曰：“闻斯行之。”岂徒教人为然哉？古之立言者皆自道其所得，自未得者言之皆左也。由已至者自知其前之非，而未至者袭其说而非之，是犹未食而惩饱，噎也。

夫无思者，思之尽也，天下同归而殊涂。吾不思，何以知其同一致而百虑？何以致其一？致之而思虑息矣。苟徒禁其思虑，是则所谓朋从者，乱其心而亡其智也。《易》曰：“天地之大德曰生。”一致者，万物皆思所以尽其生也；同归者，生已尽矣，卒而归于无生也。

众人皆思厚己之生，而不知其同归也。至人知之，则何思虑之？有贤人思所以厚物之生，其所以生者，尝竭百虑矣。而不知生之道在于其所受于天者，益之不为多，衰之不为损，是乃所谓一致也。至人知之，则又何思虑之有？君子思所以尽吾之性，使不亏其所受于天者。故视曰思明，听曰思聪，色曰思温，貌曰思恭，言曰思忠，事曰思敬，与夫仁义礼智，皆思其所固有者而已。非思其所以不可得而有也，故与无思虑同。夫思其所固有者，是以不敢不学，否则不如舍思而从学，以思其所不可得而有也。

且夫吾之所固有，则何待于思？以有害之者也。害之者非他，亦吾之所固有而已。吾所固有者，有大体，有小体。其在吾所以官之者，耳目之官是不思而蔽于物者也，心之官则思。譬之古君与民本一国也，君不为政，而民为之，则乱。虽未尝无治，然易以乱也。君为政，民从之，则治。虽有时而乱，然易以治也。故君为政则无为可也，以其能有为也；心为政则无思虑亦可也，以其能思也。

人不知其性之所安，而强以学，犹卤莽而耕之也；不知其思之所近，而忽以学，犹不耕而望也。天之生人也，或使之丰，或使之啬。丰者非有余，啬者非不足，耳不歉于不能视，目不歉于不能听，能全其分，则一而已矣。是为功者无所益吾身，为道者无所加于吾心，为学者无所厌其知而足，为思者无所腻于性而止也。然则今之学者，其学与之思相交为德而尽者，吾不知其所之也。

太老师事记

先生，名承恩，字先觉。善《易》，识罗盘，雅好吟咏，体弱行正，穷困老于乡里。文革起，先生足不出村外数五里，而后四海清宴，慨然为村里童蒙之教授。余幸识其时也，聆听一年余。先生居教，慕古道，庶有夫子之遗风，授唐诗、夫子语录。每逢晴碧万里，辄携童子，曲涧溪泉，席荫而坐，歌曰：“山间之白云，清风之水滨。”

某日，先生童子十余人，延村三四里，过吉阳岭，按阶而上，来观阳储诸峰者。余林荫道行，微风不止，有吟“千山叶叶似白银”之句。时先生立余侧，叹息良久，既而笑曰：“汝可为诗矣。”此壬戌秋分之事，时余六岁也。向吾不察先生之意，今则念之泫然。然先生去我骎骎乎已十二有三年矣。

今年春，从祖母问故事。云：“某日，先生杖藜过吾门，谓今政府策新教，旧课不复持维，语凄以泣。”又云：“先生谓汝有书分，悟高性静，惟他日勤奋，汝之成，及日可待焉。而吾乡文脉亦足以传之后世。言罢，温温而笑，继之，咳嗽不止。时先生病积已半年，后三月，先生卒。”余不能语，祖母亦久久不能语。

先是，余念完小，既读中学，越山路，每五日一返，遂不复从先生以请益。时之所学与昔先生之所授，判若两然。私谓先生之学不关时世，始有怨怼先生者，以是愈不往问。唯元日族人拜谱年，先生坐祠堂，执笔以书丁名字，手羸如也，例不堪视之久也。又四年，入大学，负笈相淮，从庐江吴孟复先生诸弟子以问学，始为古文辞。然后知余负太先生之望也久矣，向之所习，日以损也深矣。

先生室罗氏太孺人在堂，春秋八十有六。余岁暮归，常省之。其时华实之思，肃然桑梓之怀，怆然霜露之感，悉相油然。太孺人示余先生零碎残牍，笔笔清俊，古辞篇什，与夫象数星纪节气之属，洋洋乎可观止者。余开卷感应，不能久视，又多不解，至若稍有兴悟者，既叹之不已。

呜呼！先生之学其富也如此，先生之道其高也如彼。瞻彼遗迹，犹面先生之语，恍如昨日，令人长恸不自禁。先生之子孙久不效，以衣食走千里，先生之学终无有继之者。先生尝有忧于是者乎？先生之子孙有患于是者乎？先生之子孙有不知其所以者及其既成如此者，先生自知之，吾之能喻者，先生固知矣。以故，余为先生之叹惜也久矣。是日也，余祭罢高祖茔，来拜先生南山之墓。荒寂萧疏，惟恐他日旧迹无以稽志者，徘徊许久，至于泪下。因以纪之，以为后人述念之所由也。

送骆明之之梅城序

江西骆明之，余大学同年友也。行不羁，远荣利，安贫贱，有君子之介。其问学，惟慕古道，尝有兴复昌黎、庐陵之志。学甚勤，夜读书，每有得，辄痛哭淋漓，或洞然大笑，既而长叹不已。而古之云，志愈坚而学愈笃，亦明矣。

丙子秋，明之负笈自临川至相淮。时余为江西学会会长，明之闻，过余门，慨然成交。自是论益峻，处益密，交益善，志同道合，有如手足者。

一日，浩月凌空，明之邀余登相山，携酒赋诗。又为余道临川山水人文之胜，而独悲乎今之不振者，长有念生顾旧之计，欲得乡文学之事。余曰："昔者孔丘取狂狷之士，狂狷者，慕古之人而不同乎流俗，故乡愿绝而讥之。今子风修骨峻，颇近乎狂狷而将蒙讥者也。市朝中岂宜是哉？其思自放于园田山水之涯也宜矣。"

明之拙于科试，疏于世情，不得取，其将归江南而适岭表之梅县。行数千里，旁无友朋，今之为别，怅然而悲。然而明之独见乎高山大川，闻鸟虫之鸣，四顾天地之内，有江山寥落之势，感而发古圣人垂训彝教，先其大者之意。昔之所论，今之所履，明之之行，不亦乐乎？余独羡之，然余复悲之。

夫以明之之志，将处迹乎山谷之间，歌咏乎风云，狎友乎虫鱼，余与明之相别之日则长矣，而明之独乐之。使复试北京大学而厕身者，余与明之相别之日也短矣，然余恐明之之不往。虽然，如明之文富而质美，强学而日实，且出入有乎道德君子之域。夫道德君子者，不傲世而立名，不乱生而矜己，偕乎俗而不流，中有实，发而为光辉也自明。如是者，夫焉所处而不宜？君其一旦自岭表返京城，使君之学日浸渍乎古人，而德足信乎天下，与余将相聚于燕园，茗啜西山，细斟北斗，其乐也深矣。然则，适乎岭南山水之乐，为不得已。而余谓其乐也浅矣。然余独伤天之养才之难矣，故为明之忧，怅然兴怀者也。

明之行，诸友言诗以为别，余更欲其骎骎然入乎道也。

送王志宏之滇南序

情者，天地间无处不在也。阴阳惨舒，风雨晦明，草蕃木脱，悲欢离合。其在春者骀荡，其在秋者萧条。夏至而沐荫，冬至而虑深。是情也，与天地同流，与万物相宜，通乎昼夜之数而极其幽明之体。继之者性也，成之者情也；情显本之性，性隐推而及之谓之情。《易》曰：利贞者，性情之谓也。《诗》曰：天生烝民，有物有则。因和而得正，由诚而复性。盖情之理也深矣。

吾友王君志宏，波阳人。其得情之理不可不谓深矣。一日，相邀至未名湖畔，夕阳在天，柳风相随，波水粼粼。王谓之曰："此水之情乎？水性而静，静而顺。及其与物相击，风行水上，自然成文，错杂章采，焕如绎如。其境况者：镜花水月，密水长堤，情状万千，不可胜概者也。观乎宋以后士人论性情之体、论文之态及制度之本者，莫不喻水以尽其精微。水之性不亦大乎？以故，水之情也远矣。水通之则为川，塞之则为渊，升之于云则雨施，沉之于地则土润。体清以洗物，不乱于浊；受浊以济物，不伤于清。人遇之而不怨，居之而不疑，乐天而知命。有如此者，水之情不亦大乎？"然犹有未尽者，曰："滃然云兴，勃然风起。涛浪生，巨浪作。有行乎江海之上者，或以为有倾覆之状、沉沦之惨。又况乎海水之所没，渺如无垠，鱼蛇撞冲，人于其中，萍飘蓬转，不能自主，无待樯摧橹折，而梦寐为之不宁。或仰俯自如，万象以为宾客，驰神于沆瀣之墟，步情于霞虹之表，翩然而思翔，蔚然而文章，振开宝之馀风，拓同光之尘响，不畏不迫，不蔓不枝，无虐茕独而畏高明，毋用显藏而好攸德，其可谓大丈夫者耶？此水之性情之极者也。故而有进乎此者难为水，游乎圣人之门者难为言，造乎自然之象者难为文，而涉乎天地之境者，颢颢乎，恢恢乎，尽性之致也。"

夜渐深，路灯迷离。树影沉底，人行影上，缓缓似人语。而时鸟逝飞，波态容与，殆若天机之流行，万象之发明。王又谓之曰："此非影之情乎？盖影之情者，器界之无实；影之效者，机冥以成务。影者犹自省之工夫：散而支，虚而明，静而灵，物扰扰者无以见，是有可鉴得失，正乎本源者。古之人，或镜喻，或水喻，然独不以影君形者，何哉？"至归，水光天接，风露浩然，万籁无其声，百代无其龄。进而有知乎影者，有进乎道而渐知性命之所由者，影之情不亦大乎？王君得影之情不亦深乎？

王君，西哲博士。是年，学业以成。先是谋某大学思想文化研究所，后弃之，适滇南，顿然不返，而无亢吉之悔。王君得之于制度经济之情，其为深乎？向君之大志，狂简而无傲色，余欣慕不已，以为同道，毅然抗命为知己。今之别情有如是之属者，未尝不怅然而叹也。然古之谓玄乎庄者切乎儒，毗乎柔者克乎刚，中其性者周乎情，持其志者运乎气。今之然耶？以故，惑之亦甚焉。

王君长余三岁，学有识，能古文，有法度，以情胜。尝以诗什见赠，余读罢甚异之，既而叹曰：天之生才也难矣，人养其天生之才视其天之生才者尤为难。是日也，君之滇南，都门闷热无以寄，惟向之所论并今之所感一一记之。壬午孟夏

（作者单位：北京大学中文系）

北行吟笺

金鉴才

壬午秋七月，随浙江省书法家代表团北游吉林，登不咸山，访集安、白城，绝域名胜，塞外风物，颇增遐想，因掇拾拙句，凡得九首，录示同道，敢劳诲正云。

赠曹伯铭

当年壮志出雄关，三十流光去不还*。
记得旧时明月下，相思万里只云山。

注：曹乃绍兴知青，插队落户白城已三十年。

题五盔坟

霸石崇坟彩绘新，唐皇六合隔千春。
纵然留得姓名在，算是江山第几人？

好大王碑

惯战千年意气狂，崇碑丈八立秋光。
燎苔绝域同文字，封国传名好大王。
遗恨已随墓草落，废垒空对水流长。
惆怅百万高句丽，可有孤魂到此乡？

游鸭绿江

快艇衔秋日，悠游信自闲。
一江铺碧玉，夹岸走青山。
见说兵争地，依稀虎踞关。
会当同富足，招手尽欢颜。

向海引鹤

鹤来同我瘦，鹤去我同闲。
对鹤成吾汝，引身各往还。
应愁网罟下，不比菰蒲间。
何时放汝出，乘月到孤山。

别周维杰

乍逢湖上雨，惜别又长春。
宦海烟波阔，艺林风俗淳。
应时无一语，守道有三真*。
欲揽中天月，照君白发新。

注：人咸称周君人真、心真、言真。

访五女峰峡谷

一川飞瀑送轻寒，翠落衣巾露不干。
仿佛江南梅雨后，岩间花似醉中看。

水龙吟·观天池

轻车百折盘旋，登山恰是登天路。
云浮谷底，日沉脚下，目空尘宇。
千里凭高，明池似鉴，危峰如拄。
忽腾沙掠面，风移雾幔，都不管、旅人苦。
造物无端有据，想当时、火龙狂舞。
乾坤翻覆，斗星倒转，浊流横注。
河岳重排，炎凉阅尽，乘槎人去。
把平生宠辱，坐来消解，得寻常否？

五女峰感怀

山魂水魄绕孤峰，五色霓裳渺想中。
老岭如屏留朔雪，瑶台有女舞春风。
廿年腰脚真输我*，万里轮蹄类转篷。
不信竟成关外客，啼莺犹是旧江东。
注：1982年余随浙江书法家代表团访川。

（作者系西泠印社理事）

衔月楼近稿

古求能

小年贺岁

梦寐犹萦二亩芹，天教多事尚耕耘。
好诗有待依梅约，锦瑟无端忆蕙焚。
英气早随驹隙过，归舟已溅浪花分。
岁寒例惹沧桑感，俚句吟成把示君。

己丑拜年诗

滔滔江海尽横流，懒遣闲情逐水鸥。
偶听强人偷御马，也随孺子学黄牛。
有心筑梦添诗债，无力回天剩杞忧。
又是一年除夕夜，屠苏愿约醉方休。

题《月兮唱和集》

人随浪迹倥偬去，韵伴琴心荏苒回。
曾听嘤鸣旧时月，夜深还驾朵云来。

书怀

屡径横雨惜春红，历尽严寒爱劲松。
我愿化身为杜宇，年年啼血唤东风。

元旦

雪蕊窗前正粲然，笙歌处处足催眠。
已无恩怨生丘壑，岂有文章写箭弦？
明月梅花高启句，西风茅屋少陵椽。
羊城暂借立锥地，漫卷诗书送旧年。

酬友人

大千世界以群分，鹤聚鸥盟起异军。
笔走天边牵雁阵，名书水上映浮云。
牢骚虽盛肠犹韧，奴性能除意便醺。
莫谓诗词严格律，不凭血性不成文。

端阳

世态人情一例骄，徒将芒角郁于潮。
湘累百代连环戏，橘颂千秋寂寞谣。
民瘼民忧深自苦，诗魂诗骨好谁招？
盱衡大野多钩棘，路亦漫漫夜亦迢。

水调歌头·深圳小梅沙游泳

一遂平生愿，踏浪大鹏湾。
放眼风云世界，耳畔啸狂澜。
我欲冲波远去，又记阿婆嘱咐：趋水险于山。
几度盘桓后，潮涌返沙滩。
游之兴，撩既起，哪能还？
风波岂阻，征人热血一腔湍？
自古瑰奇胜景，多在巍峨险嶂，世路总难攀。
奋力挥身去，骇浪又何干？

水调歌头·海南亚龙湾游泳

平生真快事，小住亚龙湾。
遮莫飞升有术，弹指列仙班？
看罢凤凰花艳，又听椰风韵妙，出入翠微间。
时与波涛伍，俯仰亦清欢。
忘却了，尘寰事，一身闲。
此情恰似，辞鞍老马放南山。
世界鸡虫相竞，更有蝇营狗苟，与我又何关？
妻小鼾声静，犹自倚阑干。

（作者单位：《当代诗词》编辑部）

诗作六首

陈品鑫

读鼎庐笔记及山水新作有感辛巳秋月

鼎庐丹成一粒嘉，羡君翰墨送生涯。
旁连侧出俱如意，笔绕云烟吐奇葩。

节临仲秋，天缀微云，忽月光漫泻，清辉入帷，忽忽所思辛巳仲秋

微云初度月舒波，谁把镜台又拭磨。
安得胸中同辽阔，江山万里入吟哦。

题赤壁夜游图

卓尔美髯公，驾舟凌江风。
徘徊赤壁下，随波任无穷。
怜余二三子，美酒捧千盅。
皎皎空中月，光明彻苍穹。
横笛倚兰棹，歌诗抚吟中。
人生如蚁寄，物外且从容。
相与枕船下，天白日色红。

题云水居谈艺图

旗山之麓，闽水之滨。
菖蒲南岸，古木荟阴。
披茵而坐，友我嘉客。
左图右史，鼎彝玉珍。
谈艺宴客，鼓瑟吹笙。
胸襟洒落，才俊同春。

登泰山抒怀

飞磴盘云何壮哉，玉皇阁立最高台。
楼观沧海波光远，地涌惊涛碧水来。
巨壑负鼋悬绝壁，奔泉裂石下尘埃。
当年秦帝登封处，旗拥青龙六驾回。

泰山观日出

帝舜台边踏石苔，鸡鸣曙色近蓬莱。
彤云捧日抚摇起，一片霞光天宇开。

（作者系福建福州画家、诗人）

戊子存稿

林 阳

游天目湖二首

淡淡轻纱天目湖，波光潋滟远山无。
舟行雾破鳙鱼跳，风景这边胜姑苏。

寂寥长廊枕碧烟，半湖波动半湖眠。
夕阳渐落天风晚，一袖清凉几欲仙。

赤壁

水天一色泛渔舟，黄叶纷飞赤壁秋。
凭吊英雄无觅处，残阳血染大江流。

访王国维故居

谨严治学贯中西，立派开宗尔几栖？
巷里谈资三境界，蓦然回首燕飞低。

访西泠印社汉碑

西泠汉碑访旧颜，墨风诗韵笼湖山。
摩挲古意开新句，心若孤云别样闲。

观海宁大潮三首

晴空隐隐巨雷鸣，天地之间一线明。
再望烟波浩淼处，忽而失语泪盈盈。

银钩铁马吼生寒，推雪挟风卷巨澜。
百丈潮声凝一刻，从今夜夜梦难安。

潮患千年恶庶民，海塘百代战鳌神。
沧桑阅尽潮犹在，接踵摩肩是旅人。

西湖印象三首

水光隐约看湖山，叠叠风荷举眼前。
苏白不知身后事，长堤尔等共千年。

半晴半雨柳轻飏，西子媚谁着淡妆？
漫步长堤疑所在，微风细浪送荷香。

接天水色远山无，坐拥才知视觉舒。
我赋西湖新气象，元人写意晋行书。

（作者单位：中国美术出版总社）

甲申以来诗词存稿

程羽黑

志梦

别鹤匆匆过北邙，秋原瑟瑟怯残阳。
月华亭下空相待，不见行人自引觞。

春词

春草莹莹天一涯，春波不断涤年华。
春风饱染人间泪，开尽江头消渴花。

苏轼

有宋文章一代奇，垂天才压万人低。
回头下笑蠕蠕辈，辛苦还须牧女麋。

清风词

春去人间事未销，斜桥花雨堕兰桡。
清风不解吹香灭，误送东家碧玉箫。

玄象——夏日杂咏

毒火酿苍生，擗天朱雀横。
木官虽已杀，犹有蓐收盟。

北窗录

谁买炎方不龟手？漫劳死海羡鱼心。
未须刺世疾邪赋，且听空峒绿绮琴。

后走马引

卑飞一小鹏，袖手略天惩。
江海辞乡剑，乾坤照血灯。
三公皆觳觫，有马极骁腾。
缇骑搜寰宇，旋知杀吏能。

寓言之三

金乌奉敕燎天地，神妒人间北极光。
窃恐湛卢销作水，携将冰雪窟中藏。

读近史

魂兮不可托东方，劫火连天天雨霜。
建木斯须七枯菀，烛龙一日几阴阳？

骊山

草动唳鸱枭，衣冠拜此獠。
程生颇失意，欲借杀儒刀。

小放歌行

把臂非诗鬼，拍肩无醉侯。
欲倾三祀雨，洗我一时愁。

泛言

雄剑开丰镐，长云入华缑。
一为松月客，永弃富平侯。
解佩明兰浦，遗骖戏水鸥。
行人掏耳目，不信有浮丘。

迟得落花诗

元气悠悠结紫钱，诸花血竭破青烟。
飞香素雨迷离夕，却忆长安大雪天。

昔年战

日光泻处血光明，瀚海枯时血海清。
大卫圣旗君不见，青为天宇白和平。

有我

林风非故识，春水亦新鲜。
旧日闻箫处，莺声绕带圆。

九月

长星七万丈，含笑试光芒。
大地秋初据，诸神宴始张。
谁言恩到骨，忽觉血如汤。
不见魔鹰纵，鹏雏死九方？

鲁连词

高人赐我酒，辞之卧白云。
生平恨此物，醉死信陵君。

读东坡“幸对清风皓月”句有感

鼓腹而歌甚快乐，成神不死有牢骚。
玉山自倒神能否，明月何如帝座高？

读史绝句

道德文章一坦途，搬经训古若呼奴。
人生难处唯餐饭，始信康成是啬夫。

（作者系复旦大学在读博士）

箫泉题画诗稿

蔡金存

题兰

瘦叶疏花纫为佩，幽香素影结同心。
余甘寂寥遗穷兴，一任天真袭世人。

题梨花

同移庭院非避秦，暮伴我来朝伴君。
久蓄轻寒犹带雪，空枝不忘本洁心。

题桃花

邻院桃花驻逸枝，轻风啼雨欲染诗。
主人长恨花无实，唯我多情独不疑。

题梅

浮华本应映瑶台，陨落凡尘独自开。
贫寂一生谁在意，唯有冰雪永相陪。

题荷

不争春色闹群芳，愿伴秋风迎早霜。
浊水污泥皆幻境，尘心清静入禅房。

题芭蕉

冷雨轻敲木磬清，萧风断续奏狮弦。
凡愚善恶尽开演，空相浅为世人言。

题山水十五首

望极江湖掩暮烟，浮云断处隔重山。
家园可恨非明月，几度误眠清照前。

梦蝶空攀身外身，周庄之乐了无痕。
萦萦清影芳春醉，不信红莲境里寻。

山居已淡凡尘事，相逐林花笑我痴。
野月闲云共一过，悠然禅境偎东篱。

浮云流水即天涯，茅屋青山是衲袈。
明月清风千万偈，相逢休问净莲花。

高顶常生履底云，禅房无事闲看山。
寒林逐径惊幽鸟，知是村翁向此寻。

江心缥缈锁岚烟，谢迹喧尘觅隐仙。
应信此身非蝶梦，解如明月共云天。

山间林下逐花飞，宴坐嶷亭拥翠微。
云水潇湘烟雾绕，秋鸿野鹤自伤悲。

依稀梦别梓乡心，几度凭栏几度寻。
浪迹天涯风雨中，回眸不意白头吟。

松鸣乱嶂无弦吟，泉绕青山荡籁音。
隐径烟岚绊云履，横流独处不染心。

残垣高卧拨寒星，独对空亭抱月眠。
一夜黄粱尽白首，山深已淡红尘言。

静坐观心结佛缘，花香一缕醉云烟。
浮生苦乐皆痴影，覆水求渊渍漫天。

庭院花开又一春，光阴难解惜花人。
闲时醉卧风斟酒，泪雨纷飞满地痕。

悠然孤影似无心，聚散随风万里尘。
偶与夕阳相辉映，往来不负等闲身。

江湖狂兴泛扁舟，不问溪深逐水流。
应笑多情慕清景，此身是客何曾休。

十载飘零东复西，新颜杳杳旧颜稀。
拾来一片青青竹，但了无心说曹溪。

（作者系《艺衡》编辑部编辑）

王时敏绘画及“画家正脉”说之理论根源与借镜意义

徐鼎一

有清一代，开画坛风气之先，俨然一代宗主者，其惟王时敏乎。张庚《国朝画征录》称其：“淡于仕进，优游笔墨，啸咏烟霞，为国朝画苑领袖。”[1]上承文人画嫡脉，下开山水画正宗者，王时敏之功不可没矣。明季之世态、学林、画苑衰疲极矣，惟松江一脉，可谓透网之鳞，一息尚存。董其昌、陈继儒等继废绝、开文宗，不失中正淳和之浩气，不失温文尔雅之静韵。“于时宗伯（董其昌）综揽古今，阐发幽奥，一归于正。方之禅室，可备传灯一宗。”[2]而王时敏从董、陈二公游，亲承指授，得其心源，潜心于绘事，一归于嫡脉，下启王翚、王原祁、恽寿平诸家，而余波遗泽下及三百余年，不可不谓厥功甚伟也。虽后积弊丛生，摹古成风，以至枯寂呆板而生气泯然者，非王时敏之过也，乃不善学之过也。今日之画苑，深蒙西方艺术思潮冲击之时，主题丧失，语言失忆，画家笔下竟有不知所措者。王时敏《题玄照仿梅花道人山水》云：“画道至今日，正极盛、极衰之时，遍观天下不敢妄为许可。盖由盘礴家竞习时趋，谬种流传，妄谓自开堂户，遂与古人日远。”[3]今日之画苑何尝不是如此耶？极盛者，画手如林；极衰者，古法泯失。反观清初画坛，王时敏之绘画艺术及其“画家正脉”说之主张，或许对当今画坛不无借镜意义。

一、王时敏家世与生平

王时敏，生于明神宗万历二十年（1592），卒于清康熙十九年（1680）。字逊之，号烟客，又号西庐老人、西田主人、西田遗老、偶谐道人、归村老农等。江苏太仓人。《清史稿》称：“时敏系出高门，文采早著。鼎革后，家居不出，奖掖后进，名德为时所重。明季画学，董其昌有开继之功，时敏少时亲炙，得其真传。锡爵晚而抱孙，弥钟爱，居之别业。广收名迹，悉穷秘奥，于黄公望墨法尤有深契，暮年益臻神化。爱才若渴，四方工画者踵接于门，得其指授，无不知名于时。为一代画苑领袖。”[4]《清史稿》称其“系出高门”，洵非虚语。

清 王时敏 仿古山水册之一 23cm×15.4cm 上海博物馆藏

王时敏之祖父王锡爵（1534—1610）于嘉靖四十一年（1562）会试得第一，廷试第二，累迁至国子监祭酒、礼部尚书兼文渊阁大学士。万历二十一年（1593）为首辅相国，权重朝野。卒谥文肃。史称其“性刚负气”，万历十二年（1584）冬即家拜礼部尚书兼文渊阁大学士时，即以“禁谄谀、抑奔竞、戒虚浮、节侈靡、辟横议、简工作”为请。著有《王文肃集》及《王文肃疏草》等。锡爵之子、王时敏之父王衡（1561—1609）自幼才华横溢，读书五行俱下。万历十六年（1588）举顺天乡试第一，万历二十九年（1601）举会试第二，廷试第二。授编修。奉使江南，因请终养归。诗文俱称名家。亦善书,学颜真卿、苏东坡。董其昌评云：“其天骨自尔秀绝，而盘旋唐、晋间，功力兼至。”著有《缑山集》及杂剧《郁轮袍》等。当时朝野以“父子榜眼”传为美谈。王时敏有此家庭背景，家富佳椠、法书、名画，且得乃祖钟爱。故自小养得贞静和悦之气、优裕好古之心。

恽寿平《瓯香馆画跋》云：“娄东王奉常烟客，自髫时游娱绘事，乃祖文肃公属董文敏随意作树石以为临摹粉本，凡辋川、洪谷、北苑、华原、营丘树法、石骨、皴擦、勾染，皆有一二语拈提，根极理要。”若恽寿平所记属实（按：王时敏病危时，王翚、恽寿平谒于榻前。时敏执寿平手而卒），则王时敏习画当在十九岁以前，因王时敏生于1592年，乃祖卒于1610年，既有乃祖属董其昌作粉本事，故其“髫时游娱绘事”为事实。然乃祖不令其幼即习经文而入科第，反而令习“自古儒者视为末技”之绘画，何耶？意其见明季政治黑暗、官场奔竞、虚浮侈靡之风盛行，故令其习画以自养，勿为官场而夺志焉（按：王衡于万历十六年举顺天乡试第一，因其父为首辅，礼部郎中高桂、饶伸等弹劾有弊，而复校王衡试卷，英气过人,无不叹服。其父因言己一日在官，其子一日不试。十三年后，万历二十九年，王衡于其父退居多年后，复进京应试，举会试第二，廷试第二。授编修。见仕途叵测，因请终养归）。可见王时敏幼承家学，游娱艺道，不乐仕进，事出有因也。

王时敏家藏宋元真迹甚夥，每遇名迹，不惜多金购之。如李营丘《山阴泛雪图》，费至二十镒。“每得一秘轴，闭阁沉思，瞪目不语，遇有赏会，则绕床大叫，拊掌跳跃，不自知其酣狂也。尝择古迹之法备气至者二十四幅为缩本，装成巨册，载在行笥，出入与俱，以时模楷。”[5]

清 王时敏 仿古山水册之二 28.5cmx20.4cm 上海博物馆藏

王时敏学古甚深，加之与董其昌、陈继儒诸名公切磋求教，画境日进。王时敏虽小董其昌三十七岁，但来往频繁，乃至“杂坐忘宾主”（见王时敏《西庐怀旧集》、董其昌《丁卯[1627]四月七日同陈眉公过逊之山馆话两留宿》）。其《自题画》云：“余作此图垂三十年，软甜稚弱，何异小儿涂墙。当日董、陈两公题辞皆以一峰笔法见许，过情特甚，岂昌黎所谓‘诱之而欲其至于是’耶？”[6]《跋石谷临富春山卷》云：“昔董文敏公尝为余言，子久画首冠元四家，得其断楮残缣不啻吉光片羽。其生平所最合作，尤莫如《富春山卷》，盖以其神韵超轶、体备众法，又能万汇浑融、不落笔墨畦径，故非人可企及。此诚艺林飞仙、迥出尘埃之外者也。”[7]可见王时敏于董、陈二公乃忘年之交，亦师亦友也。

明万历四十三年（1615），王时敏二十四岁时，由恩荫出任尚宝司丞（按：尚宝司，设卿、少卿各一人，司丞三人。掌宝玺、符牌、印章之用。皇帝出巡，则捧宝随从。明迁都北京后，南京仍置尚宝司，设卿一人）。天启四年（1624），升为尚宝卿，后又升为太常寺少卿（按：太常寺，掌宗庙祭祀礼乐。明迁都北京后，南京仍置太常寺，设卿、少卿、典簿、博士各一人及协律郎、赞礼郎、司乐、各祀祭署奉祀、祀丞等。少卿为正四品）。崇祯五年（1632），王时敏四十一岁时，因病辞官回乡，隐居不仕。入清后，王时敏年已五十三岁矣，仍潜心于绘事，且着力培养子孙辈之学业。其膝下九子，多在清廷为官，八子王掞（颛庵）官至文渊阁大学士兼礼部尚书，直经筵，典会试。孙王原祁康熙九年成进士后，深得康熙喜爱，入值南书房，充《佩文斋书画谱》总裁，主持绘制《万寿盛典图》。清钮琇《觚賸•续编•卷一》录有一则故事，可见王氏门庭之盛。“太仓王太常（王时敏）子孙众多而贤，颛庵（王掞）、麓台（王原祁），尤所钟爱。康熙庚戌（1670）俱以弱冠试捷南宫，泥金之报叠至。适吴梅村（吴伟业）在座。戏曰：‘彼苍者天，当是君家门下清客耶？’太常骇问云何。梅村曰：‘善探主人所欲而巧于趋奉事事如意者，门客也。今日之天无乃近是！’太常不觉莞尔。”[8]王时敏之儿、孙“同科两进士”，及其父、祖“父子榜眼”，均为一时之儒门佳话。王时敏于康熙十九年卒于家，享年八十九岁。综观其一生，淡泊于仕途，骎骎于画道，继往开来，奖掖后进，德艺为画坛所重。其不但画学成就突出、画学思想影响深巨，而且工诗善文、多能且精。今观其题画跋文，辞藻渊雅古丽、用典裕富幽茂，近陈眉公；文气婉转曲达、时出禅家机语，近董宗伯。可见其为文亦受二公影响（乃祖曾邀陈眉公与乃父王衡读书支硎山）。王时敏亦善书法，行楷摹《枯树赋》，隶书追秦汉，榜书八分，时誉第一。其晚年因目力甚减，多作隶书以应人。画学之成，必兼众艺之所养。今人分科别类甚严，习画者多不通于经史、诗文、书法，欲其达古人之神境也难矣。

二、王时敏法古思想与艺术成就

王时敏承香光衣钵，一以古法为宗，晚年笔益苍老，境益幽深，自凿户牖，有脱出樊篱者也。王氏之尚古、法古、藏古、摹古，较之董香光有过之而无不及也。欲刻意师古，不可不多藏法书名画，不可不多觏前贤真迹。故王时敏特留意收藏古今名作。其《跋董宗伯书卷》云：“董文敏公高文妙翰，惊耀古今。平日家庭间琐言剩笔，点滴尽是珠玑。令似季苑结集袭藏，盖有年矣。其为金石之藏、睢涣之观，与晋唐诸贤并垂不朽，洵乎天壤所生，诚有自然之妙。”[9]“北苑画纵横变化，余平生所见数幅无一相同，而于云气点染尤极工妙。米家父子皆从此出。”[10]“北苑《潇湘图》，余昔从宗伯借观，留斋头者年余，丙寅以北行归之，二十余年时落梦寐。”[11]名作《潇湘图》曾留其斋中玩味年余，是何等之福也。此图自入

清　王时敏　仿黄公望山水图 96.7cmx44.9cm 上海博物馆藏

清宫后又于抗战期间流落民间，1952年从香港购回，今藏北京故宫博物院。“余于大痴画素有癖嗜，生平所见卷轴二十余本。往从董文敏公所购得几幅，虽非极致，要皆真迹。”[12]王时敏不但广购名迹，亦择古迹之佳妙者，为缩本二十四幅，装册自随，以时楷模，可见其学古有法也。

王时敏之法古，虽以董源、巨然、赵孟頫、元四家、吴门四家为宗，实近法董其昌，远法黄公望。其一生对黄公望之推崇和研究，可谓备至矣。然其学黄公望者何？“古来盘礴名家，宗派皆有渊源，意匠各极惨淡。然其笔法、位置皆可学而至。惟痴翁笔墨外皆有一种淡逸之致、苍莽之气，则全出天趣，不可学而能。”[13]“子久论画凡破墨皆由淡入浓，平淡天真皆从巨然风韵中来。”[14]又谓子久之画“灵机独诣，纵横变化，无辙迹可寻。学者能从此处深参冥悟，斯得其真。”[15]由此可见，法古者，得古人笔法、位置也。然淡逸之致、苍莽之气，全自天趣中来，得之不易易耳。王时敏之所以尚古也，因其有画道存焉；其所以法古也，因有笔法、位置存焉；其所以藏古也，非居奇自夸，乃方便于学也；其所以摹古也，借古人笔墨诉自家衷肠也。故法古法为途径，得天趣为目的。

今观王时敏存世画作，亦为数不少。刘九庵《宋元明清书画家传世作品年表》著录其作品八十九件（套），最早作品为明天启三年（1623）六月其三十二岁时所作《奉寿岵翁作南山图卷》。最晚作品为清康熙十九年（1680）其八十九岁时作《隶书岩栖五律》。皆现藏北京故宫博物院。中国古代书画鉴定组编《中国绘画全集》著录其最早绘画作品为天启五年（1625）作《山水图》扇页[16]，今藏北京故宫博物院。其有明确纪年之最晚画作为《仿古山水册》十开[17]，今藏上海博物馆。款题："余年来穷老善病，欢悰寥寥，笔砚久庋高阁。此册自丙午春试墨，偶作一二帧，作辍者数四，至戊申冬始成，其中间有稍可寓目者。然老思枯涸，弱腕觳觫，揔于古法无当，不堪入大方巨眼，惟自以遣兴而已。庚戌中秋后三日西庐老人王时敏题，时年七十有九。"其晚年因目力减退，作画甚少，多作书法以应人也。

王时敏早、中、晚各期山水虽构图、笔法无甚大异，然风神气格、功力意度却日进一境，有不可同日而语者。然风神气格、功力意度，必待善观者知之。孔子评弟子公西赤云："赤也为之小，孰能为之大？"言为学尚精细，故能成就大业。绘画何尝不是如此？必笔墨精妙、韵味十足，方可言意境之雅、格致之雄。王时敏早有画誉，三十四岁时所作《山水图》扇页，以润秀之笔墨写清幽秋景。三五株树红叶依稀，立于坡间婆娑似舞；坡后一二村居围于疏篱之中，萧疏淡寂；村后一岭横起，或危崖、或泉瀑、或平台、或茂林，错落参差，拥以自厚。该画用笔娴静秀脱，构图繁简得宜；主调淡墨为底，赭黄敷染；偶尔浓墨提神，艳色微晕，真可谓云鬓半现、绛唇欲暖，别有一样风致。陈眉公题曰："窗前树已红，梦里山犹绿。"眼前之景甚明而梦里之景甚幽。唯其明也，醒得令人心疼；唯其幽也，醉得令人神酣。《拟云林春林山影图》[18]作于癸酉初夏锡山舟次（崇祯六年，公元1633年），王时敏时年四十二岁。该画笔法、墨法深得云林三昧，全于苍秀浑密中透出化机，若无款题可识，几作云林山水观耳。难怪董宗伯

清 王时敏 杜甫诗意图册之一 39cmx25.5cm 北京故宫博物院藏

清　王时敏 杜甫诗意图册之二 39cmx25.5cm
北京故宫博物院藏

题云："云林小景，几作无李论。逊之亦披索殆尽，谁知笔端出现清閟主者，若再来骋妍竞爽如此。珍重！珍重！甲戌初冬，其昌。"《虞山惜别图》[19]作于康熙七年（1668），为王时敏晚期大尺幅代表作之一。该画纵134厘米，横60.2厘米，现藏北京故宫博物院。该画系为邻居闽中烟草商戴瑞阳所作。通幅干笔润墨写虞山胜景。以深远之法写溪回路转、复岭蜿延、村舍错布；以高远之法写迭瀑飞泻、烟云变灭、巍峰庞峨。构图繁密，大小间接，和谐变化。干笔能润，湿笔能透，笔力内敛，气象浑茂，诚为仁山义水也。款题云："闽中戴君瑞阳本诗礼旧族，以市烟草至娄，僦居余家对宇数椽累年。邻曲习知其为人，诚朴温厚，绰有士风，颇为心折。今将迁居虞山，依依惜别，特作此图赠之。戊申初秋西庐老人王时敏识，时年七十有七。"仁山义水赠仁人义士，真仁行义举也。儒者之画，其所至重者，不在此乎？上海博物馆藏《仿古山水图册》八开[20]，纵28.5厘米，横20.4厘米，分别仿李营丘、黄子久、黄鹤山樵、赵文敏、梅道人、米元晖等。该册笔墨沉雄酣凝，气格古茂渊静，敷色典丽幽雅，为其晚年巅峰妙作。常熟博物馆藏另一部《仿古山水图》册十开[21]，纵30.6厘米，横23厘米。该册原属新安黄秋山故物，于道光二十一年为嘉兴张廷济所得，后入顾氏过云楼，1980年由顾氏后人捐赠入常熟博物馆。张廷济跋称："此册为王时敏平生巨迹，可谓至精至美。"然此册中，王时敏竟仿过董其昌之谓北宗者——赵伯驹之青绿山水《江皋秋色图》，可见王氏惟善是学，不因人废艺。孔子云："君子不以言举人，不以人废言。"此之谓乎？

王时敏一生作画作书不辍，奖掖后进不遗余力，然自识跋语皆谦恭自抑、刻责自牧，恂恂然一介儒士之风。其《题自画册》云："儿子掞乞画，日置案头。每当烦懑交并、无可奈何，辄一弄笔以自遣。而境违神滞，心手相乖，如古井无澜、老蚕抽茧，了无佳思以发奇趣。每帧虽借古人之名漫为题仿，实未能少窥其藩，下笔不胜颜汗。"[22]又于戊子（1648）季秋《自题画册》云："此册为儿子撰装……于宋元诸家但师其意，不拘拘以形模为工。东坡云：'论画以形似，见与儿童邻。'学古人者正当于此语细参耳。撰儿性最嗜画，资亦相近，见其所作山水亦秀润有致。但经生本分内事，所当留心者甚多。笔墨小技，不愿其如此癖嗜也。"[23]此可谓倾尽自家衷肠矣。

三、"画家正脉"说之理论根源及对当代画坛之借镜意义

明季董其昌提出"文人之画"和"画之南北二宗"之论。董氏云："文人之画，自王右丞始，其后董源、僧巨然、李成、范宽为嫡子，李龙眠、王晋卿、米南

宫及虎儿，皆从董、巨得来。直至元四大家黄子久、王叔明、倪元镇、吴仲圭皆其正传，吾朝文、沈，则又远接衣钵。”[24]又云：“禅家有南北二宗，唐时始分。画之南北二宗，亦唐时分也。但其人非南北耳。北宗则李思训父子著色山水，流传而为宋之赵幹、赵伯驹、伯骕以至马、夏辈。南宗则王摩诘始用渲淡，一变勾斫之法，其传为张璪、荆、关、董、巨、郭忠恕、米家父子，以至元之四大家。亦如六祖之后有马驹、云门、临济，儿孙之盛，而北宗微矣。要之，摩诘所谓‘云峰石迹，迥出天机；笔意纵横，参乎造化’者。东坡赞吴道子、王维画壁，亦云‘吾于维也无间然’，知言哉！”[25]王时敏承董氏绪余，提出“画家正脉”之说。其跋王石谷画云：“唐宋以后画家正脉，自元季四大家、赵承旨外，吾吴沈、文、唐、仇以暨董文敏，虽用笔各殊，皆刻意师古，实同鼻孔出气。”[26]纵观董、王二氏所言之“南宗”画家，其绘画之用笔虽略有差耳，然风格气象皆有一同之处，真所谓“同鼻孔出气”者也。王时敏《题自画赠何省斋宫允》可为此作一注脚：“子久画全师董巨，用笔以苍润秀逸、布景以幽深浑厚为主。凡树枝转折、石面向背、山形分合、扶疏纡回，各尽其态，而远近浓淡一以皴法运之，故杰构渊思与笔墨气韵相映发，于尺幅片楮有斐亹不穷之致。”[27]“苍润秀逸”“幽深浑厚”，亦即张伯雨评黄公望画“峰峦浑厚，草木华滋”，可谓为“画家正脉”之共同特点。而王时敏所言“画家正脉”中，虽未及唐宋以前，然究其与董其昌思想之一致性，亦当指王右丞、董源、巨然、李成、范宽、李龙眠、王晋卿、米芾、米友仁辈。唐宋以后画家中，赵孟頫、黄公望、王蒙、倪瓒、吴镇、沈周、文徵明、唐寅、仇英、董其昌皆有文之士也。惟仇英幼小少文、长而与文人游，渐染丰裕，亦有出俗之志焉。此亦偏爱乡贤之一端，不如董氏只言“吾朝文、沈”之精审也。

清 王时敏 杜甫诗意图册之三 39cmx25.5cm 北京故宫博物院藏

王时敏此一“画家正脉”之说，虽受董其昌之影响，然此一“正统”思想，实根源于儒家文化之沃土。自孔子法先王、尊古道而衍创为儒家学说，两千余年来连绵绵不绝。儒家学说若以一言概之曰："仁"。仁者，人也，忠恕之道也。以己及人，以人及物，天地万物皆归于一心之所运也。天之大德生物曰仁，人法天而曲成万物曰义。儒家之尚仁也，爱生也。广生者莫如春。春之所以广生万物者，和煦之气也；冬之所以凋敝万物者，萧杀之气也。故儒者爱生而恶杀也。爱生之德归于一身，则有"温、良、恭、俭、让"之行。故"孔子于乡党，恂恂如也，似不能言；其在宗庙朝廷，便便言，唯谨尔"。恂恂如者，信实笃恭之貌；似不能言者，谦卑逊顺之态；便便言者，博辨庄言而极尽其详也；唯谨尔者，理无不中、事无不成，极其审度稳惬而无弊也。由此观之，儒学之"中正博大、含蓄蕴藉"，入画则表现为"峰峦浑厚、草木华滋"，行之用笔则"苍润秀逸"，见之布景则"幽深浑厚"。《周易•乾象》云："天行健，君子以自强不息。"《坤象》云："地势坤，君子以厚德载物。"健者，生生不息之谓也；坤者，顺承无违之谓也。健顺五常之道也。见之画道则为法自然、尊先贤也。法自然者，欲得其生机也。尊先贤者，欲得其妙道也。故尚古、求韵，为赵孟頫、董其昌、王时敏一脉相承之宗旨也。王时敏云："画虽一艺，古人于此冥心搜讨，惨淡经营，必功参造化，思接混茫，乃能垂千秋而开后学。原其流派所自，各有渊源。如宋之李、郭皆本荆、关；元之四大家悉守董、巨是也。近世攻画者如林，莫不人推白眉、自夸巨手，然多追逐时好，鲜知古学。"[28]"画家正脉"者，即董其昌所言文人画也。而文人画者，实为儒者之画也。其之所以为画家正脉者，以其得先圣之大道也、以儒学为鹄的也。而其所以摈北宗而斥院习者，以其境无逸致、笔无生机之故也。唐之李思训、李昭道父子著色秾丽，金勾艳染，颇失"衣锦尚褧"之道（按：《诗经•卫风•硕人》《郑风•丰》皆有"衣锦褧衣"之句，《中庸》云："衣锦尚絅，恶其文之著也。"古者衣华丽文绣之丝衣必外加麻纱透薄之褧（絅）衣，恶文饰太著而伤于刻露也）；南宋马远、夏圭用笔勾斫，锋棱变出，而无"温温恭人"之态（按：《诗经•小雅•小宛》："温温恭人，如集于木；惴惴小心，如临于谷；战战兢兢，如履薄冰。"温温者，和柔之貌也；恭人者，恭谨严慎之人也。言齐圣之人，处变不昏，谨小明大，检身以自克，明道以荣生。何至于此耶？"念昔先人""有怀二人"者，法周文王、周武王之明而至此也）。此皆有失中和之道者，故循道有识者摈之于不取之列。此画家正脉思想之所以见重于文人画家之故也。

清 王时敏 仿古山水图之一 30.6cmx23cm
江苏常熟博物馆藏

然画道至于21世纪之今日，其乖戾邪僻有不可胜言者也。画道之衰一至于此，何耶？大道之隐、儒学之衰而致万怪丛生、偏枯满地也。今之知道尚德、尊仁慕义者几人？天下熙熙，皆利往之徒也。利者，一己之私也。义者，人我之公也。利者，损人以利己也。义者，爱我而宜人也。人无仁心义行，而求画之有仁山义水，不可得也。仁山义水者，峰峦浑厚、草木华滋者也。故画家正脉——文人画——儒者画，当为挽今衰弊、开来文运之至剂良方也。董源、巨然挽五季之衰，赵孟頫、黄公望挽南宋之衰，董其昌、王时敏挽明季之衰、黄宾虹挽清季之衰，其来有自矣。自古衰世末俗皆赖儒士文人以挽之。文人者，非善属文辞之人也。古者所谓“文”者，经天纬地曰文，道德博厚曰文，慈惠爱民曰文，勤学好问曰文，忠信接礼曰文，皆明敏为性、恭行为德之谓也。欲挽画道之衰，不可不先挽儒学之衰。儒学所尚之至道，为天地万物之极诣，知之深则行之笃。孔子云：“朝闻道，夕死可矣。”意为若能朝闻大道之要，令其夕间即死，可也。何者？闻道难也。既闻道，大道

清　王时敏　仿倪瓒春林山影图　94.3cmx43.8cm　上海博物馆藏

妙也。既知其妙，若存世间一瞬，亦与永恒相共矣。故闻道者，儒者之志也；既闻道者，儒者之成也。既闻道者，内坚而外和。内坚者犹乾之健也，外和者犹坤之顺也。乾健者犹画境之静也，坤顺者犹画笔之和也。画道至此，何有他求者哉？故王时敏绘画思想之“画家正脉”说，承先儒赵孟頫、董其昌之嫡脉，可为当今画人之借镜也。法先圣、读经书、恭儒行、画正脉，乃当今慕仁善画者不刊之道也。舍此而他求，吾不知其何如也已矣。

注释：

[1][2][5]张庚《国朝画征录》，《中国书画全书》第十册第425页，上海书画出版社1994年10月第1版。

[3]王时敏《王奉常书画题跋》，《中国书画全书》第七册第916页，上海书画出版社1994年10月第1版。

[4]《清史稿•下》，《二十五史》第十二册第1592页，上海古籍出版社、上海书店1986年12月第1版。

[6][15]王时敏《王奉常书画题跋》，《中国书画全书》第七册第919页，上海书画出版社1994年10月第1版。

[7]王时敏《王奉常书画题跋》，《中国书画全书》第七册第924页，上海书画出版社1994年10月第1版。

[8]《中国文坛掌故事典》第390页，上海辞书出版社1993年第1版。

[9]王时敏《王奉常书画题跋》，《中国书画全书》第七册第915页，上海书画出版社1994年10月第1版。

[10]王时敏《王奉常书画题跋》，《中国书画全书》第七册第918页，上海书画出版社1994年10月第1版。

[11][12][23]王时敏《王奉常书画题跋》，《中国书画全书》第七册第917页，上海书画出版社1994年10月第1版。

[13]王时敏《王奉常书画题跋》，《中国书画全书》第七册第930页，上海书画出版社1994年10月第1版。

[14]王时敏《王奉常书画题跋》，《中国书画全书》第七册第931页，上海书画出版社1994年10月第1版。

[16]中国古代书画鉴定组编《中国绘画全集十九•清一》彩图第1页，文物出版社、浙江人民美术出版社2001年11月第1版。

[17]中国古代书画鉴定组编《中国绘画全集十九•清一》彩图第43至48页，文物出版社、浙江人民美术出版社2001年11月第1版。

[18]中国古代书画鉴定组编《中国绘画全集十九•清一》彩图第5页，文物出版社、浙江人民美术出版社2001年11月第1版。

[19]中国古代书画鉴定组编《中国绘画全集十九•清一》彩图第50页，文物出版社、浙江人民美术出版社2001年11月第1版。

[20]中国古代书画鉴定组编《中国绘画全集十九•清一》彩图第51－56页，文物出版社、浙江人民美术出版社2001年11月第1版。

[21]中国古代书画鉴定组编《中国绘画全集十九•清一》彩图第63－68页，文物出版社、浙江人民美术出版社2001年11月第1版。

[22]王时敏《王奉常书画题跋》，《中国书画全书》第七册第921页，上海书画出版社1994年10月第1版。

[24]董其昌《画禅室随笔》，俞建华编著《中国古代画论类编》第724页，人民美术出版社2004年10月第2版。

[25]陈传席《中国山水画史》第701页，江苏美术出版社1988年6月第1版。

[26]王时敏《王奉常书画题跋》，《中国书画全书》第七册第926页，上海书画出版社1994年10月第1版。

[27]王时敏《王奉常书画题跋》，《中国书画全书》第七册第919－920页，上海书画出版社1994年10月第1版。

[28]王时敏《王奉常书画题跋》，《中国书画全书》第七册第922页，上海书画出版社1994年10月第1版。

（本文作者系《荣宝斋》副主编）

清 王时敏 仿宋元六家山水册之二 50.2cmx29.4cm 上海博物馆藏

清　王时敏　杜甫诗意图册之四　39cmx25.5cm　北京故宫博物院藏

清 王时敏 仿古山水册之二 23cmx15.4cm 上海博物馆藏

习画山水自述

冯其庸

予于学问之余，略涉书画。初作花卉，由白石而慕青藤、白阳。庚辰四月，偶作山水条幅，是予作山水之始也。予性喜游览，天下名山游之遍矣。乃复三登昆仑之巅，入流沙最深处，至罗布、楼兰、龙城、白龙堆、三陇沙而入玉关，因悟古人之山水皆取自真山真水也。况予昔年登华岳之巅，览太华三峰，上帕米尔高原，纵观喀拉昆仑山群峰，则去天尺五矣，乃识西部山水之雄险奇谲。予于黄山已十数游，冬日之大雪，夏日之暴雨，秋日之斑驳陆离，春日之杜鹃幽兰，则又南部山水之雅怀逸韵也。于是更深知古今山水画之神韵皆在真山真水中也。夫画山固不仅在其貌，而在其神与韵也。予于游历之余，复谛观五代两宋至元明之山水剧迹，始信古之山水名家真得山水之神与韵也。乃自庚辰至今十年间，致力于宋元诸名家而悟画即禅也。其精微奥妙处，当以参禅之功于定中默中悟而得之，非躐等躁进可以致也，加之山水画笔法皆自实中来虚中用，其本在功，亦禅家之蒲团苦修也，无此苦修则无由悟也；无此实则亦不得其虚也。予性鲁钝，十年之修，仅此微悟，证之同道，是耶非耶？戊子夏至宽堂自序于石破天惊山馆，时年八十又六。

画家简介：

冯其庸，名迟，字其庸，号宽堂，斋名瓜饭楼。1924年2月3日生，江苏无锡县前洲镇人。曾任中国人民大学教授、中国艺术研究院副院长、中国人民大学国学院院长。现为中国人民大学国学院名誉院长、中国红楼梦学会名誉会长、中国汉画学会名誉会长、《红楼梦学刊》名誉主编、中国炎黄文化研究会副会长、敦煌吐鲁番学会顾问等。长期从事古代文学史、文化史、戏曲史、艺术史的研究，尤以《红楼梦》研究著名于世。曾举办“冯其庸发现·考实玄奘取经路线暨大西部摄影展——上海展”，并两次在北京中国美术馆举办“冯其庸书画展”。2008年10月，又与丁和合作，在上海举办“玄奘西天取经全程摄影展”。已出版的著作计三十余种。

冯其庸 云雪图 2007

冯其庸 寒林萧寺图 2007

冯其庸 高山流水 2007

冯其庸 深林书屋 2007

冯其庸 太湖烟岚 2007

冯其庸 风雪归人 2007

冯其庸 半叶集册页一 2007

冯其庸 半叶集册页二 2007

冯其庸 半叶集册页三 2007

冯其庸 半叶集册页四 2007

冯其庸 半叶集册页五 2007

冯其庸 半叶集册页六 2007

冯其庸 半叶集册页七 2007

冯其庸 雾失楼台 2007

冯其庸 秋林步月 2007

冯其庸 云山读书图 2009

妙虚法师绘画作品

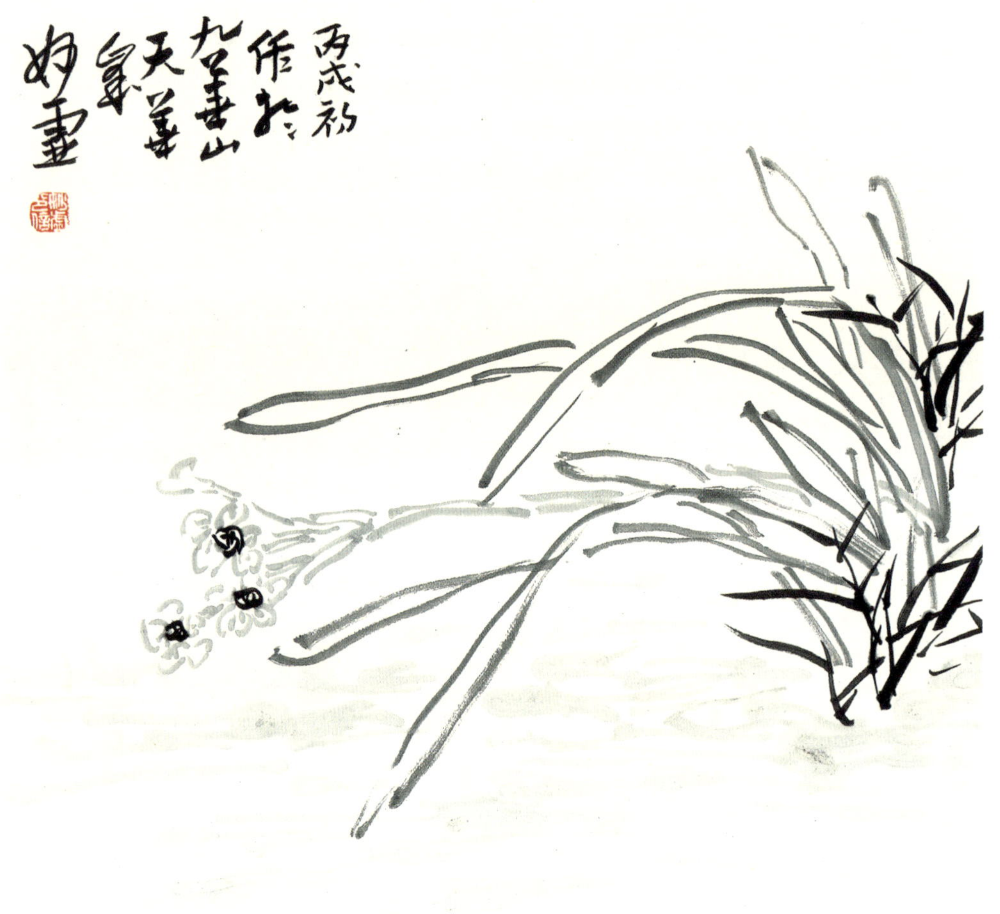

妙虚 花卉之一

妙虚法师，法号道开。沩仰宗第十一代禅人。九华山吉祥禅院住持，九华山佛教文化研究会指导法师。出版有《中国名画家精品集——妙虚》《妙虚法师写经偈》《妙虚法师画——梅兰竹菊》《2006妙虚法师山居作品图录》等多种画册。先后在中国美术馆、北京劳动人民文化宫、合肥亚明艺术馆、厦门图书馆等地多次举办书画个展，并在中国佛教文化研究所举办“妙虚书画与佛教艺术学术研讨会”。曾多次为慈善机构、希望工程捐赠书画作品。作品广为海内外相关机构及个人收藏。

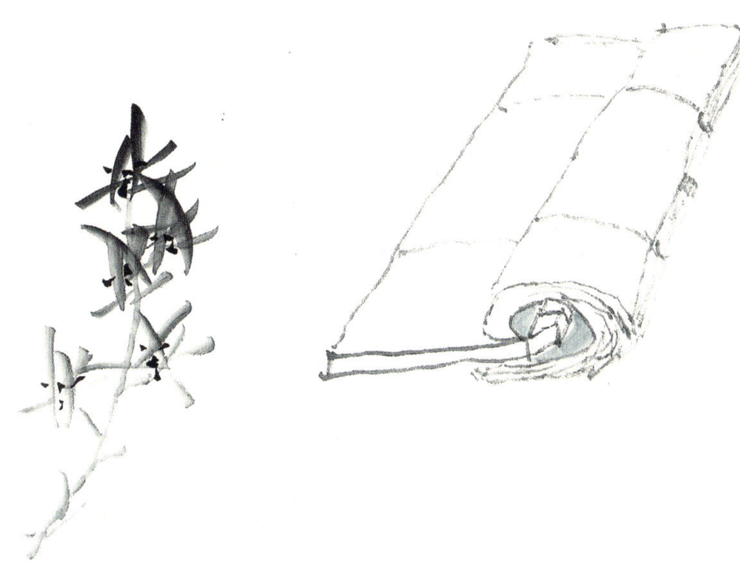

妙虚 花卉之二

妙虚 花卉之三

妙虚 花卉之四

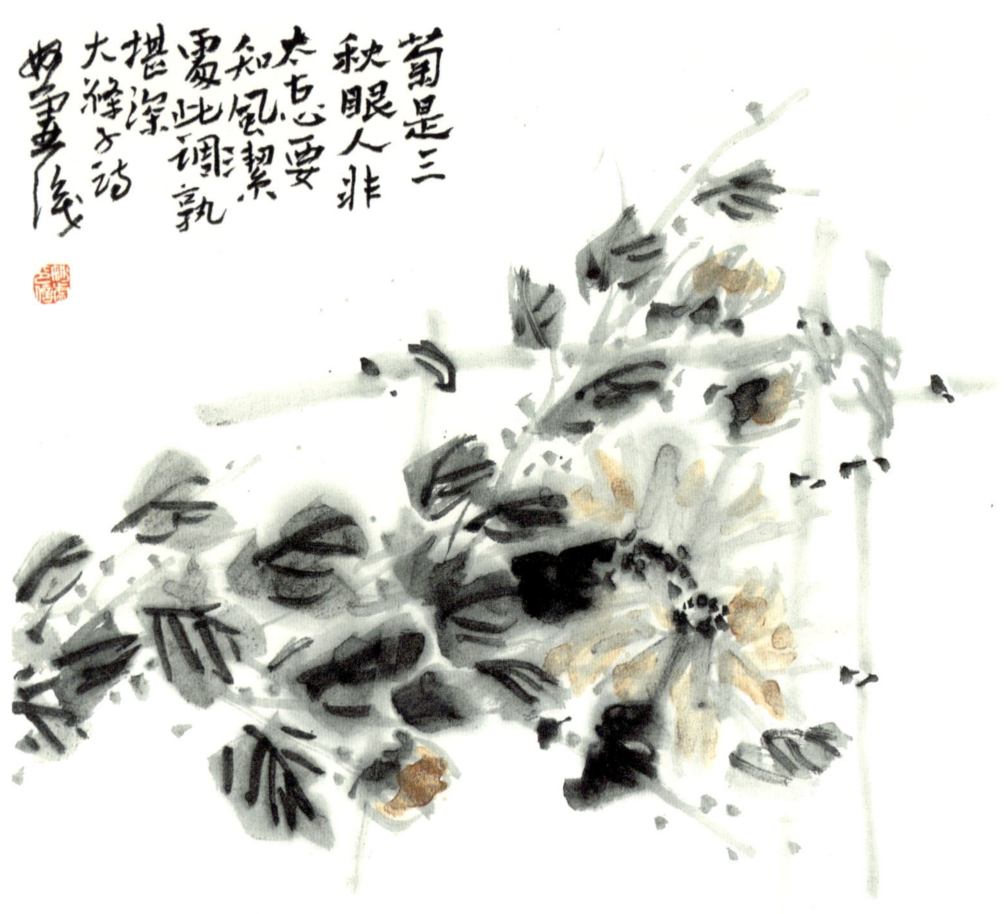

妙虛 花卉之五

妙虚 举目长空一笑新

易峰的花鸟画

傅京生

一

易峰先生的花鸟画准确而鲜明地显现了中国传统花鸟画的本真真谛。他的花鸟画，是在“形而上”的“道”的层次和“形而中”之“理”的中间层次，来继承花鸟画的本真传统的。但是，易峰先生却又是有方法有步骤、步步为营地通过“形而下”的“技”，来达到对中国绘画“形而上”的本真精神中的“义法”的形而上的体认的。

所谓“义法”，即内容和形式的统一。在易峰先生绘画中，譬如，从他的《恰是逢春时》《喔喔花间到处闻》等作品可以看出，他的画不仅能以诗意化的内容令人陶醉，而且画面中的筋骨、气息、神采、品格、境界，也无疑作为与上述“诗意化内容”相适应“形而上”的内容而使人在陶冶于他画面的诗意化境界时，精神品性上受到感召。这是易峰花鸟画中的最为独特之处，在他的绘画的“义法”中，“形而上”和“形而中”乃至“形而下”是融为一体的。这就是说，他画面的内容和形式是一并从他

易峰 清香 2007

的笔下被淋漓尽致地表现出来的。

于是，从易峰的花鸟画中，我们也能看到，为了能够使他画面的内容与形式从画面中纷纷披披地挥洒而出，他也就极为注重让自己的心灵能够进入一片澄明的精神境界。事实上，这个精神境界实际上就是一个由易峰自己所建造的文化空间，他的画就是在这个文化空间中让心灵自由悠游的外化显现。

二

在易峰先生的绘画中，有明代花鸟画家陈淳的文雅和优美，也有“扬州八怪”等人的倜傥风流，也有任伯年的才华横溢的造型、赵之谦的富贵、虚谷的冷隽，但最终他的画还是隐去了这些前代大师们的作品的风格痕迹，而形成了他自己独特的风格。这种风格，华丽但不喧嚣，富贵而不魅俗，文雅而不消老，放达而不野怪，是一种具有旺健生命力的中和性的文化图像显现。

从易峰先生目前的绘画上我们可以看到，为了这中和性的图像显现，易峰确实是仔仔细细地研究了前代每一位大师们的艺术上的成就，他的画，显然是从技法上，亦步亦趋于前代大师的创造踪迹，以笔笔有出处、意像有来路的方式，通过“形而下”的“技”，体验到了“形而上”的“道”和“理”之后，准确的以实证的方式把握住了中国绘画的真谛，只有把握住了中国绘画的真谛以后，才能做到隐迹立形。

对古代绘画经典文本以隐迹立形的方式把握其真谛，是易峰先生成功的秘诀之一。他的绘画，与古代大师的绘画放在一起，具有令人信服的家族相似性。但是，他并没有克隆某一位大师，而是在师法造化的前提下，以心为造，独取心象。

易峰的《正当水暖春江候》，这幅作品是他的代表作之一，看着这幅作品的一瞬，一种生命的愉悦就会在我们的周身的每一个细胞滚动，这不仅是画面诗意化的乐观情绪

易峰 何可一日无此君 2007

易峰 花鸟 2007

感染使然，还是他的画面的清纯的气息打通了我们的情感筋络，而使我们的身心能够自觉融入到他的画面使然。

三

易峰的画用了诸多近似印象派点彩的笔法，但画面一团和气。他的画在章法上，开合聚散无不合宜；在笔墨上，笔法的干湿浓淡，无不生动感人。而意像上也能让人观之精神陡然一震，视觉上也是那样的爽心悦目。他的画，张挂上墙，整个室内都会沉静、深沉、欢快而明亮，使得室内充满了盎然的生活气息。

易峰的画是在“蹈道”中，使他的画的物像在章法上、造型上合于自然之理，合于人情之理的。但更为重要的，他是在明理的意义上，使他的画凸显出鲜明的民族特征和个人特色。譬如，对书法笔法入画法的应用。他的画反映出了与其他人不同意义上的理解，这就是他并没有直接以书法笔法入画，而是以书法的气贯血活之法来显现他的画面造型。

书法中的气贯血活之法，有着系统而完整的技法形式语言支撑，就书法而言，从书法家的身姿、手势，到运腕落笔，都与书法的结体、品格、气象、境界息息相关，这实际上是中国古典哲学中本体学说的外化显现。易峰先生生长于三晋大地的腹地，那是一个有着悠久历史文化的地域，在地域文化的熏陶下，万物的生命都受到了同一个气体的支配和左右，是天人合一理论模态中的人生论意义上的对自然万物的感召使然。易峰先生的《花间记系列》以及近期的一些作品，都是在这样的观念氛围中被创造出来的。

总之，易峰的画在保持中国画本真特征的情况下，是南宋院体优雅的诗意化传统与元代逸气说主导下的笔墨传统两相结合的产物，中国画的基本特征是其文化属性，易峰先生的绘画就是悠然久远的中国文化中的“厚生”文化的体现。他的画，展卷即能让你进入悠然外远的中国文化时空、历史时空。瞬间就能使你感受到你的内在生命受到了旺健的中国文化灌注，并且，因为有了这种灌注，人的心态就会趋于平和，获取持久的祥和心态。使你热爱生命、热爱生活，因为你的生命在他的绘画里的精神光辉的观照下，获得了天人合一的大自由、大自然。

易峰 争茂 2007

陈复澄书法作品

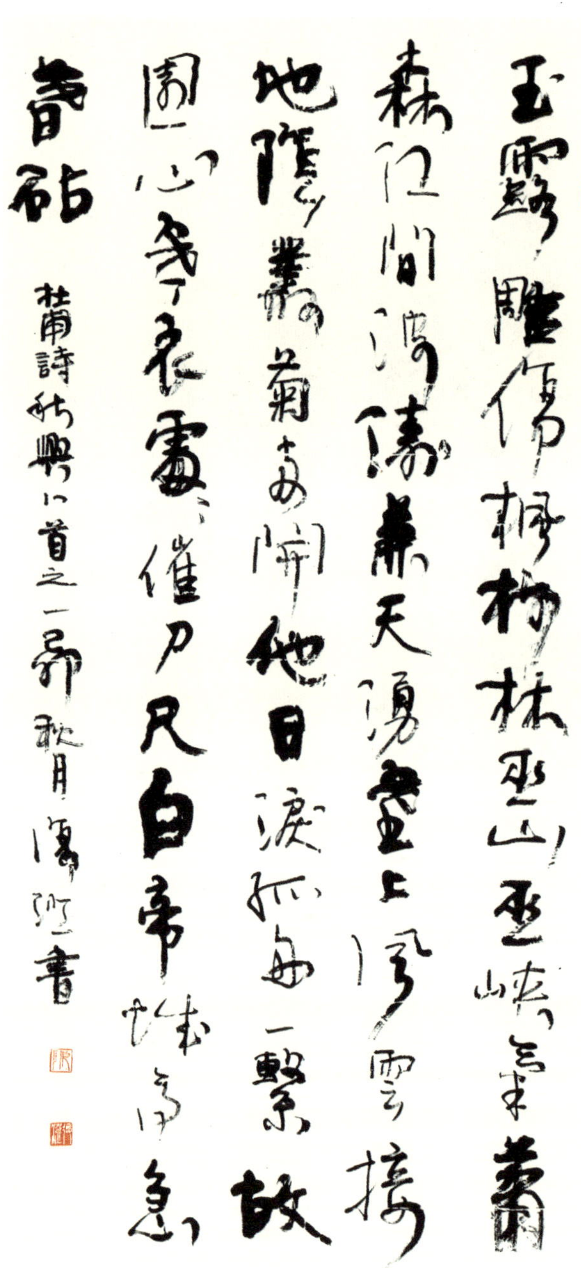

陈复澄 行书杜甫《秋兴》八首之一 1999

陈复澄，1943年出生，原籍江苏省江阴市，现居北京。1962年毕业于大连师范学院中文系，后考入四川大学历史系，攻读研究生，在徐中舒先生指导下研究古文字学。曾任团结出版社副总编辑、对外经济贸易大学教授。中国书法家协会会员，中国博物馆学会会员，中国先秦史研究会会员，《人文丛刊》编辑委员会主任委员。出版有《陈复澄书法艺术作品集》等多部。

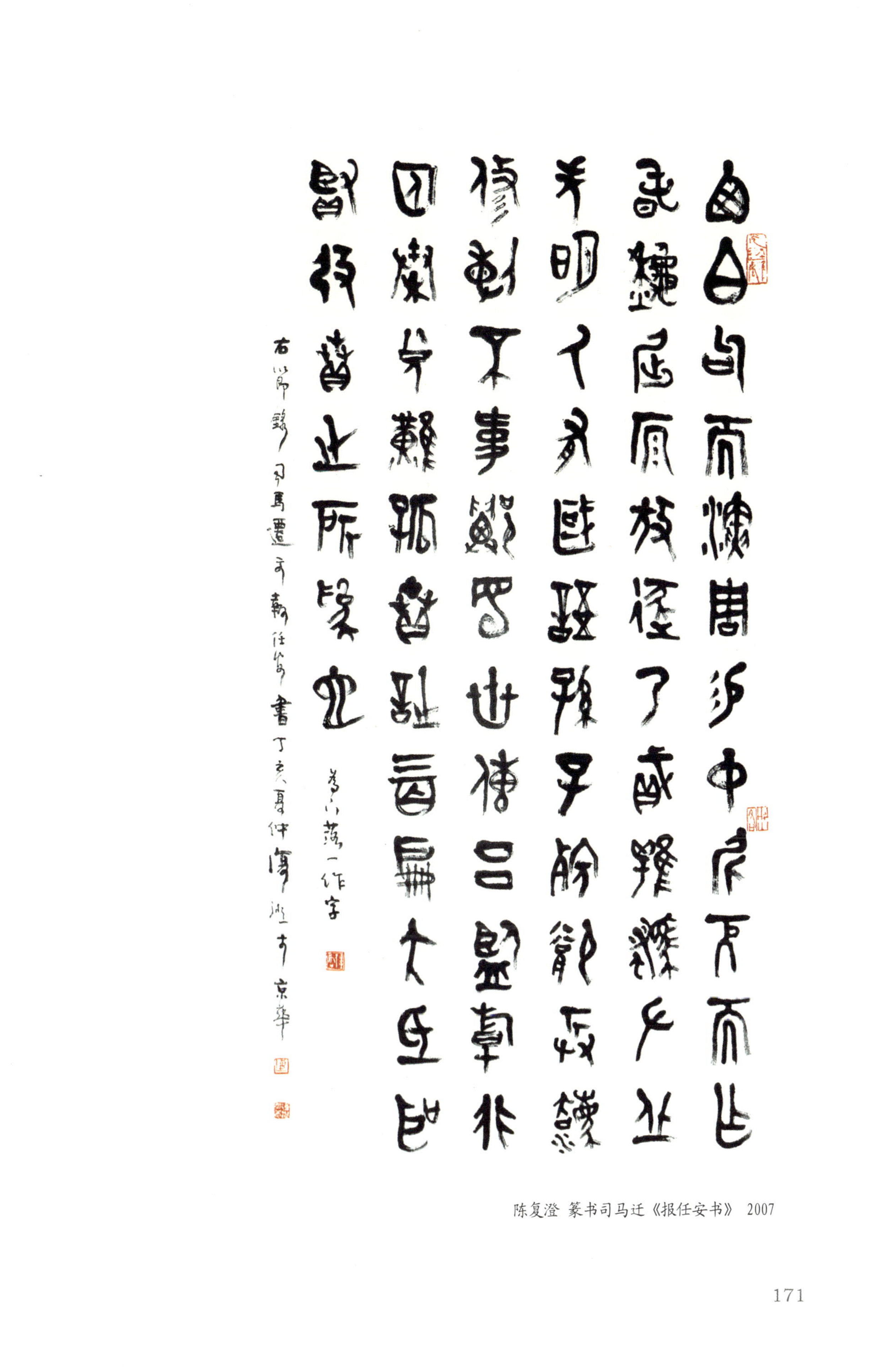

陈复澄 篆书司马迁《报任安书》 2007

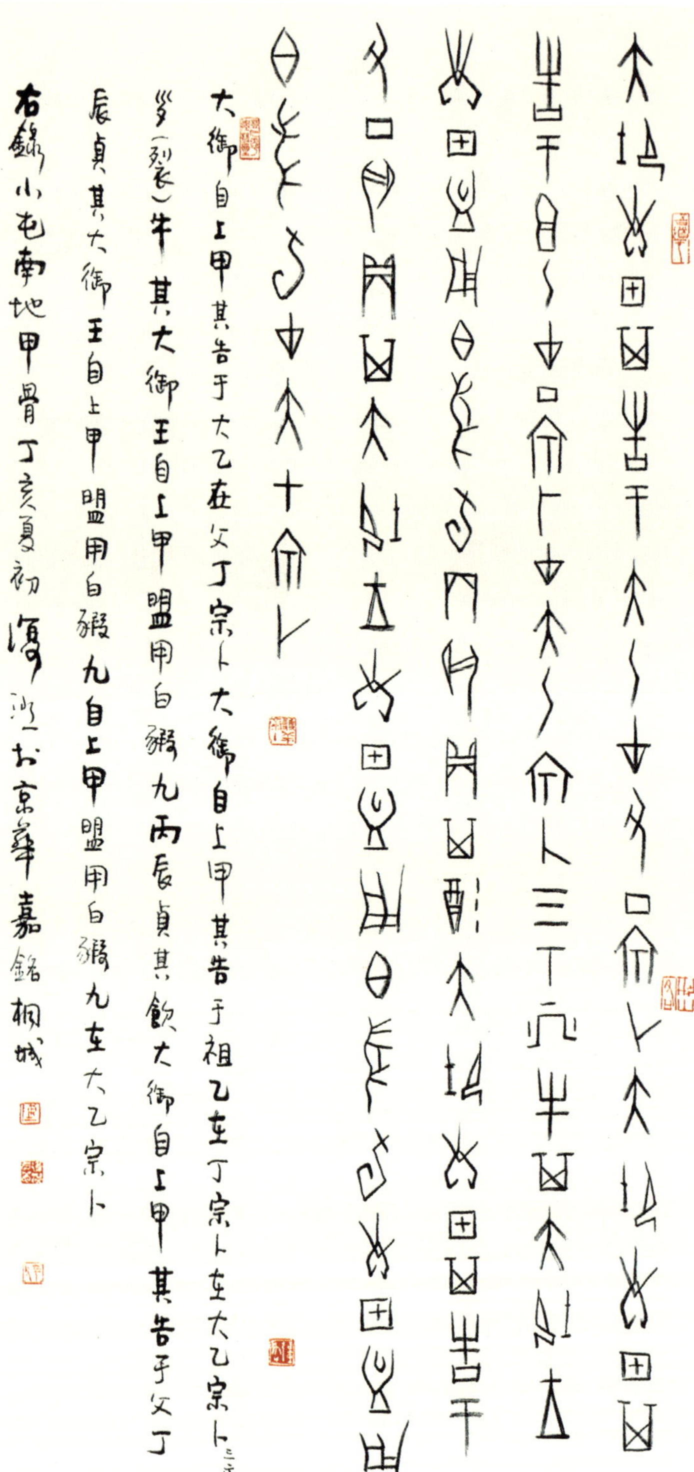

陈复澄 甲骨文小屯南地甲骨 2007

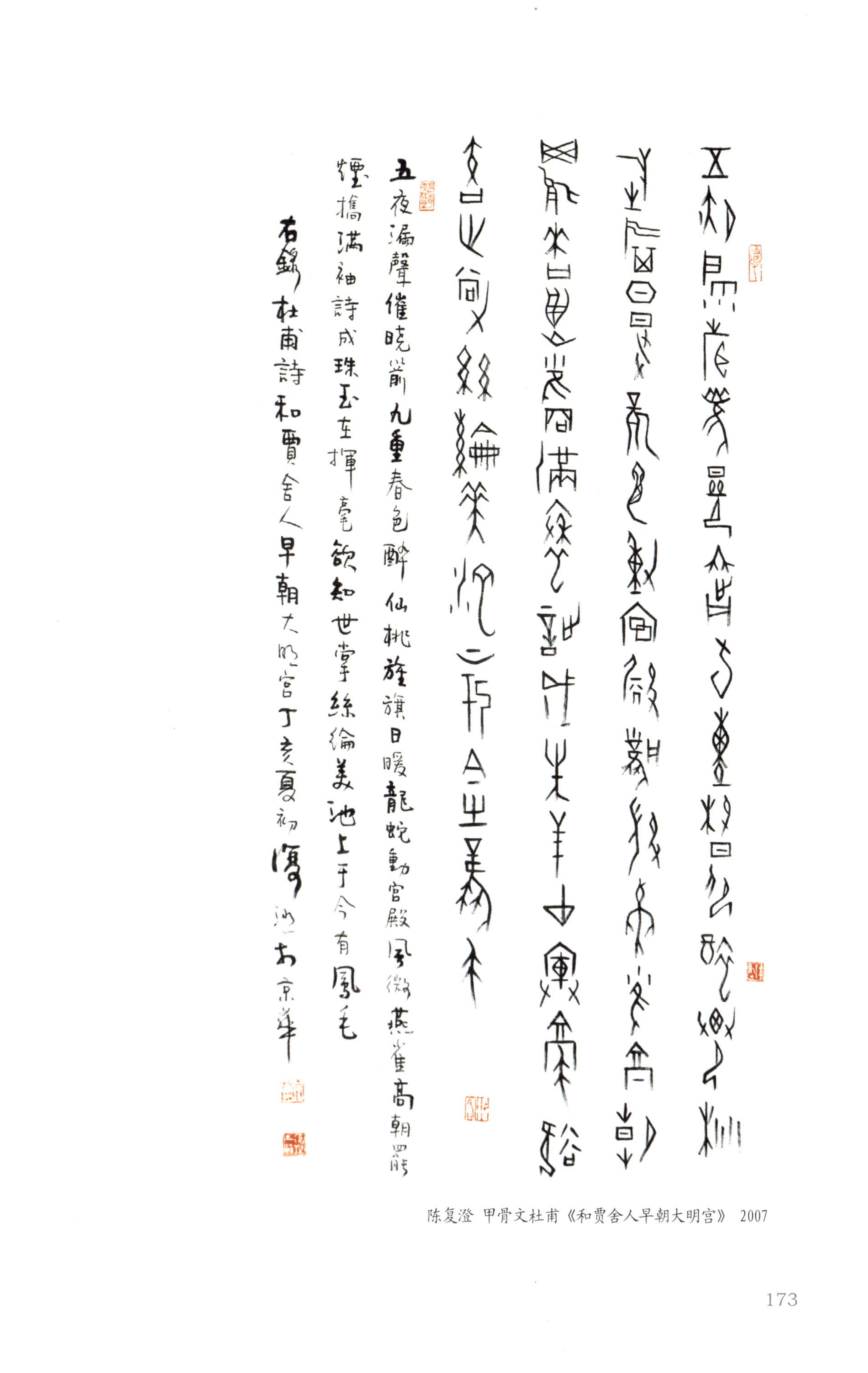

五夜漏聲催曉箭九重春色醉仙桃旌旗日暖龍蛇動宮殿風微燕雀高朝罷
煙攜滿袖詩成珠玉在揮毫欲知世掌絲綸美池上于今有鳳毛

右錄杜甫詩和賈舍人早朝大明宫丁亥夏初復澄於京華

陈复澄 甲骨文杜甫《和贾舍人早朝大明宫》 2007

《历代名画记》与写意画风的演化

杨一家

“写意画”讲究“写”“意”。所谓“写”是以写书法的方式，研心于用笔、用墨，以“写”的形式作画。这种带有书法意味的线条，自一笔到万笔，笔笔相承，气脉连贯，抒写胸中之逸气、展世间之情态。以笔墨之“写”描绘客观物象来抒发画家感物生机之思绪、襟怀，以笔墨营造自己的精神家园，从而呈现创作者的精神人格。这些客观物象不是以“真似”为归宿，而是以自然之物作为表现的载体，以寄寓作者的情感依托、审美理想、艺术品味，写出心中之“意象”。

唐代张彦远的《历代名画记》通过对名家名作的解读，可看出张彦远的绘画观点有以下几个特征：

一、以书入画，崇尚笔墨之美。南齐画家谢赫的六法论，作为中国画批评、鉴赏的典范，后世画家、鉴赏家皆宗之，其中“骨法用笔”在“六法”中位列第二，是否骨法用笔是评定国画的一个标准，而用笔之好坏直接影响绘画的优劣。张彦远沿续这种观点，他认为：“夫象物必在于形似，形似须全骨气。骨气、形似皆本于立意而归乎用笔，故工画者多善书。”“笔力未遒，空善赋彩，谓非妙也。”他认为书画用笔同法：“昔张芝学崔瑗、杜度草书之法，因而变之，以成今草书之体势：一笔而成，气脉通连，隔行不断，唯王子敬明其深旨，故行首

杨一家 幽谷叠翠 68cmx136cm 2009

之字，往往继其前行，世上谓之一笔书。其后陆探微亦作一笔画，故知书画用笔同法。”“张僧繇点画研拂，依卫夫人《笔阵图》一点一画，别是一巧，钩戟利剑森森然，又知书画用笔同矣。国朝吴道玄，古今独步，前不见顾陆，后无来者，受笔法于张旭，此又知书画用笔同矣。”

绘画讲究笔气，若离开笔，便失之生气而成死画。他说：“夫用界笔直尺，是死画也。守其神，专其一，是真画也。死画满壁，曷如污墁？真画一划，见其生气。夫运思挥毫，自以为画，则愈失于画矣。”“有好手画人，自言能画云气，余谓曰：古人画云，未为臻妙，若能沾湿绡素，点缀轻粉，纵口吹之，谓之吹云，此得天理，虽曰妙解，不见笔踪，故不谓之画，如山水家有泼墨，亦不谓之画，不堪仿效。”他认为绘画要有书写性，离开笔意之画，便不谓之画。

在运墨上，张彦远认为：“运墨而五色具，谓之得意。”这里的五色，或解释为焦、浓、重、淡、清，或解释为浓、淡、干、湿、焦，都是以水调墨的层次与干湿的角度来解释的。仅用墨的五色乃至更多墨色层次来表现物象的丰富性。

二、意存笔先。张彦远认为作画时只有意存笔先，绘画才能神完意足。张彦远对顾

杨一家 携琴访隐 68cmx68cm 2009

杨一家 云山遥遥 68cmx68cm 2009

恺之的用笔评价："顾恺之之迹，紧劲联绵，循环超忽，调格逸易，风趋电疾，意存笔先，画尽意在，所以全神气也。"对吴道子不用界笔直尺，而能弯弧挺刃，植柱构梁，他说："守其神，专其一，合造化之功，假吴生之笔，向所谓意存笔先，画尽意在。""运思挥毫，意不在画，故得于画矣。"

三、意象之美，写意而不谨形，笔不到而意到。张彦远对吴道玄的描述："吴宜为画圣，神假天造，英灵不穷。皆密于盼际，我则离披其点；众皆谨于象似，我则脱落其凡俗；弯弧挺刃，植柱构梁，不假界笔直尺；虬须飞鬓，数尺飞动，毛根出肉，力健有余。"吴道玄之作不做精雕细琢，而用毛笔中锋，一挥而就而神彩涣然。张彦远说"夫运思精深者，笔迹周密，其有笔不同者谓之如何……顾陆之神，不可见其盼际，所谓笔迹周密也。张吴之妙，笔才一二，像已应焉，离披点画，时见缺落，此虽笔不周而意周也。"顾恺之、陆探微所作人物画，神采殊胜，笔迹周密。张僧繇、吴道玄只一二笔就能把物象表现得很精彩，虽笔不连贯，时见缺落，但是笔不到而意到。

杨一家 山水清音 68cmx68cm 2009

张彦远反对把物象刻划得过于精细，崇尚自然之美。他说：“夫画物特忌形貌采章历历具足，甚谨甚细，而外露巧密。所以不患不了，而患于了，既知其了，亦何必了，此非不了也；若不识其了，是真不了也。”画忌太完全、面面俱到，否则便谨毛失貌，而失神采。又说：“夫失于自然而后神，失于神而后妙，失于妙而后精，精之为病也，而成谨细。自然者为上品之上，神者为上品之中，妙者为上品之下，精者为中品之上，谨而细者为中品之中。”画有自然之态者为上。自然者，即是意象、神似、亲和而不造作。谨而细者，刻板而神滞。若仅刻画于事物，不是高明画家之所为。他认为：“至于传移模写，乃画家之末事，然今之画人，粗善写貌，得其形似，则无其气韵;具其彩色，则失其笔法，岂曰画也。”仅是传移模写，泥于物象之似，乃画匠之所为。

四、画家需要有文化品味和人格境界。张彦远说：“画之臻妙，亦犹于书。此须广见博论，不可匆匆一概而取。”又说：“非夫神迈、识高、情超、心慧者，岂可议乎知画。”他要求画家要有广博之学养、非凡之天赋、有独立之人格。他评画家顾骏之：

“宋朝顾骏之，常结构高楼，以为画所，每登楼去梯，家人罕见。若时景融朗，然后含毫;天地阴惨，则不操笔。今之画人，笔墨混于尘埃，丹青和其泥滓，徒污绢素，岂曰绘画？自古善画者，莫匪衣冠贵胄、逸士高人，振妙一时，传芳千祀，非闾阎鄙贱之所能为也。”张彦远提倡画家需要学养、境界和人格修为。画家要行万里路、读万卷书，才能有非凡的学识和胸襟。所作之画才能得造化之妙理，生意盎然而给人以遐想、启悟。

张彦远绘画观的形成并非偶然，在唐代诸多画家如王维、郑虔、张璪、王墨等，他们也意识到“笔墨写意”的审美趣味，如王维“夫画道之中，水墨为上”的观点。朱景玄在《唐朝名画录》中描写王墨“性多疏野、好酒，凡欲画图幛，先饮，醺酣之后，即以墨泼，或笑或吟，脚蹙手抹，或挥或扫，或淡或浓，随其形状，为山为石，为木为水，应手随意，倏若造化。图出云霞，染成风雨，宛若神巧。”在写吴道玄为裴旻将军作画时的一段描述：“吴道玄言：‘闻裴将军旧矣，为舞剑一曲，足以当惠。观其壮气，可助挥毫。’旻为道子舞剑。舞毕，奋气俄顷而成，有若神助，尤为冠绝。”由此可见，在当时，诸画家能做到心无挂碍、解衣槃礴、直抒胸襟的“形态”作画，并得到了社会的认可。在这样的环境中，张彦远看到了意态作画的审美价值。便结合自己世家的收藏鉴赏经验，分析和总结逐步形成自己的审美观点和品评标准。

在当时画界有“疏密二体”，张彦远更倾向于与“自然”有关的疏体绘画，用极赞赏的眼光论顾、陆、张、吴用笔，如“张吴之妙，笔才一二，像已应焉”“笔不周而意周”等论述。“笔不周而意周”即是指疏体，即简笔、写意、意笔。然用笔疏到何种程度，少有画迹可证。据张彦远记述，吴道玄的画风应属于“疏体”一类，他的画风大体有以下几个特点：1. 以草书入画，“授笔法于张旭”。2. 不拘形似，“众皆谨于象似，我则脱落其凡俗”。3. 笔法简练，“笔

杨一家 溪山无尽 34cmx136cm 2009

才一二，像已应焉”。4.用笔娴熟，“不假界笔直尺”。5.淡彩为之，“观所画墙壁卷轴，落笔雄劲，而傅彩简淡。至今画家有轻拂丹青者，谓之吴装”。

从上述吴道玄作品特点来看，当时绘画以重彩为主的画风虽有延续，但以重笔墨而轻重彩、以写意为主而略形似的画风已经萌芽。在张彦远时代及其之前，密体画还占主流，盛行宗教绘画和青绿山水、工笔重彩人物及花卉等艺术形式，张彦远对这些画风给予了总结：“上古之画，迹简意淡而雅正，顾陆之流是也；中古之画细密精致而臻丽，展、郑之流是也；近代之画，焕然而求备。”“精致而臻丽”“焕然”均指密体画，现称重彩画，如顾恺之《〈洛神赋〉图》、阎立本《步辇图》、周昉《簪花仕女图》以及后世之顾闳中《韩熙载夜宴图》、王希孟《千里江山图》等，以及各种寺院壁画都是以彩色为主的密体画。

从张彦远《历代名画记》的理论阐述为标志，从密体画为主流绘画转向推崇以“用笔”“用墨”以写意形式的疏体画，追求“以书入画”“意存笔先”“自然”为上。这些中国画的审美旨趣的转变，深深影响了唐以后宋、元、明、清的绘画，形成了以笔墨为主的写意画为主流绘画风尚。直到现当代，张彦远的绘画观依然是评定中国画的重要依据。当代画家黄宾虹在上海美专校刊《葱岭》上写道：“何谓气韵？气韵之生，由于笔墨，用笔用墨未明其法，则气韵无由显露。”又说：“国画民族性，非笔墨之中无所见。”吴湖帆也明确主张：“人之好坏在性情之中，画之好坏即在笔墨之内，决非门外汉能识得。”“不论写山水、人物、花卉、翎毛、走兽、树石、蔬果、鳞介、草虫一律要记住‘四不’：即不可像照相，不可像漫画，不可像夷画，不可以‘做’出来。”这些画论依然与张彦远的绘画观如出一辙。可见张彦远的《历代名画记》在中国画创作与审美的发展中，起着承前启后的作用，从而推动了唐以后写意画的盛行。

（作者单位：《艺衡》编辑部）

杨一家 溪山清居图 68cmx136cm 2009

【收藏苑】

孟子《圣迹图》版本考

潘建国

孔、孟是中国传统儒家思想的代表人物，宋元明清以降尤受推崇，不但相关研究著述汗牛充栋，反映孔、孟生平事迹的图像本，亦多有绘刻流播。古籍版本专家沈津尝撰《〈圣迹图〉版本初探》[1]一文（以下简称“沈文”），专就孔子《圣迹图》的版本及其内容，作出了颇为系统的学术考察。然关于“亚圣”孟子之《圣迹图》，则迄今仍乏关注。2006年9月，孟子故里山东邹城推出大型画册《孟子圣迹图》[2]，并专门为其举行了隆重的首发式[3]。检阅此书，主要由两部分构成，第一部分题为《孟子圣迹图》，凡十二幅图像[4]，未标明绘者或版本来历，视其风格，或采自清末民国时期的某个石印本；第二部分则为今人董振中所绘连环画《亚圣孟子》。虽然董氏的画作亦颇具艺术水平，但作为一部纪念孟子的重要画册，编者对明清以来的孟子《圣迹图》木刻版画毫无辑采，甚至只字未提，不免有些令人遗憾。有鉴于此，笔者姑就明清时期孟子《圣迹图》版本，略作稽考。

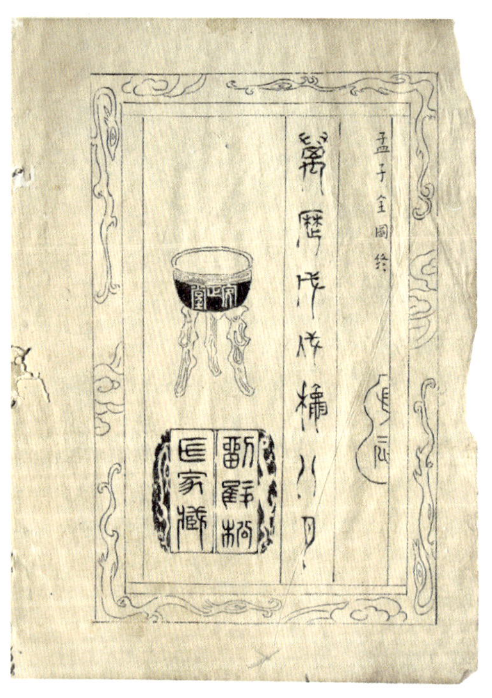

图1 日本影抄明万历刻本之牌记

从时间角度来看，孟子《圣迹图》乃出现于其社会文化地位提升之后。据研究，此所谓“孟子升格运动”[5]约肇始于唐代，代宗宝应二年（763），礼部侍郎杨绾上疏，奏请将《孟子》列入“兼经”，增为“明经”科目，与《论语》《孝经》并列（《新唐书》卷四四《选举志上》）；韩愈则首次提出了儒家“道统”问题，并将孟子超越颜回而置于孔子之后，声称“自孔子没，弟子莫不有书，独孟柯氏之传得其宗……故求观圣人之道，必自孟子始”（《送王秀才序》）；懿宗咸通四年（863），皮日休上《请孟子为学科书》，凡此数端，构成孟子升格运动之滥觞[6]。至宋元时期，孟子升格运动进入关键期，究其原因或在于：孟子学说“扩前圣所未发，承道统、说仁义、辟异端、谈心性、辨义利”，“为宋儒振兴儒学提供了思想资源”；孟子“辟异端”的学术方法、“以意逆志”的解诗说、“尽信书不如无书”的读书观等，对于宋代儒学走出困境、实现转型具有方法论层面的启示意义[7]；此外，宋代兴起的“四书学”，也为孟子升格运动增添了新动力[8]。在此期间，以孙复等“宋初三先生”为代表的宋初学人、以王安石为代表的新学家、以程朱为代表的理学家，以及以宋神宗、高宗为代表的宋代帝王，构成“四种关键力量”[9]，他们基于各自政治、学术及文化利益的考量，均曾积极地推动孟子地位的提升，取得了诸多标志性的实绩：譬如熙宁四年（1071），《孟子》首次列入科举（《续资治通鉴长编》卷二二〇）；元丰六年（1083），孟子首次受封为“邹国公”（《续资治通鉴长编》卷三四〇）；元丰七年（1084），孟子首次获准配享孔庙（《续资治通鉴长编》卷三四五）；宣和年间（1119-1125），《孟子》首次刻石（宋晁公武《郡斋读书志》卷十著录有《石刻孟子》），成为实际的“十三经”之一；元代文宗至顺元年（1330），加赠孟子为“邹国亚圣公”（《元史》卷七六《祭祀志五》）。至此，“孟子升格运动”基本完成[10]。迨明清两代，除明初略有反复之外[11]，孟子作为儒家文化“亚圣”的崇高地位，已牢固不可动摇。值得注意者，伴随着“孟子升格运动”的展开和推进，关于《孟子》的学术研究活动，也渐趋活跃繁盛，各类著述层出不穷，本文所探讨的《圣迹图》，亦不过是这次文化造神运动的一个配套副产品而已。

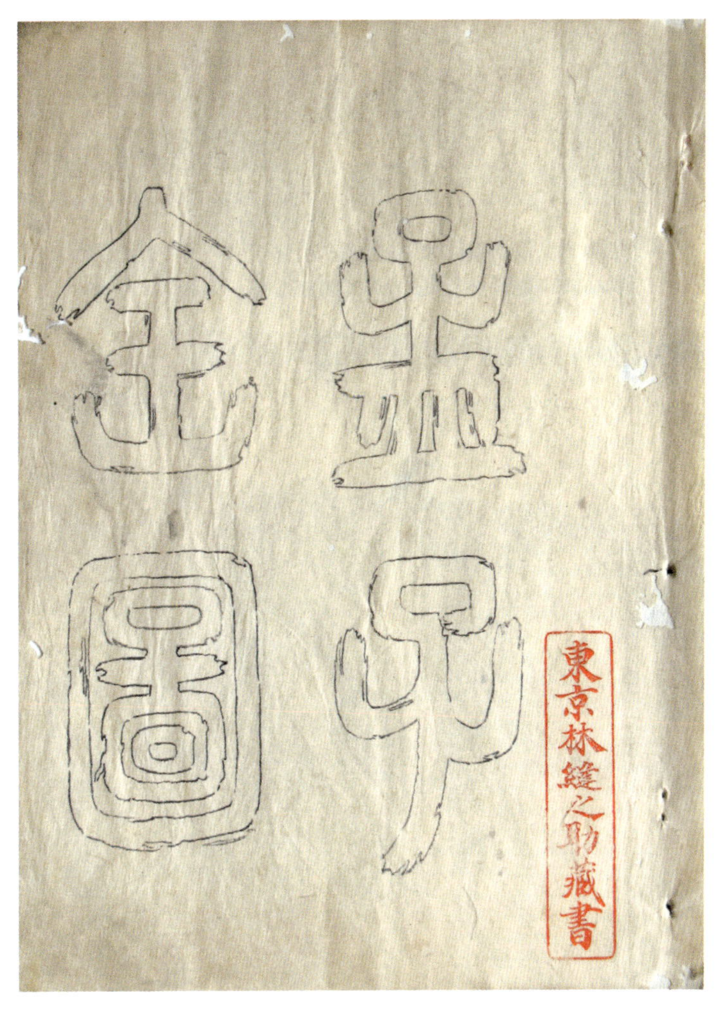

图2 日本影抄明万历刻本之首页

据文献史料，孟子《圣迹图》雏形，盖出现于金代大安三年（1211），孟子第

图3 明末刻本《孟子全图》之第六幅

四十八代孙、宣武将军、邹县令孟润重修《孟氏家谱》，“图以林庙居里遗事，列于卷端，用广流传，以备观览”[12]，孟润未载绘图的数量及名目，但以图像来记述“遗事”，却正符合《圣迹图》的基本体制[13]。有意思的是，沈文著录目前存世最早的孔子《圣迹图》，乃题为元代画家王振鹏所绘《圣迹图》十幅[14]，其时间要晚于孟润重修《孟氏家谱》的金大安三年（1211），这也算是历史对于孟子姗姗来迟之“亚圣”地位所作出的一种补偿吧。

明洪武六年（1373），孟氏族人据旧谱“重修立石”，将《孟氏宗传祖图》及族谱全部十一卷目录镌刻于石，此碑今存山东邹城孟庙启圣殿门前东侧回廊下[15]。《孟氏宗传祖图》有十二幅图像，阴刻，每幅包括左右两图，上刻楷书题图文字，依次为：“断机”“梁惠王问利国”“齐宣王问治国”“传食于诸侯”“门人”“公孙丑问浩然”“宋宣和三年庚子三月十四日敕”“道性善”“大元延祐三年七月内诏封孟父为邾国公”“思孟传授”“四基山坟庙图”“亚圣公夫人”，其中八幅记述孟子最重要的文化事迹，四幅涉及身后封赠，其一生亦大抵在兹。此十二幅石刻图像，庶可视为存世最早的石刻本孟子《圣迹图》[16]。

明嘉靖四年（1525），邹县儒学训导谢秉秀[17]辑成《孔孟圣迹图》一卷，并由邹县令戴充主持刊刻问世，此书极为稀见，惟宁波天一阁文物保管所有藏本，《中国古籍善本书目》“史部•传记”著录，原民国宁波朱鼎煦“别宥斋”旧藏，1979年由其家属捐赠给天一阁，笔者憾无缘目验，内容待考。至嘉靖三十三年

（1554），会稽季本辑成《孔孟事迹图谱》四卷，今存嘉靖童汉臣刻本，国家图书馆、中国人民大学图书馆均有藏本，《四库全书存目丛书》已影印出版[18]。有意思的是，此书并非本文所谓以图像演绎事迹的“圣迹图”，而是以图表形式记录圣人年谱事迹，孔孟各两卷，卷三为《孟子事迹图谱论》，卷四为《孟子事迹图谱》。由此推想：谢秉秀所辑《孔孟圣迹图》会否亦属此类？

笔者目前知见明清时期所刻图像本孟子《圣迹图》，凡三种版本，今以时间先后为序，略予绍介：

一、《孟子全图》一卷，明万历二十六年（1598）安正堂刊本

严绍璗编著《日藏汉籍善本书录》“史部•传记”，著录《孟子全图》一卷，与《孔孟像图赞先圣小像》一卷，合为一册。佚名编纂，明万历二十六年（1598）安正堂刘双松刊本，今藏日本蓬左文库。此本原书笔者尚未得寓目。然寒斋曩从东瀛购得一部日本旧影抄本，其底本正是此明万历二丨六年（1598）安正堂刘双松刊本。影抄本末页绘四边云龙花栏，内分三栏，右栏题“孟子全图终”、中栏题“力历戊戌秋八月”，左栏上绘三足鼎牌记，鼎身阴刻“安正堂”三字，下绘钤“刘双松氏家藏”（阳文）印（图1）。“安正堂”乃明闽建阳刘氏刻书历史最长、刻书数量最多的书坊，坊号世代沿用，前后累计一百八十余年。刘双松，名朝琯，其刻书活动集中在万历中期，刻有《新刻琼琯白先生集》十四卷、《劝戒图说》四卷、《医学指南捷径》六卷、《锲王氏秘传知人凤鉴源理相法全书》十卷等多种图书[19]，兹又新增一种。

影抄本首页篆题“孟子全图”，钤“东京林缝之助藏书”（阳文）印（图2）。无序跋目录。凡绘图二十一幅（图5），左右两图合为完整一幅，左图左侧刻有图赞文字，行二十四字，字体篆隶真草不一。二十一幅图像内容，历述孟子生平大事及文化功绩。鉴于此书极为罕见，故不惮烦琐，将其图像及文字，悉数移录如下：

第一幅

《孟子总赞》

忠信岩岩，泰山巨镇。学本宣思，道宗尧舜。仁义七篇，以承三圣。排斥异端，扩发善性。在（存）[20]理遏欲，拨乱反正。扶

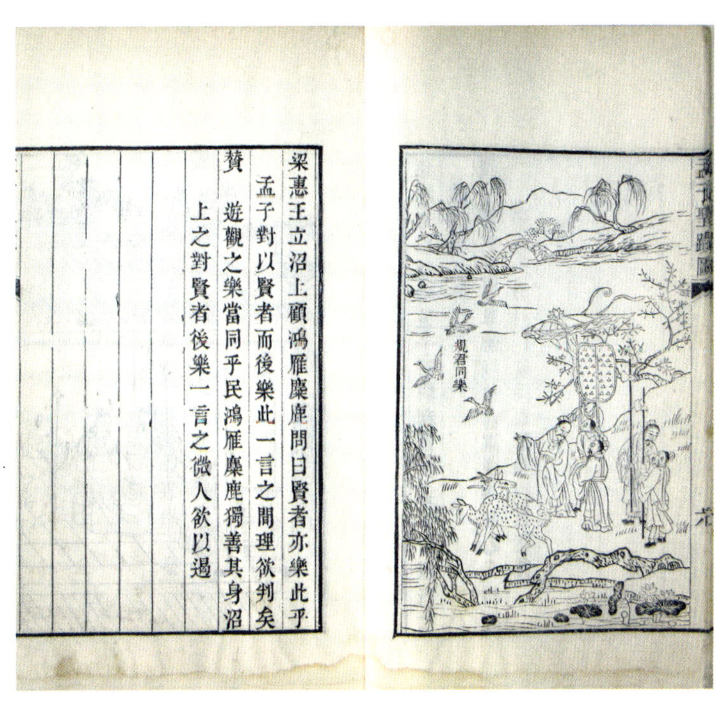
梁惠王立沼上顧鴻雁麋鹿問曰賢者亦樂此乎
孟子對以賢者而後樂此一言之間理欲判矣
贊 遊觀之樂當同乎民鴻雁麋鹿獨善其身沼
上之對賢者後樂一言之微人欲以遏

图4 清道光赐砚堂刻本《孟子圣迹图》之第六幅

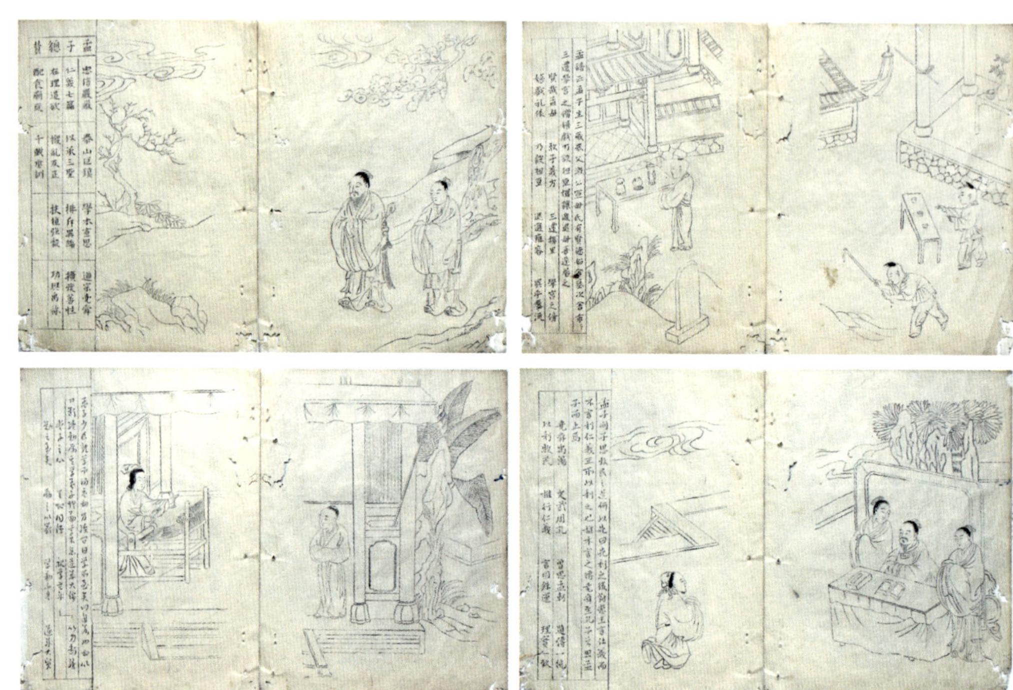

图5-1 日本影抄明万历刻本之《孟子全图》第一、二、三、四幅

植强毅，功与禹称。配食庙庭，千载垂训。

第二幅

《孟谱》[21]云：孟子生三岁，丧父激公宣（宜），母氏有贤德，始舍墓，次舍市，三迁学官之傍。嬉戏乃设俎豆，揖让进退，母喜，遂居之。

贤哉孟母，教子义方。三迁择里，学官之傍。嬉戏礼仪，乃设俎豆。退逊雍容，异乎群流。

第三幅

孟子少长就学而归，孟母方绩，问曰："学所至矣。"曰："自若也。"母以刀断绩，勉励其学。孟子惧，勤学不息，遂成大儒。

爱子之心，天地同德。视学无成，以刀断绩。勉之至矣，励之以严。学勤不息，遂成大贤。

第四幅

孟子问子思，牧民之道何先？曰："先利之。" 后对惠王言仁义而不言利，仁义正所以利之也。推本言之，传自尧舜，至孔子、曾思、孟子而止焉。

尧舜禹汤，文武周孔。曾思孟柯，道传一统。以利牧民，推行仁义。言固殊运（途），理实一致。

第五幅

梁惠王以礼聘孟子，而问利国故，孟子告以行仁义，以救其弊。

慧（惠）王招贤，卑礼厚币。富国强兵，其心在利。孟子见之，对曰仁义。拔本塞源，□□□□ 。[22]

第六幅

梁惠王立沼上，顾鸿燕麋鹿，问曰："贤者亦乐此乎？"孟子对曰："贤者而后乐。"此一言之问（间），理欲则（判）矣。

游观之乐，当同乎民。鸿雁麋鹿，独善其身。沼上之对，贤者后乐。一言之微，人欲以遏。

第七幅

齐宣王欲问齐桓晋文之事，孟子既卑之而告以王道。复指以羊易牛之心，可以保

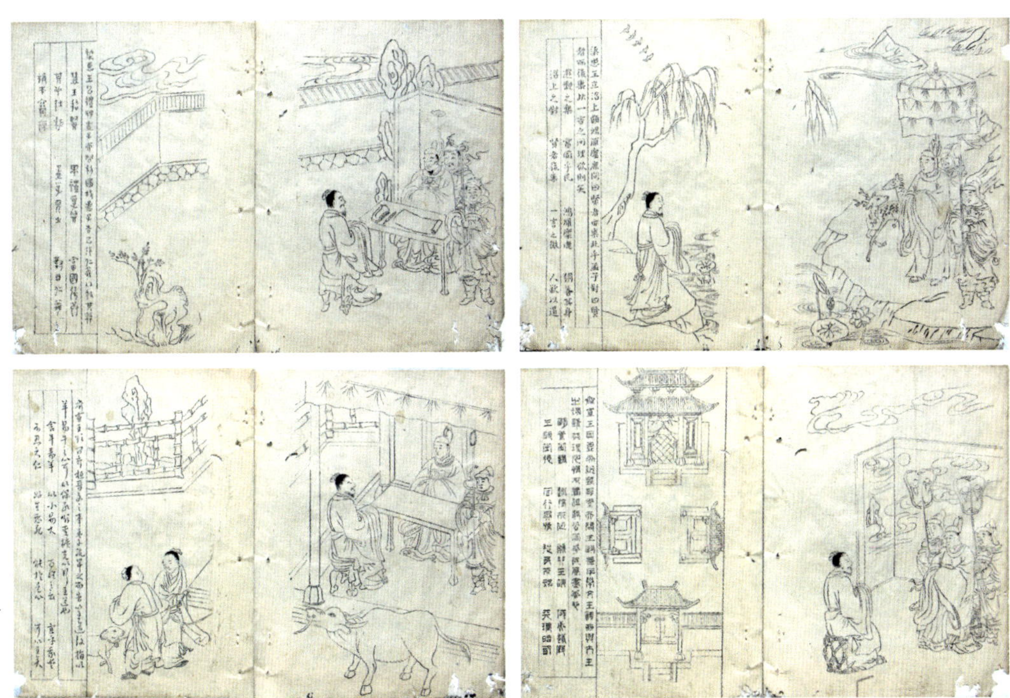

图5-2 日本影抄明万历刻本之《孟子全图》第五、六、七、八幅

民。欲其扩充，以行王道也。

舍牛易羊，以小易大。百姓之言，宜乎我爱。不忍之仁，好生恶死。能推是心，可以王矣。

第八幅

齐宣王因孟子止毁明堂而问王政，孟子举文王治歧与文王之好，虽天理人情所有，但能公同乎？民为尽善也。

明堂之设，巡狩所止。欲行王政，何必议毁。王政之施，同行异情。从民所好，天理昭明。

第九幅

鲁平公先得乐正子，欲见孟子，后沮于臧仓而不果见。及孟子闻之，但诿之于天，而不责于人也。

第十幅

乐于见贤，乐正所使。止于不行，臧仓所沮。行或不行，关乎时运。遇或不遇，皆天所命。

第十一幅

当时功利说盛，不知圣贤功用之大。彭更见国君尊养之至，故有车从。泰多为问，孟子答以事合乎道，不为过也。

道尊列国，徒御众多。诸侯传食，礼不为过。贤才用世，其功不少。继往开来，有光吾道。

第十二幅

公孙丑疑孟子加齐卿相，得位行道以动心。孟子极言养气知言之功，盖孔子之圣，不假乎养气知言。孟子必学乎此而至圣也。

心之不动，养气知言。功交培养，天若泰然。孔子之圣，不假言气。孟子之心，学而可至。

第十三幅

孟子为卿，出弔于滕，王使大夫王驩，辅行往返。齐滕未尝与言行事。公孙丑疑问孟子，答以事既以治，又何言哉。

弔使他邦，有正有辅。正举宏纲，副承制数。既往而旋，无失吾言。待小人礼，不恶而严。

第十四幅

图5-3 日本影抄明万历刻本之《孟子全图》第九幅

图5-4 日本影抄明万历刻本之《孟子全图》第十幅

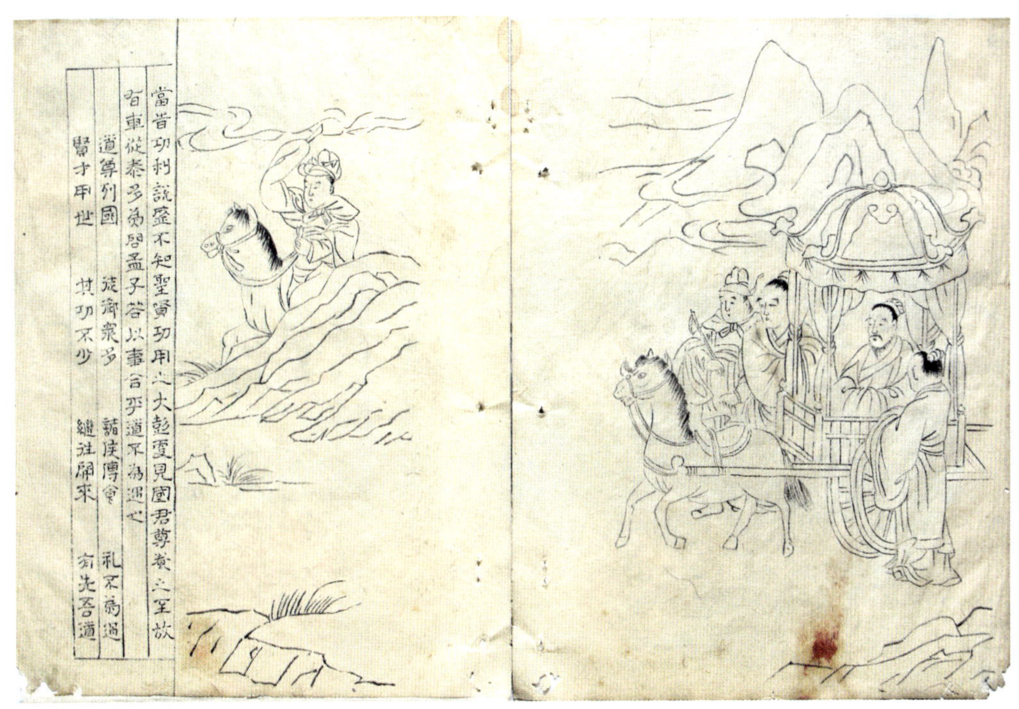

图5-5 日本影抄明万历刻本之《孟子全图》第十一幅

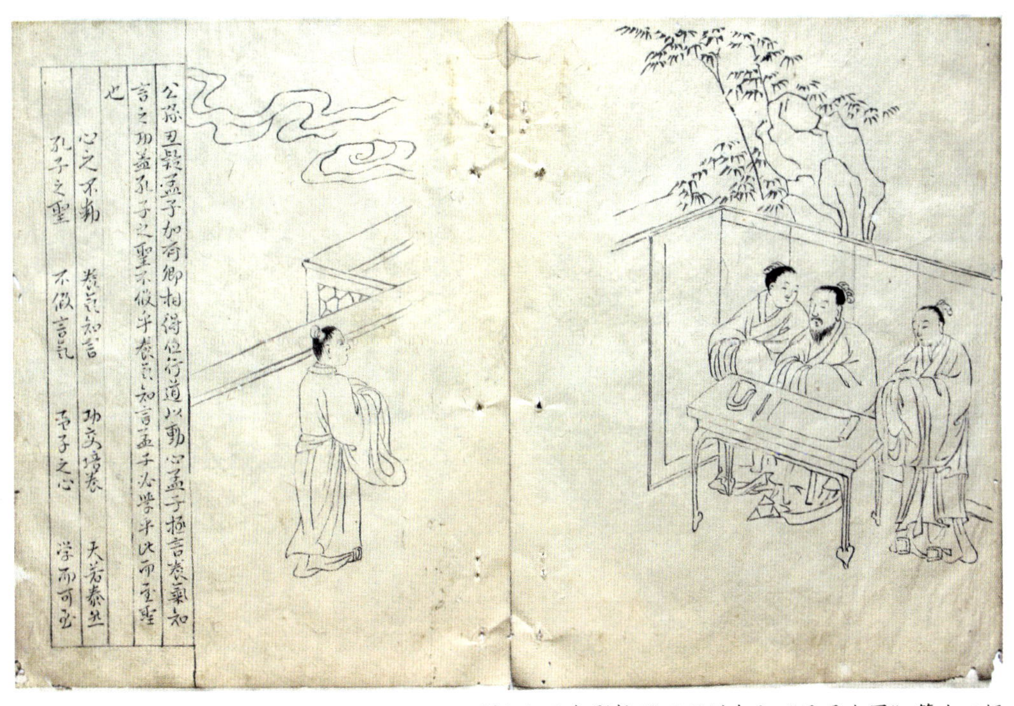

图5-6 日本影抄明万历刻本之《孟子全图》第十二幅

滕文公为世子过宋而见孟子，孟子道：“性善言，必称尧舜。”但众人蔽于欲而不充，尧舜则无欲而充其性耳。

人性之善，原出于天。尧舜不失，理得基（其）全。众人之愚，私欲所累。扩而充之，至同一理。

第十五幅

孟子自齐葬鲁，反齐止嬴，充虞治棺至此，问曰：“木若以美。”孟子答曰：“非特观美，在乎得为自尽，以快人子之心而已。”

葬母反齐，过嬴而止。充虞问棺，木若以美。送终之礼，棺椁衣衾。得为自尽，方快人心。

第十六幅

孟子致为臣而归，王就见。孟子曰：“前日愿见而不可得，得侍同朝甚喜，留意诚矣。”又言：“养弟子以万钟，为国人矜式，以利诱之，故拒不受。”

致臣而去，为道不行。王来就见，留之以诚。养以万钟，为国矜式。以利诱之，于义何得。

第十七幅

孟子去齐，充虞路问曰：“夫子若有不豫色然，尝闻君子能不（不能）怨尤。”孟子答以时之不同，兴王之期已过，平治之具在，我又何不豫哉。

去齐之忧，其道不遇。充虞问之，答时有异。乱极当治，数则有余。平治之具，舍我其谁。

第十八幅

孟子因公都子问好辨，既言不得已，复以治乱迭兴，自尧至周，世道衰，孔子惧，作《春秋》；杨墨盛，孟子惧，正人心。圣贤救世立法，岂得已哉？

辨不得已，为世衰薄。孔子惧之，《春秋》是作。圣王不兴，道乱杨墨。惑世诬口，仁义充虞。圣贤救世，辞避之严。异端息灭，王道平平。

第十九幅

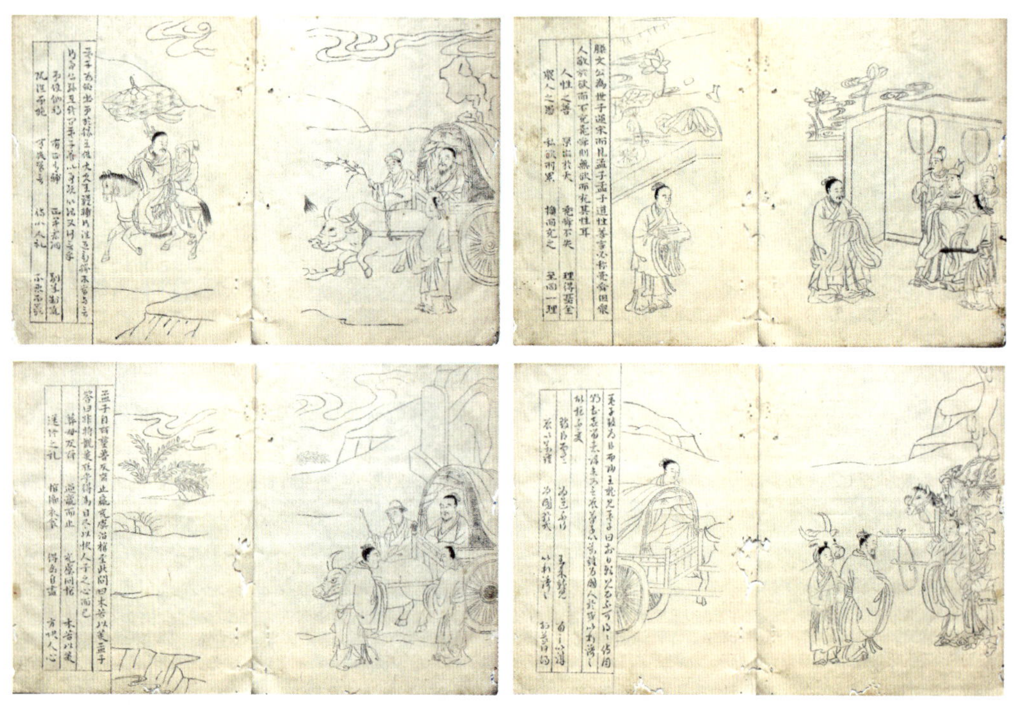

图5-7 日本影抄明万历刻本之《孟子全图》第十三、十四、十五、十六幅

公行子有子之丧，盖大夫王驩以君命往吊，诸臣皆与驩言，孟子独不与驩言。王驩不悦。孟子以朝廷之礼晓之。

相与往吊，有命自君。不相与言，恐失其身。我欲行礼，子敖不豫。大节未知，孰识其体。

第二十幅

孟子闻乐正子为政，喜而不寐。公孙丑疑其强有知，虑多闻识。孟子曰："其为人也好善言，虽治天下，尚有余力也。"

贤才用世，道喜得行。人欲以遏，天理斯明。时人特疑，多闻强知。好善有余，天下足治。

第二十一幅

孟子葬邹四基山，史传不详，岁月始终。宋景祐四年，孔道辅守充（兖）州，访得之县东北三十里，今墓是焉。

四基之山，郁郁佳城。圣贤葬此，千载文明。文明之地，秀义所钟。子孙百世，跻跻雍雍。

二、《孟子全图》一卷，明末刻本

此本今藏台北"国家图书馆"。据《"国家图书馆"善本书志初稿》（1997）"史部•传记"著录：明刻本，与《先圣小像》（实即孔子《圣迹图》）一卷合为一书；无刊年，无牌记，不题编者；版框高21.9厘米，宽14.6厘米。全书首叶A面刻书名"圣贤小像"。

《孟子全图》一卷[23]，首叶A面篆字题书名"孟子全图"；次图像二十一幅，每幅由左右两图构成，左图左册侧刻有文字，行二十四字。将此本与明安正堂刊本对勘，发现图像完全相同（图3），但文字有差异。首先是字体，此本作统一的手写体，风格近似明末坊刻本，而安正堂本则篆隶真草，诸体杂陈。其次，图赞文字略有不同，譬如第一幅《孟子总赞》，安正堂本"忠信岩岩"，此本作"气象岩岩"

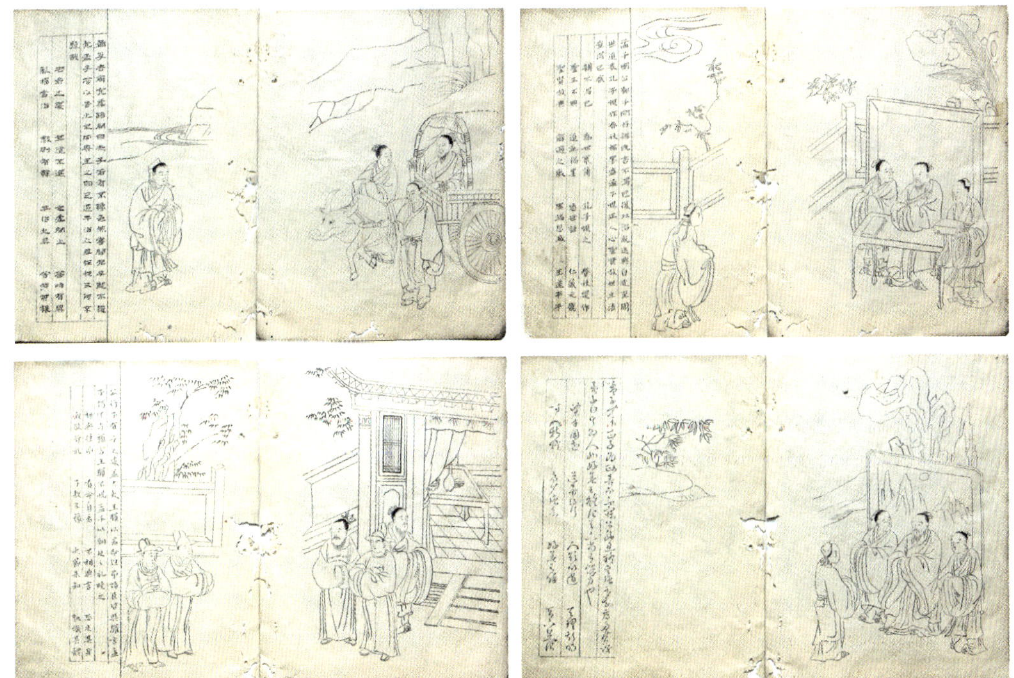

图5-8 日本影抄明万历刻本之《孟子全图》第十七、十八、十九、二十幅

孟子葬鄒四基山史傳不詳厥月始終宋景祐四年孔道輔守
兗州訪得之縣東北三十里今墓是焉
四基之山　鬱鬱佳城　聖賢葬此　千載文明
文明之地　秀氣所鍾　子孫百世　蹌蹌雍雍

图5-9 日本影抄明万历刻本之《孟子全图》第二十一幅

“扶植强毅”，此本作“扶植弘纲”；第七幅，此本脱“宜乎我爱”“可以王矣”两句；第八幅“文王之好”，此本作“货色之好”；第十九幅“孰识其体”，此本作“孰识其义”；第二十一幅“秀义所钟”，此本作“秀气所钟”，等等。

《孟子全图》末有佚名“孟子序”，惜尾已残，文云：

《史记列传》曰：孟轲，邹人也。受业子思之门人。道既通，游事齐宣王，宣王不能用。适梁，梁惠王不果所言，则见以为迂远而阔于事情。当是之时，秦用商鞅，楚、魏用吴起，齐用孙子、田忌。天下方务于合从连衡，以攻伐为贤，而孟轲乃述唐、虞、三代之德，是以所知者不合。退而与万章之徒序《诗》《书》，述仲尼之意，作《孟子》七篇。

韩子曰：“尧以是传之舜，舜以是传之禹，禹以是传之汤，汤以是传之文、武、周公，文、武、周公传之孔子，孔子传之孟轲，轲之死，不得其传焉。荀与扬也，择焉而不精，语焉而不详。”又曰：“孟氏醇乎醇者也。荀与扬，大醇而小疵。”又曰：“孔子之道大而能博，门弟子不能遍观而尽识也，故学焉而皆得其性之所近。其后离散，分处诸侯之国，又各以其所能授弟子，源远而末益分。惟孟轲师子思，而子思之学出于曾子。自孔子没，独孟轲氏之传得其宗。故求观圣人之道者，必自孟子始……

（以下原本残缺）

经比对，此序实即宋代朱熹《四书章句集注·孟子序说》，盖坊肆刊刻时移置卷末。综合上述数项情形判断：台北藏本当属明万历安正堂本的翻刻本，其刊刻时间或在明末天启、崇祯年间。

三、《孟子圣迹图》一卷，清道光六年（1826）赐砚堂刻本

笔者所见为北京大学图书馆藏本，附刊于清顾沅辑《圣庙祀典图考》，凡五卷，刊刻于道光六年（1826），末附孔子

《圣迹图》及《孟子圣迹图》各一卷。两书目录页均题为“古本”，但并未标示底本来历。

《孟子圣迹图》凡二十一幅图像，单幅整版构图，前叶B面为图像，后页A面为图赞文字。经比对，其图赞文字与台北所藏明末刻本完全相同，图像亦有依据明末刊本重绘的痕迹（图4）。可知所谓“古本”，盖即明末刻本。全书末页题绘图者为“玉峰孔继尧砚香”，刻工为“张景章”。

此本与明末刊本相比，新增一项内容，即为每幅图像（第一幅孟子像除外）拟定四字题图，镌刻于图像空白处，此形制大概源自明清孔子《圣迹图》。二十幅题图文字依次为：“三迁择里”“断绩励学”“恪咨治道”“礼聘适梁”“规君同乐”“扩充仁心”“止毁明堂”“嬖人沮见”“听天安命”“列国尊贤”“气言希圣”“简言待辅”“过宋见贤”“反齐礼葬”“辞禄万锺”“正告充虞”“道承三圣”“子教不豫”“道喜得行”“风齐孔阜”。

赐砚堂刊本图像绘刻精美，堪称清代晚期木刻版画精品，再加上孔孟两大《圣迹图》俱备，故流传颇广，笔者所见有如下几种重印或翻印本：

1. 赐砚堂旧版重印本

今藏国家图书馆，两册一函。首“崇圣祠考”六叶，次孔子《圣迹图》七十一叶，次《孟子圣迹图》二十二叶，图文版式与赐砚堂本完全相同，惟书末“绘图玉峰孔继尧研香”、“梓工张景章镌图”已被铲去。盖坊肆利用赐砚堂旧板，将孔、孟《圣迹图》单印成册行世。曾有收藏者将此本视为“上海发现最早的孔孟《圣迹图》”，尤其是后半部分《孟子圣迹图》，更被误作“目前我国唯一发现有关孟子一生事迹的木刻版连环图画”[24]。

2. 清末上海同文书局石印本

上海同文书局是清末著名的石印书局，翻印古籍甚夥，曾石印道光赐砚堂刊本《圣庙祀典图考》，小本四册，内封有“上海同文书局缩印”牌记（图6），其中孔子《圣迹图》与《孟子圣迹图》合订为一册。两种《圣迹图》亦曾单册流传，被后人误认为是中国最早的连环画。

3. 《孔孟圣迹图鉴》（1940）影印本

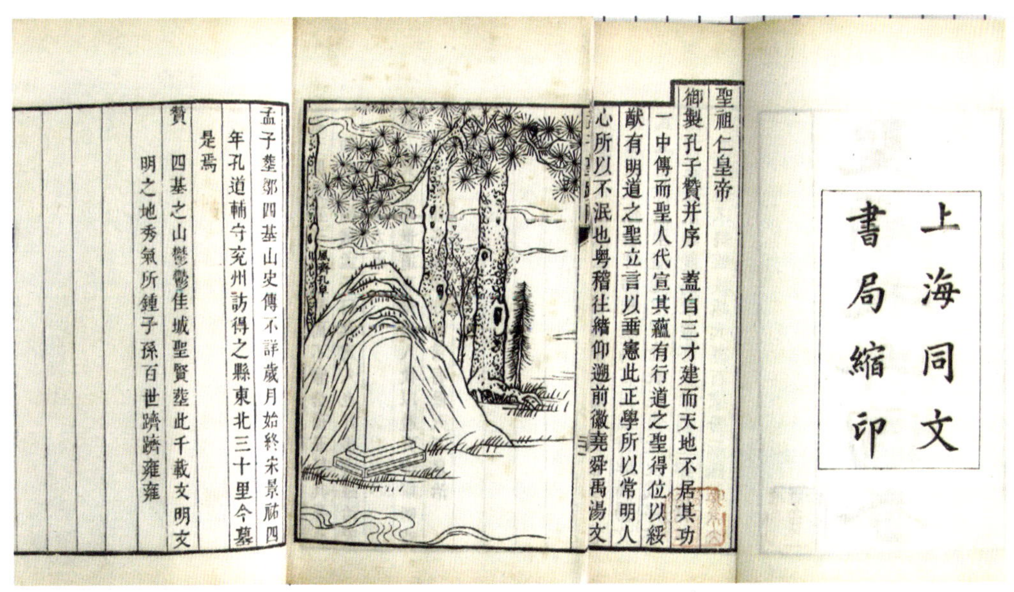

图6 上海同文书局石印本《圣庙祀典图考》

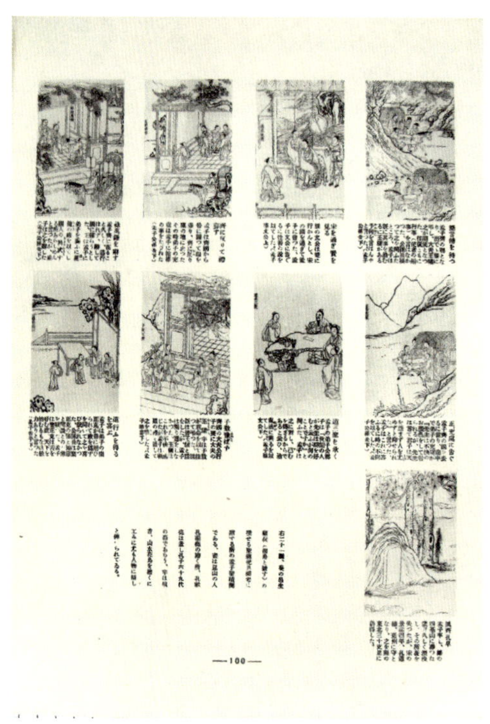

图7 《孔孟圣迹图鉴》所收道光刻本《孟子圣迹图》书影

民国二十九年（1940），日本学者马场春吉以“孔孟圣迹图鉴刊行会”名义，出版《孔孟圣迹图鉴》一书[25]，收录赐砚堂刊本《孟子圣迹图》全部二十一幅图像的书影（图7）。

4. 《孟子》图文本（2006）

2006年7月，岳麓书社推出《孟子》（图文本），将同文书局本《孟子圣迹图》悉数印入，卷首“出版说明”云：

为了让读者系统地欣赏孟子及其相关人物形象，我们专门选用了整套的明万历年间胡文焕绘制的《孟子圣迹图》（清光绪年间上海同文书局木刻本），胡文焕这套《孟子圣迹图》为目前可能存世的反映孟子生平的惟一木刻版画作品，世称极品。

此段文字，讹误甚多：1. 同文书局出版的是石印本，而非木刻本。2. 同文书局乃据道光六年（1826）赐砚堂刊本《孟子圣迹图》石印，如前文所述，此古本《孟子圣迹图》，实际上翻刻自明末刊本，但并无材料证明明末刊本乃胡文焕绘制。清顾沅所编《圣庙祀典图考》卷首有道光六年（1826）彭希郑序，文中提及历代圣贤图像时，有“至于图，则始于汉文翁石室、南宋太学石刻、明胡文焕《圣迹图》诸刻，只录孔门弟子，于汉唐诸儒俱未及载。若圣贤像赞，则刻于明季，其书不独于诸贤名氏爵里，穿凿附会，而各像俱系悬拟，尤不足取信”云云。或缘此段文字，《孟子》（图文本）编者遂有“胡文焕绘制《孟子圣迹图》”的大胆推断，实不足据。3. 存世《孟子圣迹图》，仅目前所知就有三个刻本，虽尚不算多，却也并非是“唯一木刻版画作品”。

注释：

[1]收入沈津《书韵悠悠一脉香——沈津书目文献论集》，广西师范大学出版社2006年9月版，第1-12页。关于孔子《圣迹图》的研究，另可参阅李云《孔子“圣迹图”绘刻与收藏初探——记北京大学图书馆藏“圣迹图”》，文载《长沙大学学报》2005年第1期；孔祥胜、上官茂峰《〈圣迹之图〉考析》，文载《荣宝斋》2006年第3期。

[2]参见刘仲本、朱庆安主编，董振中绘画，邵泽水策划《孟子圣迹图》，中国旅游出版社2006年出版，其“前言”“后记”均未涉及明清古本《孟子圣迹图》。

[3]参见《齐鲁晚报》2006年9月26日相关报道。

[4]此十二幅图分别题为：“泰山乘云”“三迁成名”“师事子思”“断机喻学”“游见齐宣”“返鲁葬母”“臧仓阻驾”“滕文问道”“游见梁惠”“力辟杨墨”“退作七篇”“礼废贺冬”，见《孟子圣迹图》，中国旅游出版社2006年版。

[5]此概念由周予同先生首先提出于1933年发表的《群经概论》，后为论者所接受并沿用。周文收入《周予同经学史论著选集》，上海人民出版社1983年版，第289页。

[6]参见徐洪兴《唐宋间的孟子升格运动》，文载《中国社会科学》1993年第5期；杨泽波《孟子评传》第十章“孟子历史地位的变迁”，南京大学出版社1998年版，第453－476页。

[7]参见周淑萍《宋代孟子升格运动与宋代儒学转型》，载《史学月刊》2007年第8期。

[8]参束景南、王晓华《四书升格运动与宋代四书学的兴起》，载《历史研究》2007年第5期。

[9]参见周淑萍《宋代孟子升格运动中的四种关键力量》，载《史学理论研究》2006年第4期。

[10]参见杨泽波《孟子评传》第十章“孟子历史地位的变迁”，南京大学出版社1998年版，第453－476页。

[11]据载明洪武初，朱元璋因对《孟子》所云“君之视臣子如土芥，则臣视君如寇仇”等句，大为不满，遂命罢其配享，后经刑部尚书钱唐冒死抗疏进谏，始得以恢复。事见《明史》卷五《礼志四》。

[12]参见刘培桂编著《孟子林庙历代石刻集》，齐鲁书社2005年版，第100页。

[13]本文关注的正是此类通过绘刻系列图像来记述生平事迹的《圣迹图》，至于单幅的“孟子像”“亚圣遗像”等，暂不列为研究对象。

[14]光绪三十四年（1908），上海神州国光社用玻璃版影印《王孤云写俞紫芝题圣迹图》，凡十幅，末幅左上方有“廪给令王振鹏绘”题款；尾附两幅跋语，一幅为“元袁清容跋圣迹图”，另一幅为“明詹孟举、文三桥跋圣迹图”。笔者所见为国家图书馆藏本。

[15]参见刘培桂编著《孟子林庙历代石刻集》，齐鲁书社2005年版，第95－100页以及附录“石刻图像拓片”。

[16]此十二幅石刻图像，已收入《曲阜邹城石刻孔孟圣迹图》，线装书局2005年版。

[17]戴充与谢秉秀还曾主持纂修了今存年代最早的《邹县志》，有嘉靖四年（1525）序刻本。戴充撰有《谒孟子庙》诗：“邹鲁渊源一脉长，开来继往属权当。七篇仁义修人纪，百代纲常范帝王。远近峰峦环殿宇，高低桧柏耸宫墙。云仍济济皆英俊，奕世冠簪继耿光。”谢秉秀撰有《和戴光谒孟子庙韵》诗：“养气知言两并长，斯文正印自承当。发明性善称尧舜，开示人文续素王。庙貌巍峨邻古径，山川环叠绕宫墙。此生何幸分邹教？亲睹岩岩道德光。”均见载于刘培桂编《孟子林庙历代题咏集》，齐鲁书社2001年版，第87-88页。

[18]见《四库全书存目丛书》“史部”第77册，齐鲁书社1996年版。

[19]参见谢水顺、李珽著《福建古代刻书》第三章第一节“明代建阳坊刻概况”，福建人民出版社1997年版，第266－272页。

[20]日本影抄本中有若干错字，乃属形近而讹，疑是抄者之误，特以括号标出正确之字。

[21]此《孟谱》应即《孟氏谱》，撰者未详，宋时未见引用，元人《孟母墓碑记》始引其说，或为宋元时期作品。参见董洪利《孟子研究》第一章，江苏古籍出版社1997年，第5页。

[22]日本影抄本此处句意不完整，疑脱一句，然不能判断是否为底本所缺，姑阙疑待核。

[23]此本承北京大学傅刚教授代为复制于台北“国家图书馆”，谨致谢忱。

[24]张文标《连环画收藏•上海发现最早的孔孟〈圣迹图〉》一文，介绍了一部清代上海浦东高桥镇籍画家李炳铨（1827－1866）旧藏之《孔孟圣迹图》，据其介绍文字及所附书影，实即赐砚堂本的重印单行本。张氏失察，将其误作“清咸丰或同治初年”之“私刻本”，参见其《连环画收藏》，辽宁画报出版社2002年版，第32－33页。此外，上海辞书出版社复将此李炳铨藏本，作为中国古代木刻版画珍藏佚本，于2003年重新影印出版，亦可谓沿讹。

[25]上海同文书局石印本《孟子圣迹图》（清末光绪）以及日本马场春吉所编印《孔孟圣迹图鉴》（1940）两书，笔者所见均为北京大学图书馆藏本。

（本文作者系北京大学中文系教授）

清儒书翰二题

乙 斋

儒学本色　治经功夫
——丁晏《颐志斋存札册》

丁晏，生于清乾隆五十九年（1794）甲寅八月，卒于光绪元年（1875）乙亥十二月十三日。字俭卿，号柘唐，一作柘堂，别署柘翁、俭翁、淮亭、石亭居士等，书斋名颐志斋、六艺堂等。江苏山阳（今淮安）人。一生历乾嘉道咸同光六朝，正值乾嘉朴学和道咸金石学兴盛之时。其幼即治经，性嗜书，见典籍即详阅默识心通。阮元为漕督，以汉易十五家发策，丁晏条对万馀言，精奥为当世冠。道光元年（1821）应江南乡试为举人。咸丰十一年（1861）因办团练有功，由侍读衔内阁中书加三品衔。同治三年（1864）钦赏二品封典（此《清史稿》失载，今据丁一鹏《丁柘唐先生历年纪略》，该抄本现藏国家图书馆）。史载其在籍时，办堤工，司振（同赈）务，修府城，浚市河，开通文渠中支，均有功于乡里。咸丰十年东捻扰淮，丁晏号召团练分防要隘，城以获全。丁晏熟通经史，且经世优裕，非腐儒也。其子孙多入邑庠，长子寿昌殿试三甲钦点翰林院庶吉士。其长子受业恩师曾国藩赠晏联云："教子苏明允，著书王仲任。"方之宋苏洵、汉王充也。丁晏著有《周易解故》《易林释文》《尚书余论》《毛郑诗释》《左传杜解集正》《史记毛本正误》《禹贡集释》等四十七种，共一百三十六卷。已刊者汇为《颐志斋丛书》（原南京金陵图书馆有藏本），另有数种未刊行于世。

丁晏为有清一代之饱学鸿儒，无愧为经学大家。其汉宋兼修，有诸儒之不可及者。柳诒徵跋《颐志斋文集》称其为"旷代大师"，又云及其师缪荃孙承教于丁晏，缪氏佐张之洞撰《书目答问》，列丁晏著作多种，而于附著"清代经师"中未列其人，该书例不著生存之人，是撰时未知丁晏已下世而致误也。丁晏一生潜心向学，道行则乐其治，道不行则乐其身，一心尊德向学。其《颐志斋文集》卷八有《与潘四农（德舆）先生书》云："大丈夫得志则不负所学，慨然有志于时。不得志则闭户穷居，不以贫贱而改行，不以困阨而尤人，讲求经史，归于实用，酌古准今，有裨治道。使后之人用其说，不难致太平、安天下。若此人者，然后生斯世而无所愧。"此正儒学大中至正之道也，自得于身，不负于人，用则可安，不用则退藏于密而待来世。

《颐志斋存札册》以多种信笺纸写成，尺寸不等，共三十九页。中有丁晏自书手札六通七页及友朋赠诗、酬答之函数通。其中莼江氏曹绍曾赠诗七通共九页、襄平广元一通一页、筱芗万秉一通二页、金庆澜二通共六页并附诗一页、豫斋张毓达一通二页、戴国琛一通二页并附诗一页、陈国瑞一通一页、顾希凯一通二页、张裕生一通二页、山口一通一页、何俊一通二页。今将丁晏自书手札录出，可见其自善而兼济之行事。

《十六日致雨香书》，印花笺纸墨笔，

纵23.1厘米，横12.6厘米。释文：“二帝祠神像露处，深为不安。亟需木料，约于何日方齐，以便取用。即望速催，定日来看。此致雨香大姪如晤。晏顿首，十六日。”

《致雨香书》，笺纸墨笔，纵23厘米，横9.9厘米。释文：“适晤甘大兄，云所出四十千之数，全归小人堂，即交溟南手。无庸请客，此说颇为宜。截望致令二叔照此办理可也。此达家雨香老爷即佳。晏顿首。”

《十二日致雨香书》，笺纸墨笔，纵23厘米，横13厘米。释文：“雨香大姪启：适次眉猝遭祖母之病，恐有大事。仆送十千，祜臣姪及福送卅千，溟南一门酌亦照仆之数。贤姪与紫廷系属亲房，更宜从丰相助。愚意如此，烦大姪持仆手字，分致各处可也。此候，即佳。晏顿首，十二日。”

《初五日致雨香书》，拱花人物笺纸墨笔，纵23.5厘米，横9.8厘米。释文：“刻有要话必须面商，祈早凉移玉，至舍一晤。此致家雨香老爷，晨佳。柘翁顿首，初五日。”

《初五日兼询祜臣书》，拱花人物笺纸墨笔，纵23.5厘米，横12.4厘米。释文：“昨韦六亲家及五世兄来，说向贤姪借银乙百两，伊家苦遭惨祸，急切需用。彼此至亲，势不能却。并言定秋收后照还，决不久欠。因天热未便请来面谈，适雨香来，托其转致。兼询祜臣二姪近佳。柘翁顿首，初五日。”

《致进之大弟书》，一通二页，纸本墨笔，分别为纵20.8厘米，横9.5厘米。释文：“昨诣府趋晤，闻尊体违和，未敢惊动。兹启者：家姑母令孙完姻，境状至为清苦。仍祈老弟俯念师谊，赞仪从丰，如兄身受。专此奉达，即希垂照。天气阴寒，诸惟珍摄，兼颂迩安不一。愚兄晏顿首，进之大弟足下。”

丁晏终生治学而行之，修己而达人，东捻出扰有警，适其抱疾养疴，而乡人拥之以出，则人心大安而事平，均见其德业也。其信札书法，一派儒家本色，气象浑厚；又富经学功夫，点划精谨。其书涵咏于颜鲁公、董思翁之间，其外温润和悦，其内骨老血浓，盎然一股长养万物之浑融气，扑人眉宇，沁人心脾。

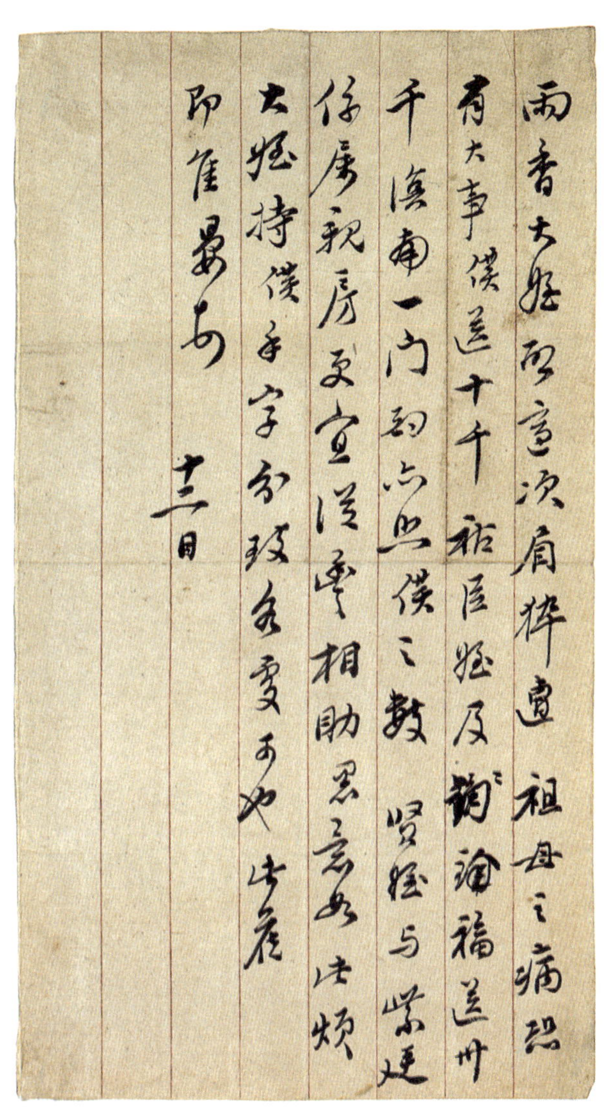
雨香大姪启适次眉猝遭祖母之病恐
有大事仆送十千祜臣姪及福送卅
千溟南一门酌亦照仆之数贤姪与紫廷
系属亲房更宜从丰相助愚意如此烦
大姪持仆手字分致各处可也此候
即佳晏顿首
十二日

丁晏 书札之一 23cmx13cm

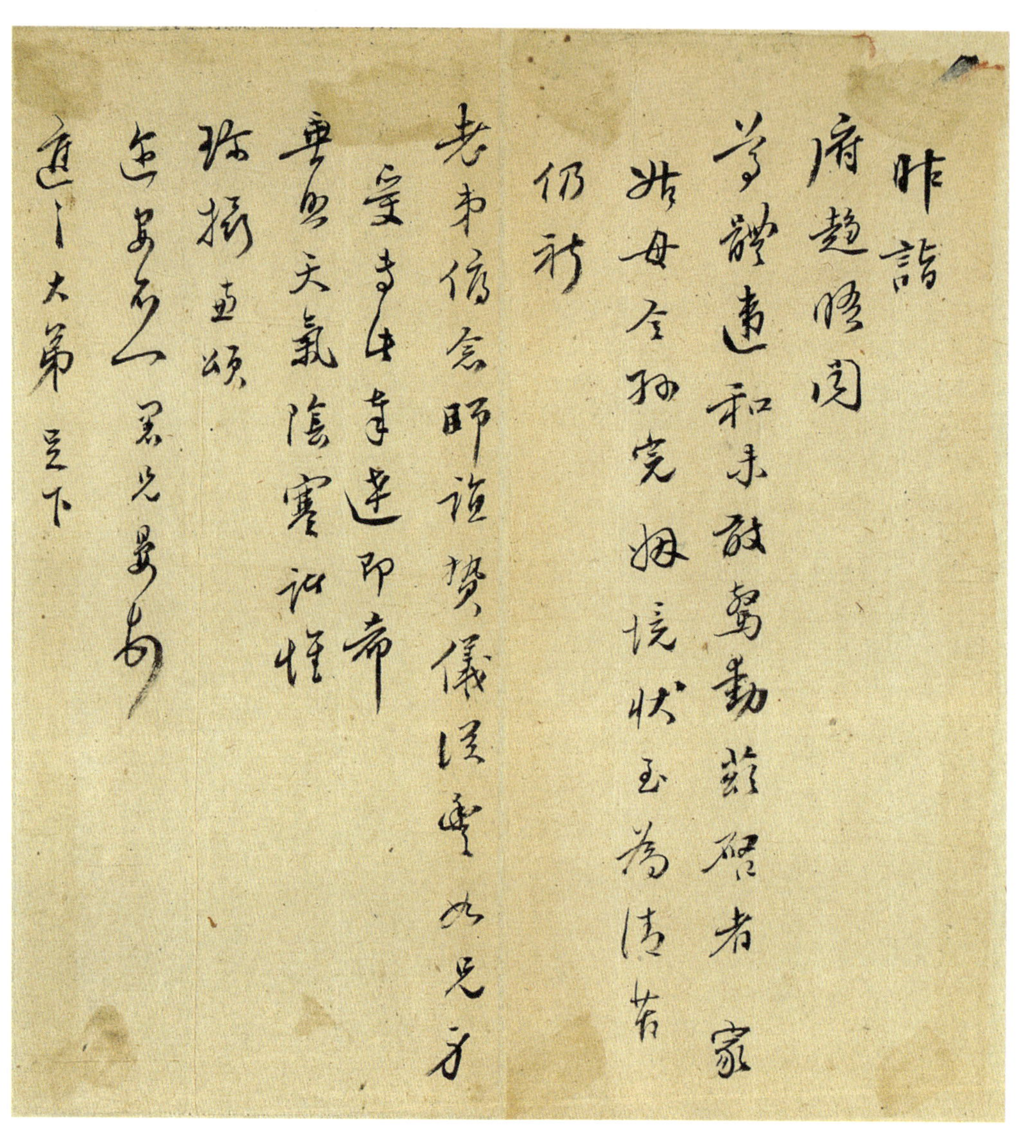

丁晏 书札之二 20.8cmx9.5cmx2

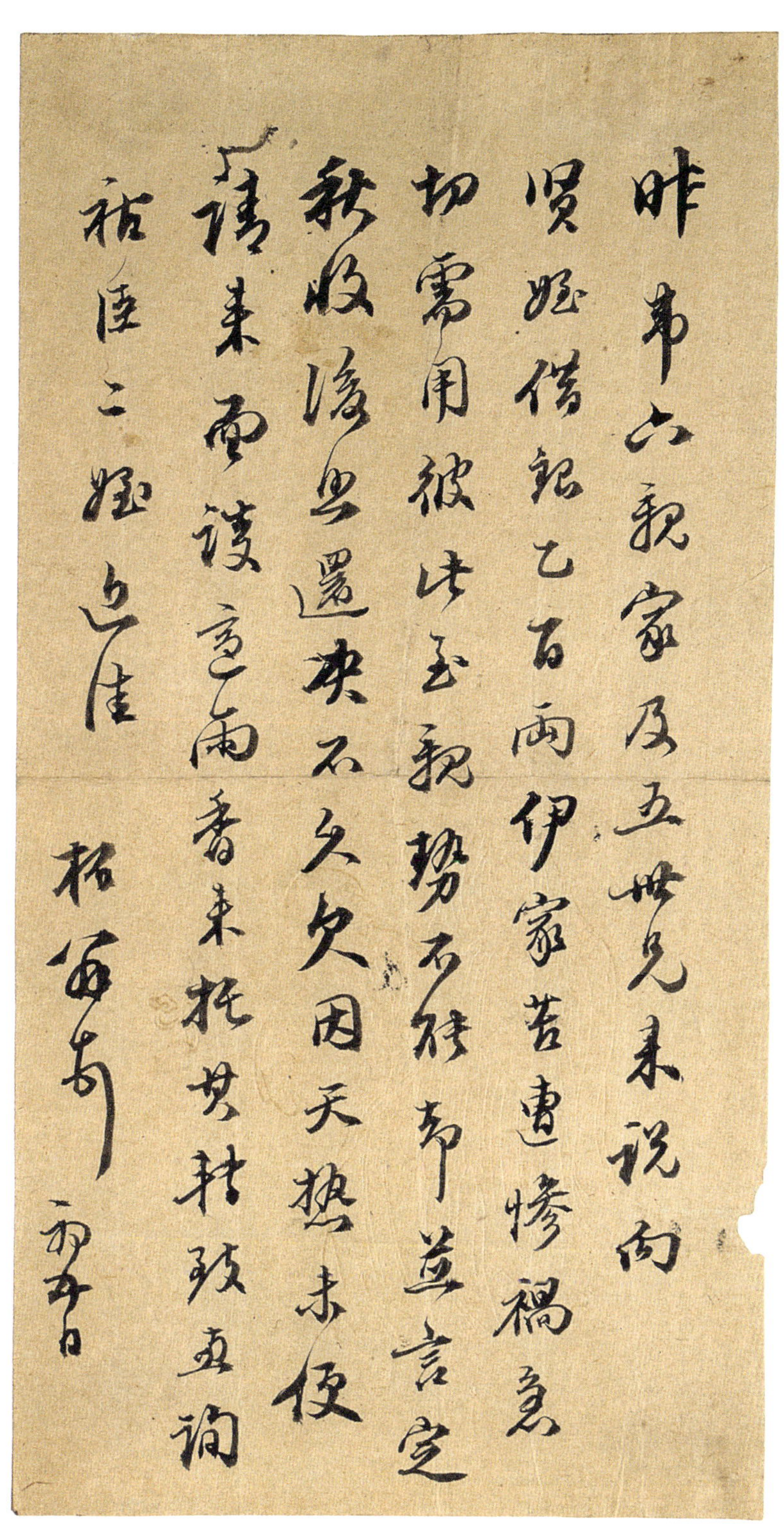

昨弟六叔家及五世兄来说向
贤侄借银乙百两伊家苦遭惨祸急
切需用彼此至亲势不能辞但言定
秋收后照还决不久欠因天热未便
请来面谈意[?]两香来托其转致查询
祐臣二侄近佳
柏堂哥
初五日

丁晏 书札之三 23.cmx12.4cm

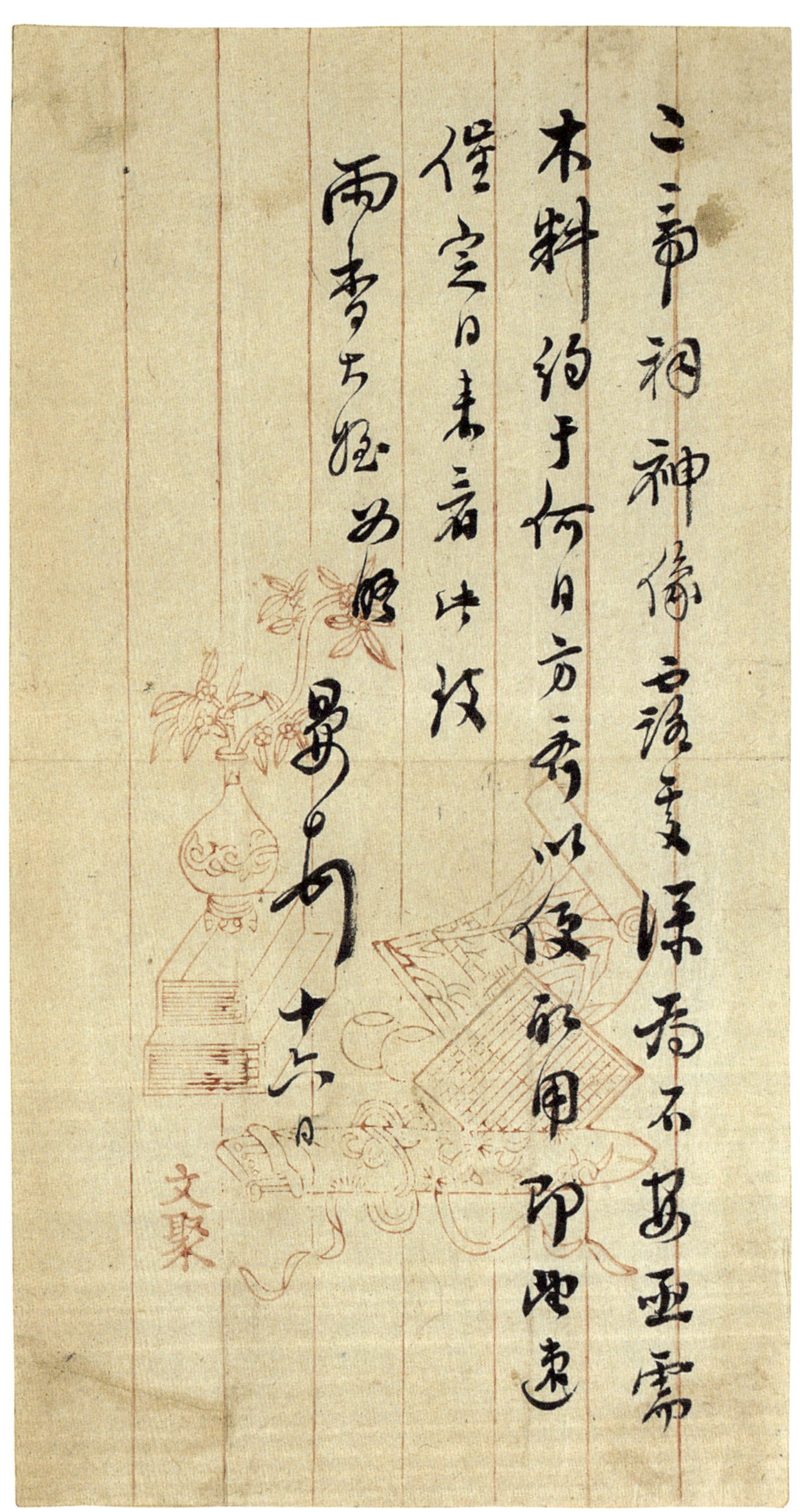

丁晏 书札之四 23.1cm×12.6cm

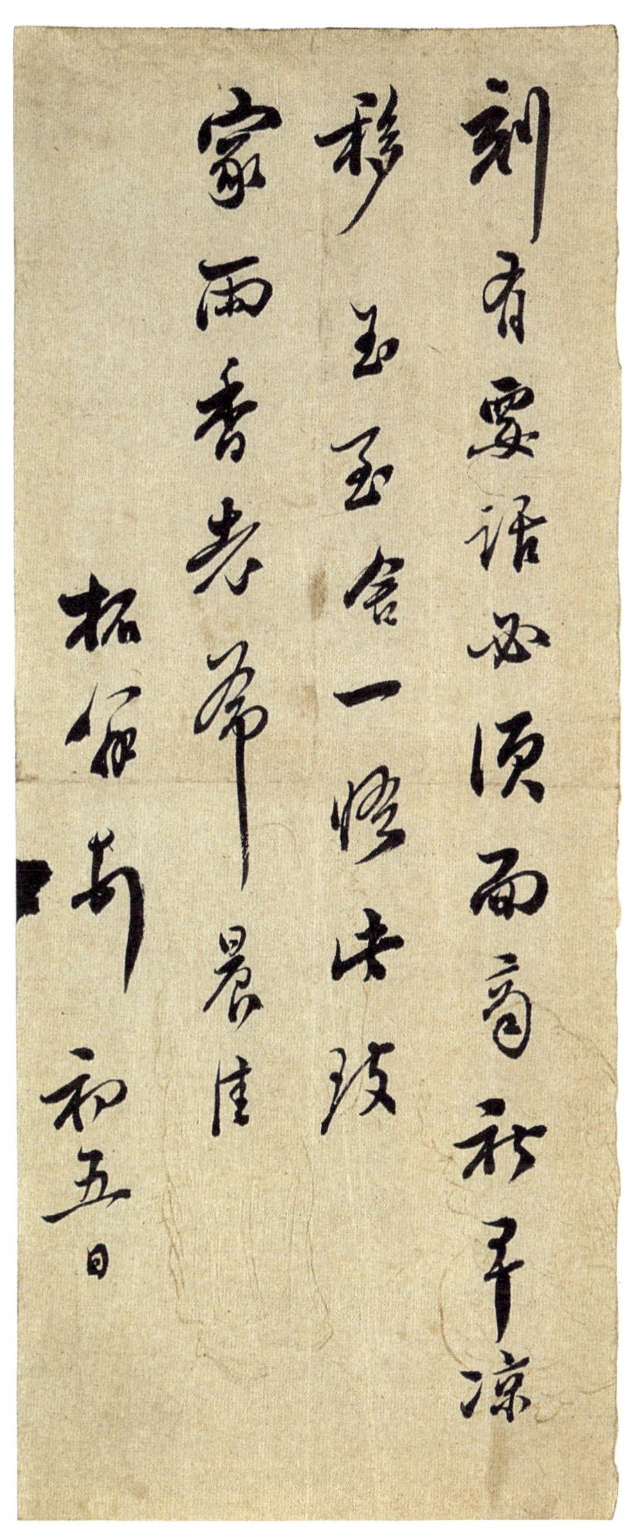

丁晏 书札之五 23.5cm×9.8cm

恣纵奇崛　刚健硬朗
——乔崇烈《行草》扇页

乔崇烈，生于公元17世纪末，卒于18世纪初，为清康熙、雍正间人。字无功，号学斋，江苏宝应人。为乔可聘之孙，乔莱之子，乔崇让之弟，乔崇修之兄，其生卒年不详。乔可聘，明扬州府宝应人，字君徵，一字圣任。师从刘宗周、黄道周。与倪元璐、马世奇等切磋学问。天启二年（1622）进士，授中书舍人。曾任御史，巡按浙江，后掌河南道事。以严正为群小所惮。有《读书札记》《醉陶集》等。乔莱（1642－1694）字子静，号石林。康熙四年进士，授内阁中书。十八年，试博学鸿词，授编修，官至侍读，以故罢归。明于古今治乱得失，工诗善画。有《直庐》《使粤日记》《归田》等集。另近人孙殿起《贩书偶记》载：“《香雪亭新编耆英会记二卷》，画川逸叟填词，无刻书年月，约康熙间刊。画川逸叟者，宝应乔莱之别号也。道光间补刊。”乔崇让（1666－1694），字致能，号楮堂。乔莱次子。家有乐志堂。康熙二十六午（1687）副榜。工写生，龟猴尤逼真，善八分书。惜早卒，临殁有诗云：“天下八分郑谷口（簠），我书似之今亦无。”乔崇修（1669－1744），字乔夫，号念堂。贡生，以学行闻。雍正间召见，授铜陵县教谕。工诗，有《乐玩斋集》《陶园集》等。宝应乔氏一门，学有渊源之自，教有授受之方，行有世范之誉，历久而不衰。古之尚德重教，于

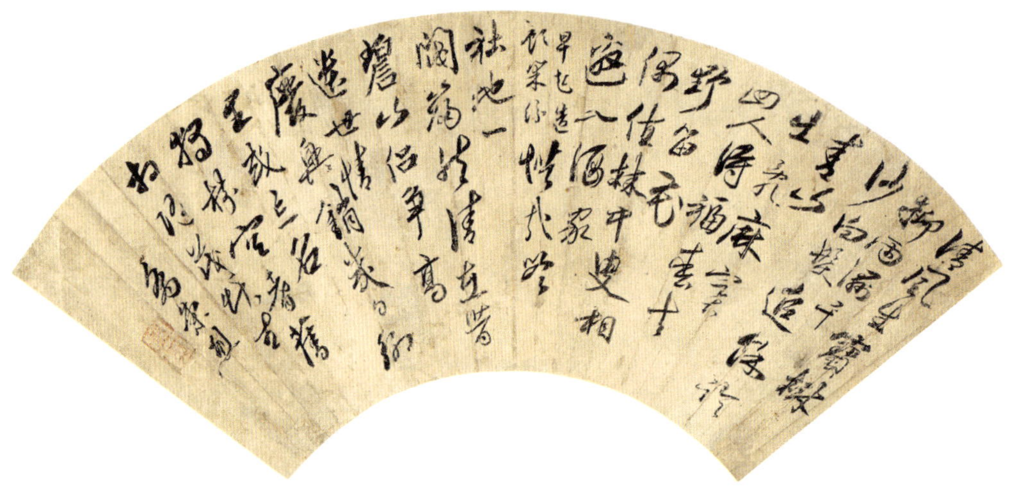

乔崇烈 书法扇页 18cmx51cm

焉可见。观今之淫僻邪赖，怎不令人顿生天渊之叹乎？

乔崇烈幼承家学，博览群籍，尤工诗文。康熙三十二年（1693）刻其所著《蒹葭书屋诗》。三十五年（1696）宝应湖大水，灾后人民无以为生，耕牛被杀殆尽，崇烈作《屠牛》诗记其事，以志哀痛。四十一年（1702）至嘉兴访朱彝尊，切磋问学。四十二年（1703）书《离骚经》。四十五（1706）赴北京应试，中进士。进士殿试后，因其长于文学及书法，优选为庶吉士。善书，行草运笔恣纵奇崛，刚健硬朗。文学及书艺活动约在康熙、雍正间。著有《学斋集》。另孙殿起《贩书偶记》还著录有《枣花庄录稿》一卷、《芥舟集》一卷，无刊书年月，约在康熙间刊刻。

乔崇烈书法作品传世不多，余读《中国古代书画图目》，于第六册只见其《行书七言绝句》一幅，藏扬州市博物馆。另见刘九庵编《宋元明清书画家传世作品年表》，著录一件《行书七律》，现藏南京博物院，为康熙四十六年丁亥（1707）年秋日所书。

《行草书》扇页，纸本墨笔，纵18厘米，横51厘米。释文："清风生宝树，柳雨洒平沙。白发追馀论，青山出乱麻。□回人得福，春去野留花。偶值林中叟，相邀入酒家（原注：早起造饮□纷）。惜哉□社地，一阕岿然清。在昔碧山侣，争高遗世情，废兴销几日，乡里或忘名。独树空耆旧，相随茂秋生。乔崇烈。"钤"崇""烈"朱文长方连珠印。乔崇烈之兄乔崇让书学郑簠，郑簠于康熙三十二年（1693）年去世，而乔崇让于康熙三十三年（1694）不幸早卒，故临殁有"天下八分郑谷口（簠），我书似之今亦无"之句。今乔崇让之书法难觅，但郑簠书法传世甚多。张在辛《隶法琐言》云："先生（郑簠）自言学者不可尚奇。其初学隶，是学闽中宋比玉（珏），见其奇而悦之，学二十年，日就支离，去古渐远，深悔从前不求原本。乃学汉碑，始知朴而自古，拙而自奇。沉酣其中者三十余年，溯流穷原，久而久之，自得真古拙、真奇怪之妙。及至晚年，醇而后肆。其肆处是从困苦中来，非易得也。"郑簠之书奇肆古拙，得《天发神谶碑》神韵，乔崇让学之。今观乔崇烈之书，亦有奇肆恣纵、古怪陆离之势，或许与其兄之书有某种渊源。此件书法扇页，笔势苍老凌厉，结体时见怪伟，字中笔画疏密揖让和行间气韵怪怪奇奇，出人意想。这亦或许与其父之深于易学（乔莱著有《乔氏易俟》，《四库全书》录入）一脉相通。

诰封夫人陈老伯母黄太夫人六旬大庆寿序

李文田撰　许庚身书

粤维阏逢阉茂之岁，辰次析木，律中应钟，为陈母黄太夫人六龄寿辰。于时祝延者踵至，介祉者偕来，咸思谱唐山之歌，上阏宫之颂，用以铺扬媊彩，显铄坤仪。是月也，皇上方奉册娥台，称觞姒幄，介万年之纯嘏，合四海之欢心。而太夫人适际昌期，宏开寿宇，遭逢特异，锡羡攸宜。夫京室播徽音被其化者，类多圣善，宫廷膺景福蒙其庥者，亦迓蕃釐。而况圣天子锡类推恩且萃万方而普庆。贤大守承颜养志，宜联百室，在镜中矣。惟是南国甘棠，虽常留乎夏荫，北堂萱草，曾未报乎春晖。遂乃持节迎来，扶辇至止，补束皙循陔之什，效毛义捧檄之欢。每当官阁琴余，衙斋鼓罢，尤复问平反之多少，咨善政之有无。然后知吏治多方，实由母训是式也。今者天露垂纶，锡五花之紫诰，仙霞拥帔，耀九树之金钗。而又慈竹长荣，贞松永茂。充闾有子，行看坐拥八驺，捧斝诸孙，又卜齐飞以胪欢。理由固然，无足异者。太夫人江夏名媛，齐昌望族，夙娴姆训，世号女宗。及归我玉如资政公也，人称尹姑，家爱闾娵。衿缨修问寝之仪，亲承燕笑，簧翻洽由房之乐，屡警鸡鸣。阿大中郎，怡怡有象，婴姑姒妇，嗃嗃无闻。是以党族裙笄，争羡曹家之度，闾阎模范，咸师郝母之风。至于赒给比邻，解推合族，则又馈飧无吝，赠佩时闻。固宜和以致祥，慈能召福，云旗入梦，一铃坠入怀中，花萼联辉，双璧擎于掌上。今颉仁大守荫泉贰尹，即其令嗣也。迨夫台筑怀清，门标行义，松筠坚其节操，冰雪净其聪明。黄口无知，屡受折蔓之诫，白眉有誉，犹传画荻之经。用能克振家声，丕承先绪。富能润屋，德亦照邻。分韩母之熊丸，为

《诰封夫人陈老伯母黄太夫人六旬大庆寿序》之1-4屏

疗疾苦，饵素娥之灵药，皆得长生。阴德既等于耳鸣，善事每闻而五凤。信乎修德足以获报，美意即以延年。兹当采帨高悬，正值版舆迎养，杖藜老父，同献霞杯，衣锦郎君，戏陈彩服。但看传家治谱，何须披五岳之图，且听满路舆歌，绝胜上九如之颂。田等光瞻宝婺，庇托慈云，跻堂称介寿之觥，祝嘏谱长春之曲。所愿舅仍云耳，长现宰官之身，耄耋期颐，永成寿者之相云尔。谨序。赐进士及第、翰林院讲学士、南书房行走、前江西学政、乡愚侄李文田顿首拜撰。赐进士出身、光禄寺卿、现任江西学政、愚侄许庚身顿首拜书。

李文田（1834-1895），字畬光、仲约，号若农、芍农，谥文诚，广东顺德均安上村人。咸丰九年（1859）进士，官至礼部侍郎。著有《元秘史注》《元史地名考》《西游录注》《塞北路程考》《和林金石录》《双溪醉隐集笺》等。

许庚身（1825-1893），字星叔，号吉珊，仁和人。咸丰二年(1852）举人，同治元年(1862）中进士。同治十二年，任光禄寺卿。光绪五年（1879年），升任礼部侍郎。光绪十四年，升任兵部尚书。卒谥恭慎。

閭固宜和以致祥慈能召福雲旗入蔓一鈴墜其懷中花萼
聯輝雙璧擎於掌上今 頡仁大守蔭泉貳尹即其令嗣也
迨夫臺築懷清門標行義松筠堅其節操冰雪淨其聰明黃
口無知屢受折莫之誡白眉有譽猶傳畫荻之經用能克振
家聲丕承先緒富能潤屋德亦照隣分韓母之熊丸爲療疾
苦餌素娥之靈藥皆得長生陰德既等於耳鳴善事每聞而

五鳳信乎脩德足以獲報美意即以延年玆當采悅高懸正
值版輿迎養杖藜父老同獻霞杯衣錦郎君戲陳綵服但看
傳家治譜何須披五嶽之圖且聽滿路輿歌絶勝上九如之
頌田等光瞻寶婺庇托慈雲躋堂稱介壽之觥祝嘏譜長春
之曲所願舅仍雲耳長現宰官之身耄耋期頤永成壽者之
相云爾謹序

賜進士及第翰林院侍講學士南書房行走前江西學政鄉愚姪
李文田頓首拜譔
賜進士出身光祿寺卿現任江西學政愚姪許庚身頓首拜書
欽加布政使司銜署江西鹽法道兼巡瑞袁臨等處地方繃僧額
巴圖魯鄉愚姪王德權頓首拜
欽賞花翎鹽運使司銜吉贛南甯兵備道鄉愚姪許應鑅頓首拜

訓導鄒嶧賢浮梁縣舉人黃用賓淩潮范揚芬程搏萬施壎
程翔萬余躍龍都昌縣舉人譚起鳳譚振鵬宜黃縣舉人歐
陽暄浮梁營把總蕭連塗南昌縣縣丞韓錫鏞東鄉縣縣丞
蕭錫璜府經歷張飛鵬張士斌候補縣丞朱濬湘李濬綸劉
善焜景德鎮巡檢吳占魁候補從九熊應標張錫祜仝叩祝
同治十三年歲次甲戌陽月穀旦

《诰封夫人陈老伯母黄太夫人六旬大庆寿序》之5-8屏